Sommaire

Avec ce guide
voici les
Cartes Michelin
qu'il vous faut :

PRINCIPALES CURIOSITÉS

Vaut le voyage ★★★

Mérite un détour ★★

Intéressant ★

Les noms noirs désignent les villes
et curiosités décrites dans ce guide:
consultez l'index.

Signes conventionnels

● Localité décrite

— Parcours décrit

〰 Vue, Panorama

⋈ Château

☨ Édifice religieux

⊤ Table d'orientation

⌣ Barrage

▲ Curiosités diverses

0   20 km

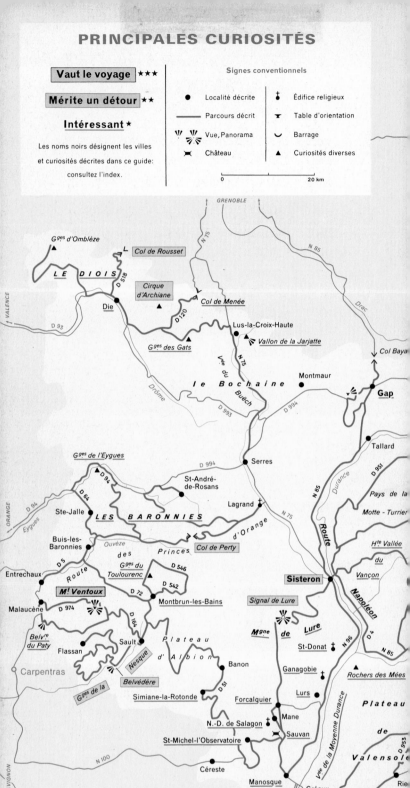

GRENOBLE

Gges d'Omblèze

Col de Rousset

LE DIOIS

Die

Cirque d'Archiane

Col de Menée

Lus-la-Croix-Haute

Vallon de la Jarjatte

Gges des Gats

Vée du Buëch

le Bochaine

Montmaur

Col Baya

Gap

Tallard

Gges de l'Eygues

St-André-de-Rosans

Serres

Lagrand

LES BARONNIES

Ste-Jalle

Buis-les-Baronnies

Ouvèze

Col de Perty

d'Orange

Princes

Pays de la Motte - Turrier

Hte Vallée du Vançon

Sisteron

Entrechaux

Route

Gges du Toulourenc

des

Mt Ventoux

Malaucène

Montbrun-les-Bains

Signal de Lure

Belvre du Paty

Flassan

Sault

Nesque

Plateau d'Albion

Mgne de Lure

St-Donat

Carpentras

Belvédère

Gges de la

Simiane-la-Rotonde

Banon

Ganagobie

Lurs

Rochers des Mées

Forcalquier

Plateau

N.-D. de Salagon

Mane

Sauvan

de

St-Michel-l'Observatoire

Valensole

Céreste

Manosque

Gréoux-les-Bains

Rie

Allemagne-en-Provence

N.-D. de Baudinar

Durance

AVIGNON

A 51

A 7

Aix - en - Provence

4

MARSEILLE

A 8

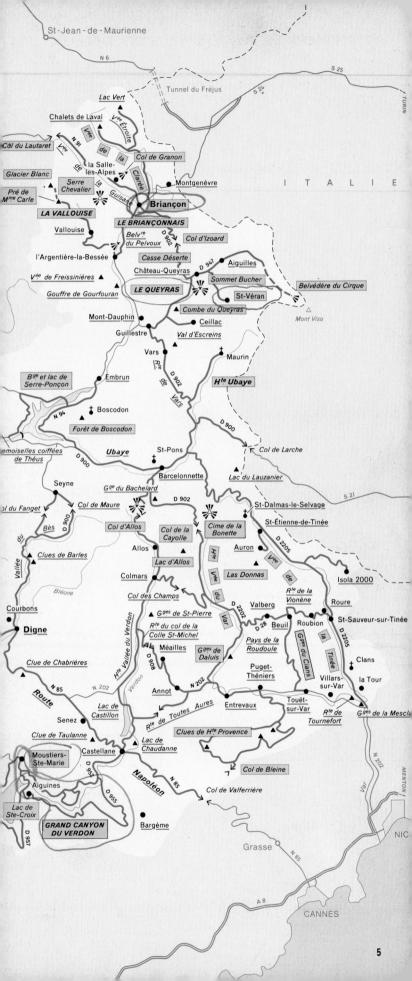

ITINÉRAIRES DE VISITE RÉGIONAUX

▬▬▬▬	Hautes Alpes : 500 km (5 jours)
▬▬▬▬	Alpes Maritimes : 250 km (2 jours)
▬▬▬▬	Haute Provence : 350 km (4 jours)
▬▬▬▬	Sisteronnais et Mont Ventoux : 350 km (4 jours)

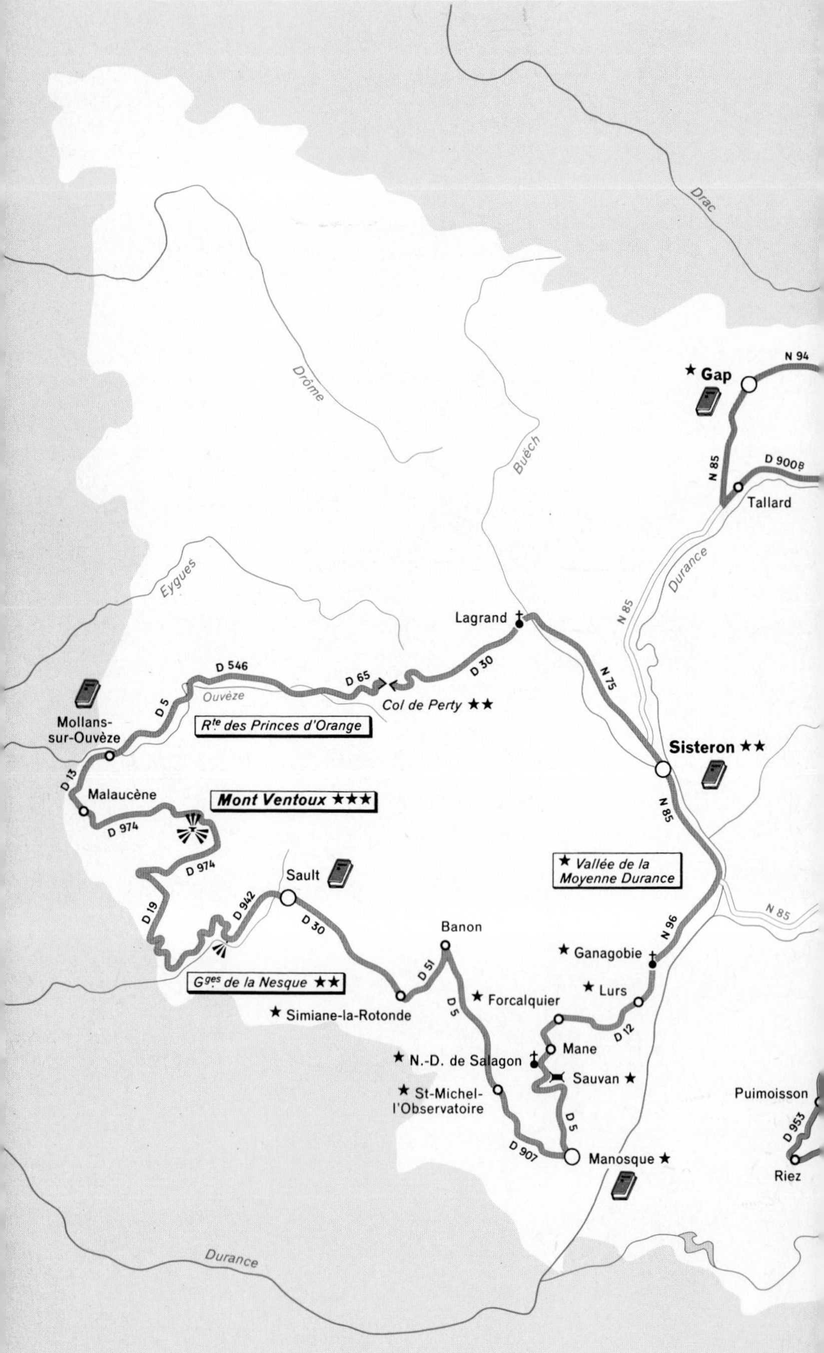

Drac

★ **Gap** ○ N 94

N 85 D 900 B

Tallard

Drôme

Buëch

N 85

Durance

Eygues

Lagrand †

D 546 D 65 D 30

N 75

Mollans-sur-Ouvèze

D 5 *Ouvèze*

Rte des Princes d'Orange

Col de Perty ★★

Sisteron ★★ ○

D 13

Malaucène ○

Mont Ventoux ★★★

N 85

D 974

D 974

D 19 D 942

Sault

★ *Vallée de la Moyenne Durance*

D 30

Banon

N 86

Gges de la Nesque ★★

D 51

★ Ganagobie †

D 5

★ Lurs

★ Simiane-la-Rotonde

★ Forcalquier

D 12

D 5

★ N.-D. de Salagon †

Mane

Sauvan ★

★ St-Michel-l'Observatoire

Puimoisson

D 953

D 907

D 5

Manosque ★ ○

Riez

Durance

📕	Ville d'étape
★★ *LE BRIANÇONNAIS*	Titre sous lequel un parcours est décrit : consultez l'index

0 ────────────── 30 km

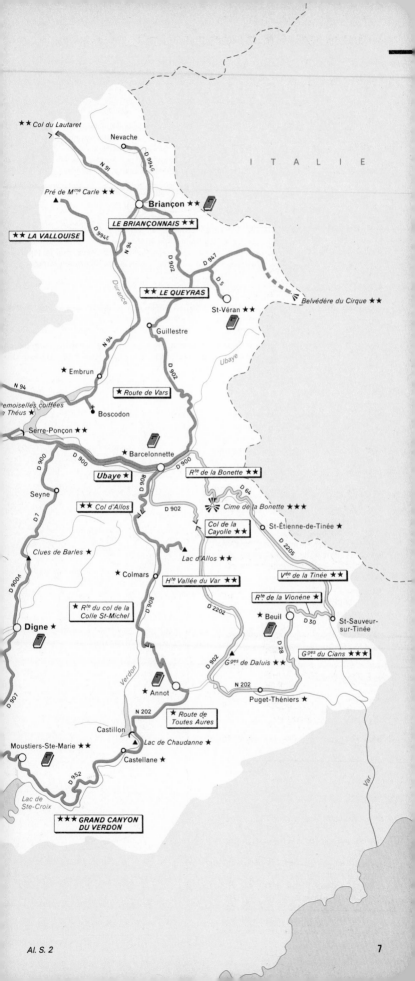

★★ Col du Lautaret

Nevache

N 91

D 994G

I T A L I E

Pré de Mme Carle ★★

Briançon ★★

LE BRIANÇONNAIS ★★

★★ **LA VALLOUISE**

D 994E

N 94

Durance

D 902

D 947

D 5

★★ **LE QUEYRAS**

Belvédère du Cirque ★★

St-Véran ★★

Guillestre

Ubaye

N 94

★ Embrun

D 902

★ **Route de Vars**

N 94

Demoiselles coiffées
de Théus ★

Boscodon

Serre-Ponçon ★★

D 900

D 900

D 908

★ Barcelonnette

D 900

R^{te} de la Bonette ★★

Ubaye ★

D 64

Seyne

★★ **Col d'Allos**

D 902

✳ Cime de la Bonette ★★★

St-Étienne-de-Tinée ★

D 7

**Col de la
Cayolle ★★**

D 2205

Clues de Barles ★

▲ Lac d'Allos ★★

D 900A

★ Colmars

H^{te} Vallée du Var ★★

V^{ée} de la Tinée ★★

**R^{te} du col de la
Colle St-Michel ★**

D 908

R^{te} de la Vionène ★

Digne ★

D 2202

★ Beuil

D 30

St-Sauveur-
sur-Tinée

D 28

G^{ges} du Cians ★★★

Verdon

D 902

▲ G^{ges} de Daluis ★★

D 907

★ Annot

N 202

Puget-Théniers ★

N 202

★ **Route de
Toutes Aures**

Castillon

▲ Lac de Chaudanne ★

Moustiers-Ste-Marie ★★

Castellane ★

D 952

Lac de
Ste-Croix

★★★ **GRAND CANYON
DU VERDON**

Var

LIEUX DE SÉJOUR

Sur la carte ci-dessous ont été sélectionnées quelques localités particulièrement adaptées à la villégiature en raison de leurs possibilités d'hébergement et de l'agrément de leur site. Pour plus de détails, vous consulterez :

Pour l'hébergement

Le **guide Michelin France** des hôtels et restaurants et le **guide Camping Caravaning France** ; chaque année, ils présentent un choix d'hôtels, de restaurants, de terrains, établi après visites et enquêtes sur place. Hôtels et terrains de camping sont classés suivant la nature et le confort de leurs aménagements. Ceux d'entre eux qui sortent de l'ordinaire par l'agrément de leur situation et de leur cadre, par leur tranquillité, leur accueil, sont mis en évidence. Dans le guide Michelin France, vous trouverez également l'adresse et le numéro de téléphone du bureau de tourisme, du syndicat d'initiative ou de l'office du tourisme.

Pour le site, les sports et distractions

Les **cartes Michelin** à 1/200 000. Un simple coup d'œil permet d'apprécier le site de la localité. Elles donnent, outre les caractéristiques des routes, les emplacements des baignades en rivière ou en étang, des piscines, des golfs, des hippodromes, des terrains de vol à voile, des aérodromes, des refuges de montagne, des sentiers de grande randonnée.

LES SAISONS

Les Alpes du Sud font partie du domaine méditerranéen et leur climat se caractérise par l'ensoleillement, le temps sec, le ciel clair, l'absence de brouillard, le mistral, les précipitations rares et abondantes.

Hiver — Dans les montagnes l'ensoleillement et un bon enneigement ont favorisé le développement des stations de ski. Le temps sec et le ciel le plus souvent bleu donnent le climat rêvé pour les vacances d'hiver.

Printemps. — Quelques pluies violentes mais courtes le caractérisent. C'est l'apogée des fleurs. Seule ombre au tableau, le mistral souffle sur le Mont Ventoux, les Baronnies et une partie de la Haute-Provence. Arrivant du Nord-Ouest, par froides rafales, il dure trois, six ou neuf jours.

Été. — Un temps sec et chaud règne sur toute la Haute-Provence qu'embaument alors la lavande et le thym. Dans les régions montagneuses, les températures deviennent très agréables en altitude et l'on apprécie alors la fraîcheur des nombreuses forêts de mélèzes. Malheureusement à cette saison, la brume de chaleur voile les lointains et empêche une bonne visibilité.

Automne. — C'est la période des orages violents après lesquels le soleil apparaît brillant et chaud. Cette saison offre des journées idéales : grande pureté de l'air, luminosité et splendeurs des teintes automnales sur les versants boisés.

LOISIRS

Pour les adresses et autres renseignements, voir le chapitre des Renseignements pratiques en fin de guide.

Ski. — *Voir la carte ci-contre et le tableau des stations de sports d'hiver en fin de guide. Les stations retenues offrent en matière d'hébergement des ressources hôtelières sélectionnées dans le guide Michelin France.*

Les Alpes du Sud sont équipées de nombreuses **stations de sports d'hiver** réputées pour leur ensoleillement. A côté de grands complexes comme Serre-Chevalier, Vars, Montgenèvre, Pra-Loup, et de stations moyennes : Puy-St-Vincent, les Orres, Risoul, Valberg, Auron, la Foux-d'Allos, le Sauze, Isola 2000, on trouve des petites stations familiales comme celles du Queyras.

Le **ski de fond** se pratique surtout dans le Queyras et dans la vallée de la Guisane.

Le **ski de randonnée** est tout à fait adapté au relief des Alpes du Sud. La Grande Traversée des Alpes parcourt la région du Nord au Sud.

Thermalisme. — Il est représenté par deux stations thermales en plein essor : Digne et Gréoux-les-Bains, connues pour leurs eaux, leur climat et leur environnement.

Climatisme. — Les Alpes du Sud ont un climat tout à fait privilégié (faiblesse de l'humidité, forte densité d'ozone) recherché entre autres par les asthmatiques, et Briançon est l'une des grandes stations climatiques françaises.

Randonnées pédestres. — De nombreux sentiers de Grande Randonnée jalonnés de traits horizontaux rouges et blancs, sillonnent les Alpes du Sud et la Haute-Provence.

Le **GR 5** (de Modane au col de Larche, et du col de Larche à la Méditerranée) traverse la région du Nord au Sud ; sur ce sentier se greffent plusieurs circuits :

le **GR 58,** tour de Queyras, très bien équipé en refuges et gîtes. Il est relié au **GR 54,** tour de l'Oisans par le **GR 541** qui suit la vallée de Freissinières.

le **GR 56,** tour de l'Ubaye.

le **GR 93** propose la traversée de Dévoluy et le **GR 94** parcourt le pays de Buëch, le Bochaine et les Baronnies.

le **GR 6** « Alpes Océan » relie l'Ubaye à Sisteron puis au pays de Forcalquier.

le **GR 946,** de Serres à Sisteron, suit une ligne de crête au dessus de la vallée du Buëch.

le **GR 97** relie Chatillon à Brantes.

le **GR 4** « sentier Méditerranée-Océan » traverse toute la Haute-Provence par Entrevaux, Castellane, Moustiers-Ste-Marie, Riez, Gréoux-les-Bains.

Enfin un GR de pays, le **tour du lac de Serre-Ponçon,** permet de découvrir à pied toute cette région.

Des topoguides édités par la Fédération Française de la Randonnée pédestre en donnent le parcours détaillé, les possibilités d'hébergement, et procurent d'indispensables conseils aux randonneurs.

Randonnées équestres. — De nombreux centres équestres proposent des randonnées à travers la région, surtout en Haute-Provence. Des itinéraires équestres ont été balisés en orange. Leur tracé se trouve sur les cartes éditées par les Éditions Didier et Richard.

Cyclotourisme. — La route des cols (Lautaret, Granon, Izoard, Vars, Montgenèvre), rendue célèbre par le tour de France, a beaucoup d'adeptes.
Pour ceux qui sont moins à l'affût de l'exploit, de nombreux itinéraires sont proposés dans la région de Gap et en Haute-Provence. Parmi les événements cyclistes, signalons les 6 jours cyclotouristes de Vars et la classique cycliste du Queyras entre Villevieille et St-Véran.
Le **mountain bike,** vélo tout terrain, se pratique en été sur les pistes de ski de fond ou même sur celles de descente, surtout à Montgenèvre et dans le Queyras.

Plans d'eau et sports nautiques. — *Voir le tableau des plans d'eau en fin de volume.*
La construction de barrages sur la Durance et le Verdon a créé de vastes lacs et plans d'eau qui ajoutent un attrait important à cette région. De nombreux sports nautiques peuvent y être pratiqués : natation, voile, planche à voile, ski nautique...

Canoë-kayak. — Cette région est particulièrement bien adaptée au canoë-kayak et sur ses rivières on trouve tous les niveaux de difficulté : sur la Clarée, la Guisane, la Gyronde, la Biaisse, la Durance, le Guil, le Buëch, la Méouge et surtout l'Ubaye et le Verdon.
Des descentes de torrents en radeaux pneumatiques (raft trips) sont aussi proposées sur ces rivières.

Spéléologie. — De nombreuses explorations s'offrent aux spéléologues dans les plateaux et préalpes calcaires truffés de gouffres et de grottes.

Vol libre ou deltaplane. — Ce sport trouve un terrain de choix dans cette région montagneuse où le temps se prête parfaitement aux évolutions dans l'air.

Pêche. — La pêche montagnarde par excellence est celle de la truite, pratiquée soit « au toc » avec des insectes vivants ou des larves (seul procédé adapté au cours capricieux des petits torrents), soit à la mouche artificielle et au lancer.

LA SÉCURITÉ EN MONTAGNE

La montagne a ses dangers, redoutables au néophyte, toujours présents à l'esprit de ses fervents les plus expérimentés.
Avalanches, « dévissages », chutes de pierres, mauvais temps, brouillard, traîtrises du sol et de la neige, eau glaciale des lacs d'altitude ou des torrents, désorientation, appréciation défectueuse des distances... peuvent surprendre l'alpiniste, le skieur, voire le simple promeneur.

La prévention des accidents. — Ils peuvent être évités, ou leurs effets atténués si, avant d'entreprendre une course en montagne, on respecte quelques règles de sécurité élémentaires (bonne préparation physique, connaissance de ses limites, équipement adapté), de même il est conseillé de ne jamais partir seul et de communiquer son programme à des tiers.
Il est sage aussi de consulter les stations météorologiques départementales et les centres d'information régionaux qui renseignent sur les itinéraires, l'état des sentiers et de la neige, les compagnies de guides, les refuges, etc... *(voir leurs numéros de téléphone et adresses en fin de volume)*.

Le secours en montagne. — L'alerte doit obligatoirement être transmise à la Gendarmerie qui mettra en action ses propres moyens de sauvetage ou requerra ceux des Sociétés de secours en montagne locales.

Qui règle la note ? — Elle peut être fort élevée, suivant les moyens mis en œuvre (caravanes pédestres, hélicoptère), et — hormis le temps horaire d'intervention des hommes et du matériel de l'État — mise à la charge de la personne secourue, ou de ses proches. L'amateur de courses en montagne, avant de les entreprendre, souscrira donc avec prudence une assurance le garantissant dans ce domaine.

PASSAGE DES FRONTIÈRES

Les Alpes du Sud voisinent avec les provinces italiennes du Piémont. Une excursion outre-frontière pourra, éventuellement, constituer un intéressant prolongement à la visite des régions naturelles décrites dans le présent guide.

Passage en Italie. — Il est nécessaire d'être en possession d'une carte nationale d'identité ou un passeport en cours de validité.
Les automobilistes doivent présenter le permis de conduire français à trois volets ou le permis de conduire international.
Il leur est recommandé de se munir de la carte internationale d'assurance automobile, dite « carte verte ».

CHEMINS DE FER DE LA PROVENCE

Le célèbre « train des Pignes », de Nice à Digne, parcourt l'arrière-pays niçois et la Haute-Provence sur 150 km, en passant par Puget-Théniers, Entrevaux, Annot, St-André-les-Alpes. Construite de 1890 à 1911 sa voie étroite (1 m) franchit une soixantaine d'ouvrages d'art remarquables : ponts métalliques, viaducs, tunnels (dont un de 3,5 km). En 3 h pour les omnibus, 2 h pour les trains directs, ce voyage permet de découvrir de très beaux paysages, des villages perchés, etc... Sur la section entre Puget-Théniers et Annot circule aussi un train touristique à vapeur *(voir p. 106)*.

Introduction
au voyage

Des vallées épanouies du Briançonnais et du Queyras aux solitudes pierreuses de la Haute-Provence qu'embaume la lavande, les Alpes du Sud sont baignées par la lumière du midi.

Sauvages, rustiques, elles offrent aux voyageurs des paysages, tantôt violents : sommets dénudés de l'Ubaye, canyon du Verdon, clues de Cians, montagnes des Baronnies, Mont Ventoux, tantôt empreints de charme tels les lumineux villages perchés au-dessus des champs de lavande, les petites communautés montagnardes entourées de bois de mélèzes et les mille détails qui les parent : cadrans solaires, campaniles de fer forgé, fontaines, portes anciennes...

Brantes

Afin de donner à nos lecteurs l'information la plus récente possible, les Conditions de Visite des curiosités décrites dans ce guide ont été groupées en fin de volume.

Les curiosités soumises à des conditions de visite y sont énumérées soit sous le nom de la localité soit sous leur nom propre si elles sont isolées.

Dans la partie descriptive du guide, p. 47 à 150, le signe ⊙ placé en regard de la curiosité les signale au visiteur.

PHYSIONOMIE DU PAYS

La chaîne des Alpes dessine un arc de cercle qui s'étend de Nice à Vienne en Autriche sur une longueur de 1 200 km. Elle fut formée à la même époque que les Pyrénées, les Carpathes, le Caucase et l'Himalaya.

Les Alpes françaises s'allongent sur 370 km du lac Léman à la Méditerranée en s'abaissant progressivement vers le Sud où elles rencontrent les reliefs provençaux.

Ce guide décrit la partie Sud de la chaîne des Alpes qui inclut la Haute-Provence. Cette région forme un ensemble rude et désordonné, sans grandes lignes directrices, essentiellement caractérisé par un climat méditerranéen.

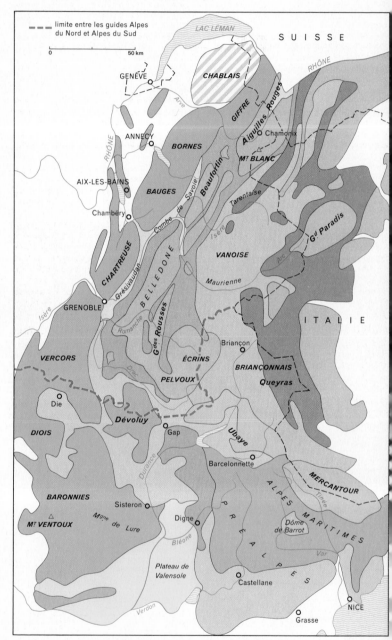

SCHÉMA GÉOLOGIQUE DES ALPES

Préalpes calcaires (crétacé)

Préalpes du Sud et Moyenne Durance (calcaire jurassique)

Couverture sédimentaire des Massifs centraux

Zone intra-alpine (roches cristallines et métamorphiques)

Massifs centraux cristallins

Poudingues tertiaires du Plateau de Valensole

Flyschs de l'Ubaye et de l'Embrunais

Schistes lustrés piémontais

Nappe du Chablais

Sillon alpin

LA FORMATION DES ALPES

Ère primaire. — Début, il y a 600 millions d'années. Le plissement hercynien, formidable bouleversement de l'écorce terrestre, donne naissance, à l'emplacement des massifs centraux actuels, à un axe cristallin de la même nature que les Vosges, le Massif Central et le Massif Armoricain. Ce plissement est suivi d'une érosion très active et dès la fin de l'ère primaire, les Alpes se présentent comme la Bretagne actuelle. A la fin de cette ère se déposent les grès permiens au coloris rouge sombre qui apparaissent dans le massif du Barrot.

La végétation luxuriante favorisée par un climat chaud et humide donne des débris végétaux abondants qui sont à l'origine des bassins houillers du Briançonnais.

Ère secondaire. — Début, il y a environ 200 millions d'années. A la suite d'un affaissement général, une vaste fosse marine se constitue à l'emplacement des Grandes Alpes et de la zone intra-alpine.

Pendant le jurassique les sédiments s'y empilent : des vases, qui donneront des marnes (les terres noires), et des calcaires massifs, qui forment aujourd'hui barres et plateaux.

Au crétacé, le processus de sédimentation se poursuit, des sables se déposent qui se transformeront en grès.

Ces roches du secondaire sont très riches en fossiles marins.

Ère tertiaire. — Début, il y a 60 millions d'années. Durant cette période se façonnent les hautes montagnes que nous connaissons. Le soulèvement a commencé à l'Est dans les Alpes italiennes. D'immenses nappes ont alors glissé vers l'Ouest, constituant la zone du Briançonnais. Dans la deuxième moitié du tertiaire, la vieille plate-forme se dresse et l'on assiste alors à la formation des massifs du Mercantour dans le Sud, du Mont Blanc et des Écrins dans le Nord.

Diverses théories tentent d'expliquer ce soulèvement. Celle des « plaques » assimile la croûte terrestre à un assemblage de plaques pouvant jouer les unes par rapport aux autres : c'est la dérive des continents. Situées à la jonction des plaques de l'Afrique et de l'Europe, les Alpes se seraient soulevées comme de la pâte à modeler que l'on presserait entre les pouces.

A la suite de ce soulèvement, la couverture sédimentaire de l'ère secondaire a glissé, allant butter sur l'avant-pays dauphinois. Les couches sédimentaires se sont plissées, donnant les Préalpes, et une dépression s'est formée entre les massifs cristallins et les Préalpes : le sillon alpin. A ce plissement proprement alpin de direction Nord-Sud s'est ajouté dans cette partie des Alpes du Sud le mouvement pyrénéo-provençal orienté d'Est en Ouest, ce qui explique l'enchevêtrement de la structure de cette région.

C'est aussi pendant l'ère tertiaire que se déposent les sables qui vont donner les grès de Champsaur et d'Annot et surtout la curieuse formation de flysch (alternance de bancs gréseux grossiers et fins) qui a recouvert l'Ubaye.

Ère quaternaire. — Début, il y a environ 2 millions d'années. Cette période, à la suite d'un refroidissement général de l'atmosphère du globe, connaît quatre glaciations successives qui recouvrent les Alpes d'une énorme chappe de glace. L'érosion travaille alors sans relâche pour refaçonner les reliefs tels qu'on les voit aujourd'hui, creusant les canyons et les clues spectaculaires typiques de cette région.

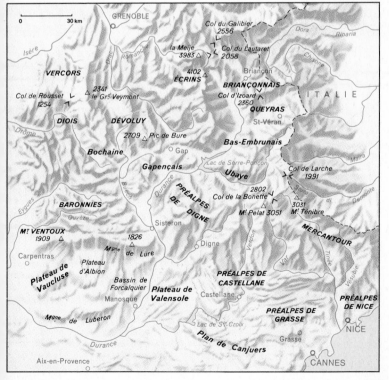

LES PAYSAGES

Sauvages, tourmentés, les paysages des Alpes du Sud, où la roche apparaît souvent à nu, se présentent comme un livre ouvert de géographie. La nature des paysages est liée à leur géologie aussi reprendra-t-on les quatre grandes divisions des géologues.

Zone intra-alpine

Formant l'axe des Alpes elle est composée de roches sédimentaires et cristallines métamorphisées et broyées par les violents mouvements du sol qui s'y sont déroulés.

Briançonnais, Queyras. — Les vallées partent à l'assaut de massifs compacts aux formes compliquées, résultat des nappes de charriage qui transportèrent d'Italie jusqu'ici des grès quartzites, des calcaires dolomitiques et dans le Queyras des schistes lustrés. La lumière très caractéristique, le ciel pur, l'ensoleillement exceptionnel en font une des régions les plus salubres d'Europe, ce qui explique le développement touristique : climatisme et sports d'hiver. Sur les versants ensoleillés

Vallée de la Clarée.

s'épanouissent de belles forêts de mélèzes, des cultures et des villages très élevés comme St-Véran à 2 040 m. d'altitude.

Gapençais, Bas-Embrunais, Ubaye. — Entre les Grandes Alpes et les Préalpes s'étend une mosaïque de cuvettes et de dômes coupée de vallées largement déblayées dans les épaisseurs des « terres noires » et dans les flyschs de l'Ubaye.
L'unité régionale la plus vivante de cette zone est le bassin de Gap.

Les massifs centraux

Au moment du plissement tertiaire les roches cristallines de la vieille plate-forme primaire se sont soulevées donnant naissance aux massifs centraux.

Écrins et Mercantour. — Avec des altitudes dépassant les 4 000 m dans les **Écrins** et 3 000 m dans le **Mercantour,** ces massifs appartiennent au domaine de la haute montagne. Leurs roches très dures ont donné des reliefs en aiguilles et de hautes croupes. Les glaciers ont creusé de vastes cuvettes remplies par de beaux lacs aux eaux turquoises.

Moyenne Durance

Équivalent du sillon alpin dans les Alpes du Nord, cette dépression au pied des Écrins, du Briançonnais, du Queyras puis des Préalpes a été façonnée dans les marnes.
La Durance et ses affluents, les deux Buëch, coulent dans de larges vallées et de vastes surfaces planes dont une partie est envahie par les eaux du lac de Serre Ponçon.
Dans cette région on peut voir des colonnes ou **demoiselles « coiffées »,** curieuses formations qui se sont sculptées dans d'anciennes moraines *(voir p. 129).*
De Sisteron au Sud de Manosque la riche plaine alluviale de la Durance est bordée à l'Ouest par le bassin de Forcalquier et à l'Est par le plateau de Valensole. Par leur climat et leur végétation, ces pays agricoles constituent un véritable prolongement de la Provence au cœur des Alpes du Sud. Les cultures fruitières y sont très importantes. Les villes, quelques industries, les voies de communication dénotent la vitalité économique de cette région.

Préalpes

Les Préalpes s'épanouissent très largement en arc de cercle sans présenter de compartiments nettement différenciés. Cependant le sillon de la Durance les partage en deux secteurs. Leurs paysages dans l'ensemble frappent par la rudesse de calcaire gris clair, les curieuses coulées noires des marnes ou « robines » et leur richesse en fossiles.

Préalpes dauphinoises. — Situées à l'Ouest de la Durance entre le Vercors et la crête du Mont Ventoux, elles occupent l'emplacement d'une ancienne fosse maritime où se sont déposés des sédiments calcaires, schistes tendres, marnes.
Le **Bochaine** et ses paysages bocagers font la transition entre le Nord et le Sud. Le **Diois** et les **Baronnies** offrent déjà des paysages méridionaux ; ces dernières présentent une physionomie particulièrement tourmentée de dômes et de cuvettes où s'enchevêtrent les plis alpestres Nord-Sud et les plis pyrénéens Est-Ouest. Au Sud le **mont Ventoux** apparaît comme un imposant massif de calcaire urgonien qui domine d'un seul jet la plaine comtadine et culmine à 1 909 m. Il se prolonge à l'Est par la **montagne de Lure** qui aligne ses crêtes parallèles et au Sud par le **plateau de Vaucluse** formé de terrains calcaires très perméables.

Préalpes provençales. — À l'Est de la Durance, le relief devient anarchique. Confus dans les **Préalpes de Digne,** les bancs s'orientent Nord-Ouest - Sud-Est dans les **Préalpes de Castellane.** Les chaînons sont coupés transversalement par les torrents qui ont scié des gorges surprenantes : les « clues » étroites et sauvages. Commandant leur passage, des villes se sont installées : Sisteron, Digne, Castellane etc... Ces montagnes calcaires sont les plus pauvres, les moins peuplées et les plus désolées des Alpes. Leurs pentes portent une végétation maigre et clairsemée ; leurs sommets sont dénudés et blanchâtres.

Entre le Verdon et le Var une série de chaînons parallèles orientés Ouest-Est et dont l'altitude varie entre 1 100 et 1 600 m forment les **Préalpes de Grasse.**

Préalpes de Nice ou Alpes maritimes. — Occupant aussi une position préalpine du fait de sa composition sédimentaire, la région entre la vallée du Var et le Mercantour est striée de rivières au tracé Nord-Sud (Var, Cians, Tinée, Vésubie, Roya) qui se fraient leur chemin à travers des gorges impressionnantes, que dominent des villages perchés.

Les plateaux et les Plans. — Entre les Préalpes de Provence et la Provence même s'étendent les **plateaux de Valensole** et de **St-Christol** qui se sont constitués à l'emplacement d'un bassin d'effrondement par accumulation des blocs arrachés aux montagnes voisines. Ces blocs et gros galets liés par un ciment naturel forment des poudingues. Plus à l'Est, du **Plan de Canjuers** au col de Vence, les Préalpes sont ourlées d'un glacis de plateaux calcaires, véritable « causses » où les eaux s'infiltrent, disparaissent dans les avens.

Les rivières y ont découpé des gorges extraordinaires : Verdon et Artuby.

Préalpes de Digne.

LES COURS D'EAU

Ils se distribuent en trois réseaux : au centre, celui de la Durance, qui transperce la montagne Sud-alpine ; à l'Est, celui du Var, qui recueille les eaux des Alpes Maritimes ; à l'Ouest, celui des affluents du Rhône. En règle générale, l'irrégularité des précipitations et la fonte des neiges déterminent leur débit.

Les cours d'eau méditerranéens sont de véritables torrents ; ils en ont toute l'indigence et tous les excès, déterminés par la répartition des pluies et l'importance de l'évaporation. Pendant l'été, l'absence de pluies et l'intensité de l'évaporation réduisent les rivières à leurs lits caillouteux. Survienne l'automne ou le printemps, les pluies s'abattant soudain avec violence, les lits des moindres rivières s'emplissent brusquement d'eaux écumantes dont le flot impétueux et dévastateur est lancé à la vitesse d'un cheval au galop. Le débit du Var oscille ainsi entre 17 et 5 000 m^3/s.

La Durance et le Verdon, l'Aigues et l'Ouvèze ne sont pas moins capricieux, leur débit dépendent à la fois des précipitations et de la fonte des neiges. La Durance prend sa source au Montgenèvre à 1854 m d'altitude. De nombreux affluents, dont l'Ubaye et la Bléone lui donnent un caractère torrentiel et un régime alpin. Son débit peut varier de 1 à 180. Des crues se produisent en automne et au printemps. Il en est de même pour le Verdon. Mais les deux rivières ont été domestiquées grâce à de gigantesques retenues (Serre-Ponçon sur la Durance, Castillon et Ste-Croix sur le Verdon) et à des canaux.

Dans les terrains calcaires les pluies s'infiltrent dans le sol par une multitude de fissures pour reparaître plus loin sous forme de grosses sources (résurgences) au flanc des vallées au terme d'un parcours souterrain mystérieux. Ainsi, certaines eaux de la montagne de Lure ressurgissent-elles à Fontaine-de-Vaucluse.

Les rivières de régime torrentiel ont creusé des vallées charmantes, des gorges impressionnantes (canyon du Verdon, gorges du Cians) ou des « clues » (clue d'Aiglun) qui constituent un des attraits de la Haute-Provence.

PARCS NATURELS

Deux des six parcs nationaux français et trois parcs naturels régionaux se trouvent en partie sur le territoire décrit dans ce guide vert Alpes du Sud. Il s'agit des parcs nationaux des Écrins et du Mercantour et des parcs naturels régionaux du Queyras, du Vercors et du Luberon.

PARCS NATIONAUX

Les parcs nationaux ont été créés en vue de protéger le milieu naturel tout en y développant le tourisme et l'initiation à la nature. Pour atteindre ces objectifs à priori contradictoires, chaque parc national est composé de deux zones.

Le **parc** proprement dit ou zone centrale recouvre une partie inhabitée où la sauvegarde de la nature est assurée par une réglementation stricte : interdiction de pêcher, de chasser, de cueillir des plantes, d'amener des chiens, de couper, de construire.

La **zone périphérique** ou « pré-parc » fait l'objet de programmes d'animation, de formation, d'information, ainsi que de mise en valeur de l'agriculture et des recherches naturelles et culturelles locales. L'infrastructure hôtelière ainsi que les aménagements sociaux, économiques et culturels y sont installés.

Parc national des Écrins. — Créé en 1973, c'est le plus vaste parc national français

avec une superficie de 98 000 ha dont le 1/3 dans l'Isère et les 2/3 dans les Hautes-Alpes. Parc de haute montagne, il compte de nombreux sommets de plus de 3 000 m et culmine à 4 102 m à la Barre des Écrins. Il a succédé à l'ancien parc domanial du Pelvoux.

PARC NATIONAL DES ÉCRINS

0   5 km

🛈 Centre d'information

● Maison du Parc

⚠ Principaux refuges gardés

Au cœur du parc, le massif du Pelvoux offre un ensemble remarquable de courses de haute montagne tandis que les vallées divergentes du Vénéon, du Valgaudemar, de la Vallouise sont les points de départ pour les randonnées. Plus de 1 000 km de sentiers ont été aménagés dans le parc dont le GR 54 « Tour de l'Oisans » et, à sa périphérie, le GR 50 « Tour du Haut Dauphiné ».

Le massif des Écrins étant soumis, d'une part, aux influences océaniques au Nord et à l'Ouest et, d'autre part, aux influences méditerranéennes au Sud, présente une flore riche et variée avec 3 000 espèces dont les fleurs rares comme le sabot de Vénus, le lis orangé, l'ancolie des Alpes et le chardon bleu appelé pénicaut qui a été choisi comme emblème du parc. La faune comprend 5 000 chamois et des aigles royaux.

La zone périphérique, d'une superficie de 178 000 ha, inclut des hautes vallées du Drac, de la Romanche, de la Malsanne, de la Guisane et de la Durance. Plusieurs stations de sports d'hiver s'y sont développées.

Des centres d'information et des lieux d'exposition ont été aménagés aux « portes » du parc ainsi qu'une maison du Parc à la Vallouise. En été des visites guidées sont organisées par la compagnie des guides de l'Oisans.

Dans ce guide est décrite la partie comprise dans le département des Hautes-Alpes (Guisane, Vallouise, vallée de Freissinières).

Parc national du Mercantour. — Dernier né des parcs nationaux français, le parc du Mercantour, créé en 1979, s'étend sur une superficie de 68 500 ha dans les Alpes Maritimes et les Alpes de Haute-Provence.

Parc de haute montagne, il s'étage entre 500 et 3 143 m et offre de très beaux paysages de cirques, de vallées glaciaires et de gorges profondes. Il est contigu au parc naturel italien de l'Argentera en Italie.

Riche en flore, on y recense plus de 2 000 espèces dont le Saxifraga florulenta qui a été choisi comme emblème du parc.

Sa faune compte 3 000 chamois, une centaine de bouquetins et de nombreux mouflons bien adaptés au climat méditerranéen.

600 km de sentiers ont été aménagés dans le parc, dont le GR 5 et le sentier panoramique du Mercantour le GR 52[A].

La zone périphérique comprend 22 communes des Alpes Maritimes et 6 des Alpes de Haute-Provence. Dans ce guide sont décrites les régions de l'Ubaye, du col d'Allos et de la vallée de la Tinée.

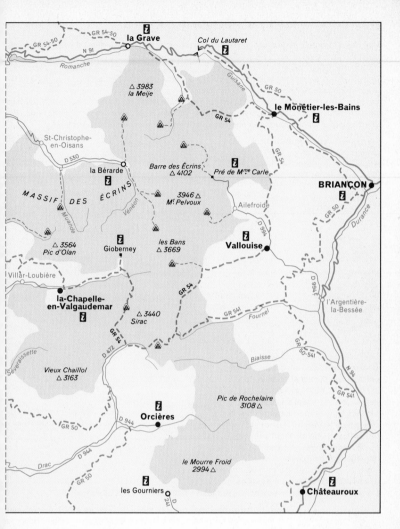

la Grave · Col du Lautaret

GR 54-50 · N 91 · Romanche · Guisane

△ 3983 la Meije

le Monêtier-les-Bains

GR 54

St-Christophe-en-Oisans · D 530

la Bérarde · Barre des Écrins △ 4102 · Pré de Mᵐᵉ Carle · GR 54

BRIANÇON

MASSIF DES ÉCRINS · Vénéon · 3946 △ Mᵗ Pelvoux · Ailefroide · D 994

Durance

△ 3564 Pic d'Olan · Gioberney · les Bans △ 3669 · Vallouise · D 994-E

Villar-Loubière

la-Chapelle-en-Valgaudemar · GR 54 · GR 541 · Fournel · l'Argentière-la-Bessée

△ 3440 Sirac · GR 54 · Biaisse · N 94 · GR 50-541 · GR 541

Séveraissette · D 472

Vieux Chaillol △ 3163

Pic de Rochelaire 3108 △

GR 50 · D 944 · Orcières

Drac · D 944

le Mourre Froid 2994 △

GR 50 · les Gourniers · D 24 · Châteauroux

Promeneurs, campeurs, fumeurs...
soyez prudents !
Le feu est le plus terrible ennemi de la forêt.

Aimer la nature,
c'est respecter la pureté des sources,
            la propreté des rivières, des forêts, des montagnes...
c'est laisser les emplacements nets de toute trace de passage.

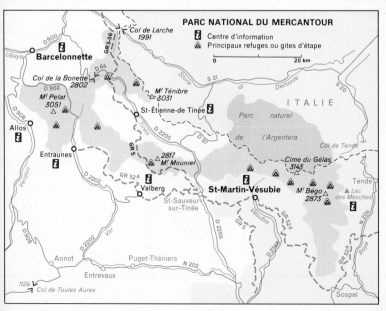

PARC NATIONAL DU MERCANTOUR

🛈 Centre d'information
⛰ Principaux refuges ou gites d'étape

0 —————— 20 km

D 900 · Col de Larche 1991 · GR 5-56

Ubaye · Barcelonnette · D 64 · Stura · S 21 · di · Demonte · S 20

Col de la Bonette 2802 · D 902 · Mᵗ Ténibre 3031 · ITALIE

Mᵗ Pelat 3051 △ · St-Étienne-de-Tinée · Parc naturel

Allos · de · l'Argentera

Entraunes · GR 5 · Tinée · D 2205 · D 97 · Col de Tende

Verdon · D 2202 · 2817 △ Mᵗ Mounier · Cime du Gélas 3143 · Tende

GR 52A · Valberg · St-Martin-Vésubie · Mᵗ Bégo 2873 · ▲ Lac des Meschès

St-Sauveur-sur-Tinée · Vésubie · GR 52A · N 204

D 908 · Var · D 2202 · D 2205 · GR 5 · Roya

Annot · Puget-Théniers · N 202

Entrevaux

1124 Col de Toutes Aures · Sospel

PARCS NATURELS RÉGIONAUX

Les parcs naturels régionaux diffèrent des parcs nationaux par leur conception et leur destination. Ce sont des zones habitées choisies pour être l'objet d'aménagements et le terrain d'activités propres à développer l'économie (création de coopératives, promotion de l'artisanat), à protéger le patrimoine naturel et culturel (musées, architecture...), à initier les visiteurs à la nature.

Le parc naturel régional est géré par un organisme (syndicat mixte, association...) comprenant des élus locaux, des propriétaires, des représentants d'associations, etc. Une charte établie avec l'accord des habitants définit ses limites et son programme.

Parc naturel régional de Queyras. — Créé en 1977, il englobe le territoire des 8 communes du Queyras et partiellement Vars, Eygliers et Guillestre, sur une superficie de 65 000 ha.

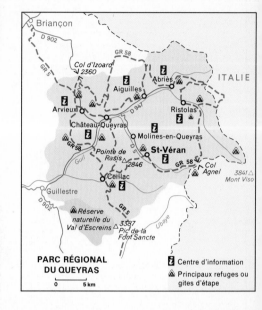

Ses principaux objectifs sont la protection des sites (architecture, paysages) et des espèces, le développement des sports de plein air, des sentiers de Grande Randonnée (GR 5 et GR 58 « Tour du Queyras »), du ski de fond et de randonnée, et l'aménagement des refuges.

L'artisanat traditionnel y connaît une renaissance et des expositions ont lieu régulièrement à la Maison du Queyras à Aiguilles.

Dans les limites du parc est incluse la réserve naturelle du Val d'Escreins.

Parc naturel régional du Vercors. — Créé en 1970, il comprend 53 communes sur une superficie de 135 000 ha et a fait l'objet de nombreux aménagements (ski, randonnée, spéléologie). Dans ce guide n'est décrite que la partie Sud du parc qui se trouve dans le Diois. *(Schéma et détails sur l'ensemble du parc dans le guide Vert Alpes du Nord).*

Parc naturel régional du Luberon. — Créé en 1977, il s'étend sur 50 communes (120 000 ha) et permet de découvrir la Provence traditionnelle.

Dans ce guide seule la région de Manosque est décrite.

Chamois.

LA FAUNE

La faune proprement alpine, en France, ne comprend plus qu'un nombre limité d'espèces : parmi les oiseaux on trouve le tétras-lyre, le grand-duc, le chocard (ou choucas), le lagopède (perdrix des neiges). Parmi les mammifères, outre ceux décrits ci-dessous, la musaraigne des Alpes, la souris des neiges. La plupart de ces espèces paraissent condamnées à une disparition rapide, hors des zones protégées des « parcs naturels ».

L'adaptation au milieu. — Au-dessus de la forêt, en haute altitude, la faune présente des adaptations particulières à ce milieu difficile, où la vie n'est possible qu'avec des moyens de défense contre le froid, la neige et le manque de nourriture. Certains se protègent du froid grâce à un pelage ou à un plumage très fourni, d'autres comme la marmotte hibernent sous terre, résolvant du même coup le problème de la nourriture. Proies favorites du renard et des rapaces, le lièvre variable et la perdrix des neiges se camouflent en changeant de couleur selon les saisons. L'hiver, les gros herbivores, bouquetins et chamois, descendent chercher abri et nourriture dans les forêts.

La plupart de ces animaux habitent des endroits souvent inaccessibles sauf aux alpinistes et, extrêmement sauvages, ils s'enfuient au moindre bruit.

Le bouquetin. — Reconnaissable à sa silhouette trapue dominée par d'immenses cornes annelées qui peuvent dépasser un mètre de longueur, le bouquetin est un animal tranquille qui aime faire sa sieste au soleil. Les mâles se groupent en bandes de plus de cinquante individus parfois. Aux premières neiges, ils rejoignent leurs compagnes plus petites et plus craintives. Ils luttent alors pour les conquérir et la montagne retentit du bruit de leurs affrontements cornes contre cornes.

Les bouquetins, menacés de disparition au début du siècle, ont été réintroduits dans les parcs nationaux des Écrins et du Mercantour où ils sont protégés.

Bouquetin

Le mouflon de Corse. — Ce grand mouton sauvage vit en troupeaux conduits par de vieux mâles. Parfaitement adapté à la végétation et au climat méditerranéens, il a été réintroduit dans le Parc national du Mercantour. Les mâles sont facilement reconnaissables à leurs cornes enroulées en volutes.

Le chamois. — On peut apercevoir sa gracieuse silhouette sur les cimes escarpées et rocheuses près des neiges éternelles. L'« antilope des Alpes » a un rude pelage brun roux, plus épais et plus sombre en hiver, marqué le long du dos par une raie noire. Sa petite tête est surmontée de fines cornes foncées recourbées. Ses pattes minces et robustes, ses pieds adaptés lui confèrent une extraordinaire agilité. D'une résistance de fer, il bondit de rocher en rocher et passe par les couloirs les plus abrupts. Les chamois se groupent en hardes de trois à vingt individus menées par un bouc. Leur poids peut atteindre 50 kg (la moitié du bouquetin).

En été, ils se nourrissent d'herbe, l'hiver ils descendent dans les forêts et rongent l'écorce des arbres.

La marmotte. — Charmant rongeur au pelage brun-jaunâtre, vivant en communauté, la marmotte a une attitude très caractéristique : elle se tient le plus souvent droite sur son arrière-train. Ses colonies, toujours sur le qui-vive, disparaissent dans des terriers quand le sifflement prolongé du « guetteur » donne l'alarme. Pendant l'été, les marmottes font des réserves de graisse, puis, dès les premiers froids, elles creusent des galeries profondes de trois à quatre mètres, à flanc de pente, qu'elles tapissent d'herbes sèches. Elles s'y installent par groupes et s'y endorment d'un sommeil léthargique qui dure jusqu'au retour de la belle saison.

Marmotte.

L'hermine. — Fauve l'été, elle devient blanche l'hiver sauf un pinceau de poils noirs à l'extrémité de la queue. Ce petit carnassier vit dans les pierriers et près des chalets.

Les papillons de Haute-Provence. — Il y a quelques années on dénombrait encore 1 300 espèces de papillons dans le département des Alpes de Haute-Provence dont 600 autour de Digne (le musée de Digne conserve d'ailleurs une remarquable collection). Une chasse outrancière a malheureusement fait disparaître une partie. Parmi les espèces les plus recherchées citons le machaon, le proserpine, le flambé, le jason à deux queues, les demi-deuils, le paon du jour, l'appolon, le thaïs, la diane, l'aurore de Provence, le zygène qui hante les champs de lavande et des espèces rares comme le phœbus et l'érèbe scipio.

LA VÉGÉTATION

La végétation dépend de plusieurs facteurs : le climat, la nature des sols, l'altitude, l'exposition des versants et l'action de l'homme. La région décrite dans ce guide recouvre une assez grande diversité, depuis la limite Nord de la zone méditerranéenne jusqu'aux grands massifs alpins au maigre tapis végétal.

LA VÉGÉTATION MÉDITERRANÉENNE

Le chêne vert à feuilles persistantes, l'olivier et les plantes xérophiles (adaptées à la sécheresse) nécessitent des températures douces, jamais inférieures à 4 °C pour le mois le plus froid. Avec les cyprès, les amandiers et les pins d'Alep, ils constituent le paysage provençal par excellence, associés aux cultures des zones riches ou s'intégrant aux garrigues des zones désolées. La vallée de la Durance jusqu'à Sisteron, l'Ouest au contact de l'influence rhodanienne (flancs Sud du Ventoux et de la montagne de Lure, Baronnies, Diois), la région des plans au Sud offrent, dans la diversité, ce type de paysage.

Au Nord, dès que l'altitude s'élève au-dessus de 600-800 m, les forêts de chênes pubescents ou « blancs » de pins sylvestres et de hêtres prédominent, particulièrement sur les ubacs. Elles se combinent alors à la lande de genêts, de buis ou de lavandes.

LA VÉGÉTATION ALPINE

Les Alpes sont réputées pour leurs immenses forêts de conifères. Du sommet du mont Ventoux, on peut apprécier du regard l'évolution des paysages en direction du Nord : étage méditerranéen de plus en plus dégradé puis apparition progressive de l'étage montagnard sous forme de hêtraies appauvries puis de sapinières.

L'exposition des versants est essentielle. Le versant adret (au soleil), le plus apte aux cultures et à l'habitat, a été défriché, alors que le versant ubac (à l'ombre), le plus souvent vide d'hommes, bénéficie d'une humidité favorisant le développement de vigoureux peuplements forestiers. Cette opposition est particulièrement marquée lorsque les vallées sont orientées Ouest-Est comme dans le Haut-Queyras.

Jusqu'à 1 500 m, on trouve d'abord les cultures ; au-dessus s'étend l'étage montagnard de la forêt de conifères. A partir de 2 200 m succède l'étage alpin : alpages où poussent les herbes vivaces, les myrtilles et la flore spécifiquement alpine *(p. 21)*. Après 3 000 m, on entre dans le domaine minéral : seuls mousses et lichens s'accrochent aux rochers.

Les conifères. — Il en existe de nombreuses variétés ; voici les plus communes :

Epicéa.   Sapin.   Mélèze.

Le sapin. — Cime large, à pointe aplatie « en nid de cigogne » chez les vieux individus. Écorce restant dans les tons gris. Les cônes, dressés comme des chandelles, se désagrègent sur place, à maturité, en perdant leurs écailles. Les aiguilles, molles, disposées sur le même plan comme les dents d'un peigne (d'où le nom de « sapin pectiné »), présentent sur leur face interne une double ligne blanche (d'où le nom de « sapin argenté »).

L'épicéa. — Essence spécifiquement montagnarde, caractéristique des expositions froides. Cime pointue en forme de fuseau. Aspect général hirsute, avec branches infléchies « en queue d'épagneul ». L'écorce, tirant sur le rouge, devient très crevassée avec l'âge. Aiguilles piquantes. Les cônes, pendants, tombent à maturité, tout d'une pièce.

Le pin sylvestre. — Les nombreuses espèces de pins ont pour caractéristique commune la présentation de leurs aiguilles, réunies par une gaine écailleuse en bouquets de 2 à 5. Leurs cônes sont à écailles dures et coriaces. Le pin sylvestre, au long fût grêle, forme de vastes peuplements dans les Alpes méridionales, en général sur les « adrets ».

Le mélèze. — C'est le seul conifère des Alpes françaises qui perde ses feuilles en hiver. Arbre caractéristique des versants ensoleillés de haute montagne, surtout dans les « Alpes sèches ». Cônes tout petits. L'ombre légère du feuillage, vert clair et ténu, n'interdit pas la pousse du gazon, d'où le charme des sous-bois de mélèzes.

Les feuillus. — Parmi les feuillus, le hêtre (ou fayard) domine dans les Préalpes entre 700 et 1 200 m. Arbre d'ombre, densément branchu, au tronc gris, il abrite dans ses sous-bois nombre de plantes rares : martagon, belladone, véronique officinale, épilobe de montagne etc. En dehors du hêtre, on trouve l'aulne, l'érable, le bouleau, le sorbier, l'alisier, le saule, le cytise aux grappes de fleurs jaunes...

La flore alpine

On réserve d'ordinaire le nom de plantes alpines aux végétaux qui poussent au-dessus de la limite supérieure des forêts. La floraison précoce de ces espèces, vivaces et généralement de petite taille, est commandée par la brièveté de la période végétative (juin-août). Le développement disproportionné de la fleur par rapport au reste de la plante et sa belle coloration s'expliquent par la richesse de la lumière des hautes altitudes en rayons ultraviolets. Les moyens de défense contre la sécheresse sont souvent importants : feutrage de poils laineux, réserves d'eau des petites plantes grasses, etc.

Des origines lointaines. — Sur les 4 500 espèces florales recensées dans les Hautes-Alpes, une majorité sont originaires d'autres régions : plaine ou moyenne montagne pour certaines plantes (dent-de-lion, centaurée...) aptes à supporter un milieu plus rude, zones méditerranéennes (œillet, narcisse...), arctiques (renoncule, pavot blanc...), asiatiques (edelweiss, primevère...). Les quelques espèces autochtones (ancolie, valériane...) sont les rescapées des grandes glaciations de l'ère quaternaire *(voir p. 13).*

Des sites adéquats. — En montagne, les plantes ne poussent pas n'importe où : aux unes il faut un sol calcaire, à d'autres un sol siliceux ; un éboulis, une fente rocheuse, une tourbière ont des hôtes bien différents, en fonction des conditions de vie qu'ils leur dispensent. A chaque emplacement-type correspond ainsi une espèce végétale particulière, ou une association d'espèces — toujours les mêmes — également capables d'y subsister.

① **Panicaut des Alpes** ou **Chardon bleu** (juillet-août) - ② **Rhododendron** (juin à août) - ③ **Edelweiss** (juillet à septembre) - ④ **Anémone des Alpes** (mai à juillet) - ⑤ **Lis martagon** (juin à août) - ⑥ **Gentiane Acaule** (mai à août) - ⑦ **Lis orangé** (juin-juillet).

Un devoir de protection
Le promeneur qui aime la nature ne se contentera pas de respecter les seuls espaces protégés comme les parcs du Mercantour et des Écrins, ou les espèces comme le lis martagon. Il s'abstiendra, naturellement, de moissonner systématiquement les plantes rares ; et, s'il cueille d'autres fleurs, il évitera d'en arracher les racines.

LES ACTIVITÉS HUMAINES

Les Alpes du Sud et la Haute-Provence possèdent une économie traditionnelle, fondée sur l'agriculture et l'artisanat, en voie de mutation. La « houille blanche » (énergie produite par les chutes d'eau) et ses industries induites, le tourisme et le thermalisme sont loin d'occuper la même place prépondérante que dans les Alpes du Nord. Autre spécificité : l'absence de grandes villes. Cette région compte en effet beaucoup de petites et moyennes villes à vocation commerciale, administrative ou militaire. Les centres urbains se sont établis en fonction de la topographie et des impératifs stratégiques : Briançon, Sisteron, Digne, Castellane...

AGRICULTURE

A l'utilisation intensive des terroirs au 19e s. a succédé l'exode rural du 20e s. Malgré cela, l'agriculture survit et s'efforce de s'adapter aux besoins nouveaux.
La polyculture et le pastoralisme d'antan ont quasiment disparu, s'effaçant devant une nécessaire spécialisation.

Bovins et ovins. — En montagne une constante se vérifie partout : le versant Sud porte prairies et cultures, tandis que le versant Nord est réservé à la forêt. La plus grande partie des anciennes terres de culture (notamment les champs de seigle) ont cédé la place aux pâturages. Un réseau de canaux, géré collectivement, irrigue les parcelles. Traditionnellement, dans les hautes vallées, les familles quittaient le village au printemps pour gagner la montagne où, en compagnie des bergers, elles restaient jusqu'à l'automne. Ces mouvements disparaissent ; on garde de plus en plus les vaches autour des villages par manque de bergers et pour une commercialisation plus facile des produits laitiers.
Les races bovines alpines sont connues pour leur robustesse et leur agilité qui leur permettent de s'adapter à un milieu naturel difficile et à un climat rude. Dans les Préalpes, on trouve les races d'Abondance et de Villard-de-Lans, et dans les hauts massifs la Tarine originaire de Tarentaise.
En raison de la forte pente, la mécanisation est limitée, aussi la récolte du foin se fait-elle souvent manuellement à l'aide de la faux, du rateau et du filet qui sert à confectionner d'énormes balles.
Les cultures céréalières se développent dans le Gapençais, l'Embrunais, la vallée du Buëch et, au Sud, sur le plateau de Valensole. Les ovins représentent cependant la principale activité agricole des Alpes du Sud et de la Haute-Provence. Spécialisé dans la production d'agneaux gras vendus à 3 mois, cet élevage redevient prospère après une diminution du cheptel depuis 1940. L'été, aux animaux résidents s'ajoutent les migrants saisonniers venus de Basse Provence à la recherche d'une herbe moins brûlée par le soleil. Le départ de la **transhumance** a lieu aux alentours de la Saint-Jean et le retour à la Saint-Michel. Malheureusement, elle a perdu son caractère pittoresque d'autrefois quand bergers, ânes bâtés, chèvres et longues files de moutons empruntaient les « drailles » ou « carraires », cheminant pendant des jours au rythme des points d'eau et des villages, pour atteindre enfin le Vercors ou le haut bassin de la Durance. Aujourd'hui, le transport (400 000 têtes environ) se fait par bétaillères ou par trains. Arrivés sur place les troupeaux réunissant les cheptels de plusieurs propriétaires (au total entre 6 000 et 30 000 bêtes par troupeau) gagnent, sous la conduite des bergers, les alpages qui leur sont assignés au terme d'un contrat de location. Ces alpages peuvent être communaux ou privés, collectifs ou individuels, et possèdent chacun leurs conditions d'utilisation.
Les ovins de Haute-Provence ne migrent pas, ils disposent de vastes terrains de parcours et s'abritent l'hiver dans de grandes bergeries, les jas.

Transhumance.

Lavandes et lavandins. — Qui ne connaît le parfum de la lavande, si caractéristique de la Haute-Provence ? Au début du siècle, la cueillette des fleurs de cette plante, qui pousse à l'état naturel entre 600 et 1 400 m sur le revers méridional du mont Ventoux et de la montagne de Lure, ne constituait qu'une récolte d'appoint. Pour remplacer les céréales, alors en forte régression, on introduisit la culture de la lavande sur les plateaux et les hauts versants. Bien adaptée au climat et aux sols calcaires de la Provence, cette plante devait faire renaître nombre d'exploitations en voie d'abandon. Des terres, en friche depuis près de vingt ans, se couvrirent d'innombrables touffes verdoyantes, dont les fleurs mauves embaumaient l'air en juillet. Plus tard, un hybride (croisement de la lavande fine et de l'aspic), le lavandin, de rendement bien supérieur à la lavande vraie mais d'une essence de qualité inférieure, vint peupler les bas versants et les vallées entre 400 et 700 m d'altitude. On peut voir des champs couverts de lavandins magnifiques sur le plateau de Valensole et le long de la route de Digne à Gréoux-les-Bains.

La récolte se fait de juillet à septembre selon la région et se mécanise de plus en plus. Seuls les champs anciens, aux rangs très rapprochés, ou peu accessibles, sont encore moissonnés à l'aide de la faucille et de la « saquette » (sac de drap croisé sur le dos). Après un séchage de deux ou trois jours, la lavande cueillie ou « paille » est acheminée vers la distillerie équipée d'un alambic classique.

Chaque « passe » d'une durée de 30 mn nécessite une tonne de « paille » et fournit de 5 à 10 kg d'essence de lavande ou 25 à 40 kg d'essence de lavandin. Les essences de lavande sont réservées à la parfumerie fine, aux cosmétiques ; les essences de lavandin parfument les lessives, les produits d'entretien. Les fleurs de lavande peuvent être également séchées et mises en sachets. La production annuelle d'essences pour la Provence varie de 50 à 100 tonnes pour la lavande et de 600 à 1 000 tonnes pour le lavandin.

Quelques autres productions. — Les oliviers se rencontrent dans la région de Buis, le long de la vallée de la moyenne Durance et sur les flancs Sud des montagnes provençales. Le tilleul se récolte en grande quantité dans les Baronnies. Les amandiers accompagnent parfois les champs de lavande. Les truffes se développent sur les racines du chêne pubescent. Les plantes médicinales et aromatiques, le miel font l'objet d'un commerce actif. Enfin, les vignobles du Diois et des coteaux Sud du Ventoux ont une bonne réputation, et l'arboriculture fruitière (pêchers, pommiers) prospère le long de la Durance.

Bois et forêts. — Dans certaines régions, la sous-exploitation des alpages et l'abandon de la fauchaison des hautes prairies permettent un reboisement intensif. Les forêts occupent actuellement plus du tiers de la surface utilisable. Composées de conifères, et de feuillus aux basses altitudes, elles sont pour plus de la moitié la propriété des communes et des particuliers. Le reste appartient à l'État, il est géré par l'Office National des Forêts. Le Diois et les Préalpes de Digne sont le domaine du sapin ; le Briançonnais, le Queyras, l'Embrunais, l'Ubaye et le Mercantour celui du sapin, de l'épicéa et du mélèze.

De nombreuses communes alpines doivent leur richesse à ce capital forestier. Les tronçonneuses, l'aménagement des routes forestières, l'utilisation de câbles pour les lots difficiles d'accès facilitent la rentabilité des exploitations. En certains endroits subsiste « l'affouage », tradition qui attribue à chaque foyer un lot de bois dont il dispose à son gré. Le bois est surtout utilisé comme bois d'œuvre ou vendu à des scieries et à des papeteries. Les forêts de Haute-Provence ont été peu à peu reconstituées depuis le milieu du siècle dernier. Protégées, elles ne donnent pas lieu à une exploitation industrielle.

ARTISANAT

Il tient une place importante après avoir longtemps décliné.

Le travail du bois, qui correspond aux ressources locales, a donné une remarquable tradition d'ébénisterie et de menuiserie en particulier dans le Queyras *(voir p. 35)*. Le tissage de la laine de mouton (encore pratiqué à Chantemerle), l'extraction de la pierre ollaire, ou serpentine, (qui servait à fabriquer des articles ménagers et des moules à bijoux), la dentellerie ont quasiment disparu. En Haute-Provence, l'artisanat d'art connaît une renaissance depuis quelques décennies. Installés dans de vieux villages qu'ils ont souvent restaurés, des artisans se consacrent soit à la reproduction d'objets

Détail d'un coffre du Queyras.

traditionnels selon les anciennes méthodes, soit à la création. A Riez et à Gréoux-les-Bains, on frabrique des santons, à Vachères près de Reillanne, des tapisseries. La célèbre faïence de Moustiers mérite une mention particulière *(voir p. 36 et p. 103)*.

Parmi les principaux centres d'artisanat populaire de Haute-Provence citons Barrème, St-André-les-Alpes, Beauvezer, Annot, Entrevaux, Moustiers, Riez, Puimoisson, Gréoux, Vachères, Castellane, Forcalquier, Manosque, Montfort et Digne.

TOURISME

Il est apparu ici plus tardivement que dans les Alpes du Nord, mais bénéficie d'un succès croissant auprès des amoureux de la nature. Les sports d'hiver sont représentés par le ski alpin et le ski de fond *(voir p. 8)*.

Le Queyras donne l'exemple d'une rénovation réussie. Dans les années 1960, les jeunes du pays prirent en main l'aménagement de la montagne et transformèrent les villages en stations de tourisme. Ces « stations-villages », gérées directement par la population, constituent aujourd'hui une formule originale remportant un large succès.

Le tourisme en Haute-Provence repose essentiellement sur la découverte de la nature, et a un caractère familial. Aux randonnées pédestres s'ajoutent les sports nautiques.

QUELQUES FAITS HISTORIQUES

En italique, quelques jalons historiques.

Av. J.-C.	## Celtes et Romains
5ᵉ s.	Implantation progressive des Celtes au pied des Alpes.
218	Hannibal franchit les Alpes.
125-122	Conquête de la Gaule méridionale par les Romains.
27-14	L'Empereur Auguste conquiert les Alpes et la Haute-Provence qu'il agrège à l'Empire romain.
7	Création de la province des Alpes Maritimes.
Ap. J.-C.	
63	Le royaume de Cottius devient la province des Alpes Cottiennes (au Nord des Alpes Maritimes).
4ᵉ-5ᵉ s.	Remodelage des provinces. Affirmation du christianisme avec la création des diocèses de Die, Gap et Embrun. En Haute-Provence, les anciennes civitates romaines deviennent évêchés : Digne, Riez, Senez, Glandèves et Sisteron.
313	*Par l'édit de Milan, Constantin accorde aux Chrétiens la liberté de culte.*
451	*Attila est vaincu aux champs catalauniques.*
476	Chute de l'Empire romain d'Occident.

Francs et Royaume de Bourgogne

534-536	Les Francs annexent la Burgondie et gagnent la Provence.
732	*Charles Martel défait les Arabes à Poitiers.*
800	*Charlemagne est couronné empereur d'Occident.*
8ᵉ s.	Francs et Arabes ravagent la Provence.
843	Le traité de Verdun donne la Provence à Lothaire.
855	Le royaume de Provence est constitué par Lothaire au profit de son fils Charles.
879	Boson roi de Provence.
987	*Hugues Capet est couronné roi de France.*
10ᵉ s.	La Provence entre dans le royaume de Bourgogne. Expulsion des Sarrasins.
1032	Le royaume de Bourgogne est incorporé à l'Empire germanique. A la même époque, l'archevêque de Vienne partage son immense comté en deux : au Nord, la future Savoie, au Sud, le futur Dauphiné.
1095	*Première croisade.*

Comté de Provence et Dauphiné

fin du 11ᵉ s.	Une famille issue des comtes de Provence crée le comté de Forcalquier.
12ᵉ s.	Essor du monachisme : les moines chalaisiens de l'abbaye de Boscodon essaiment dans les Alpes et en Haute-Provence.
1195	Mariage de la comtesse de Forcalquier Gersende de Sabran et du comte de Provence Alphonse II. Leur fils Raimond-Bérenger V, comte de Barcelone, hérite des comtés de Forcalquier et de Provence qu'il réunit.
1209	*Croisade contre les Albigeois.*
1232	Fondation de Barcelonnette par Raimond-Bérenger V.
1246	Mariage de Charles d'Anjou, frère de Saint Louis, avec l'héritière du comté de Provence, Béatrix, l'une des quatre filles de Raimond-Bérenger V, qui devinrent toutes reines *(voir p. 88).*
1250	Décès du dernier comte de Forcalquier.

Sceau de Raimond Bérenger V (13ᵉ s.).

1270	*Mort à Tunis de Saint Louis, qui était marié avec la fille de Raimond-Béranger V, Marguerite.*
1337	*Début de la guerre de Cent Ans qui durera jusqu'en 1453.*
1343-1383	Le comté de Provence est aux mains de la Reine Jeanne.
1343	Les vallées briançonnaises obtiennent une charte de franchise témoignant de l'organisation des communautés rurales montagnardes. C'est le début des Escartons.
1349	Le Dauphin Humbert II cède le Dauphiné au roi de France : c'est le « Transport du Dauphiné à la France ».
1388	L'Ubaye se rattache aux États savoyards.

Guerres d'Italie et Guerres de Religion

1461-1483	Règne de Louis XI.
1488	Croisade contre les Vaudois des vallées alpines.
1489-1565	Vie de Guillaume Farel, né à Gap, propagateur de la Réforme en Dauphiné.
1494	L'armée de Charles VIII gagne l'Italie par Gap, Briançon et Montgenèvre.
1515	*Début du règne de François 1er qui meurt en 1547.*
1536	François 1er s'empare de Barcelonnette et de la Savoie. Charles Quint envahit la Provence.
1543-1626	Vie de Lesdiguières, gouverneur du Dauphiné et dernier connétable de France. Ce grand chef de guerre protestant lutte contre le duc de Savoie.
1562	Siège de Sisteron.
1586	Les combats entre catholiques et protestants redoublent : sièges de Castellane et de Seyne et bataille d'Allemagne-en-Provence.
1589	*Début du règne de Henri IV.*
1598	Édit de Nantes. Fin des guerres de Religion. Les Protestants obtiennent la liberté du culte et des places de sûreté.
1610	*Début du règne de Louis XIII qui meurt en 1643.*
1628	Le Dauphiné devient pays d'élection.
1634-1639	Le Tiers-État dauphinois obtient de la monarchie la cadastration généralisée des terres.

De Louis XIV à la Révolution

1643-1715	*Règne de Louis XIV.*
1685	Révocation de l'édit de Nantes : exil de nombreux Protestants.
1692	Les troupes du duc de Savoie Victor-Amédée II envahissent le Sud des Alpes. Louis XIV envoie Vauban dans cette région pour édifier des places fortes ou consolider celles déjà existantes (Briançon, Mont-Dauphin, Sisteron, Colmars...).
1707	Invasion de la Provence par le prince Eugène de Savoie.
1713	Traité d'Utrecht : Dauphiné et Provence s'agrandissent. La France perd une partie du Briançonnais mais reçoit en compensation l'Ubaye.
1740-1748	Guerre de la Succession d'Autriche. La Provence orientale est envahie par les troupes austro-sardes.
1774	*Début du règne de Louis XVI, décapité en 1793.*
1789	*Révolution française et création des départements l'année suivante.*
1793	Création du département des Alpes-Maritimes (perdu en 1814).

Du Premier Empire à aujourd'hui

1815	Napoléon, de retour de l'île d'Elbe, traverse les Alpes du Sud.
1851	Vive résistance au coup d'État de Louis-Napoléon Bonaparte dans les Basses-Alpes.
1852	*Règne de Napoléon III jusque 1872.*
1854	Fondation du Félibrige : Mistral travaille à la renaissance de l'identité provençale.
1860	Réunion de Nice et de la Savoie à la France.
1870	*Proclamation de la IIIe République le 4 septembre.*
Fin du 19e s.	Accélération de l'exode rural des pays montagneux.
1945	Combats dans l'Ubaye.
1947	Le traité de Paris décide quelques rectifications de la frontière franco-italienne, en faveur de la France, notamment l'attribution de la Vallée Étroite *(voir p. 64)*.
1955-1967	Construction du grand barrage de Serre-Ponçon.
1972	Mise en eau de la retenue de Ste-Croix sur le Verdon.
1973	Création du Parc national des Écrins.
1977	Création du Parc naturel régional du Queyras.
1979	Création du Parc national du Mercantour.

ENTRE PROVENCE ET DAUPHINÉ
Une frontière longtemps indécise

Pendant l'Antiquité. — A l'époque de la Gaule indépendante, les Voconces dominent toute la zone montagneuse entre l'Isère et le mont Ventoux. Ils doivent s'incliner devant les Romains lors de la conquête de 121 avant J.-C., mais les peuples des Alpes du Sud sont loin d'être soumis. La résistance continue en effet jusque sous Auguste. Victorieux en 13 avant J.-C., celui-ci crée, à l'Est de la Narbonnaise, la province des Alpes Maritimes. Les Romains fondent des cités (Die, Sisteron, Briançon, Embrun, Riez etc.), des établissements ruraux (des « villae ») et des routes. Une importante voie longe la Durance, reliant Tarascon au Mont Genèvre, et constitue un axe de prospérité. Lors des deux derniers siècles de l'Empire, de nouveaux découpages administratifs interviennent. Vers 400, la région est écartelée entre quatre provinces : au Nord et à l'Ouest, la Viennoise, au Sud, la Narbonnaise Seconde, à l'Est, les Alpes Maritimes (chef-lieu : Embrun), et les Alpes Cottiennes (comprenant le Briançonnais) rattachées au diocèse d'Italie. Parallèlement s'esquisse l'organisation ecclésiastique avec les évêchés d'Embrun, de Digne, de Riez, de Gap, de Die…

Les invasions du 5e s. bouleversent cette carte. Au Nord de la Durance, les Burgondes contrôlent le massif alpin ; au Sud, les Wisigoths s'emparent de la Provence mais doivent la céder aux Ostrogoths. Finalement en 534-36, les Francs deviennent les maîtres uniques de la région.

Pendant le Moyen Age. — Jusqu'au 13e s., la situation est particulièrement confuse. Francs et Arabes se disputent la Provence qui est érigée en royaume dès 855. Ce royaume, dont Boson, beau-frère de Charles le Chauve, prend la tête en 879, comprend, outre la Provence, le Lyonnais, le Viennois et les Alpes. Il est rattaché au siècle suivant à un vaste royaume de Bourgogne qui s'étend de Bâle à la Méditerranée, puis incorporé (1032) à l'empire germanique. En fait, le morcellement féodal seul compte car il est à l'origine d'unités historiques durables.

Au 12e s., on distingue trois ensembles principaux : le Sud-Viennois des comtes d'Albon, dont l'un, Guigues IV, porte le nom de Dauphin ; la Provence, partagée entre l'influence des comtes de Toulouse et celle des comtes de Barcelone ; la Haute Provence (augmentée du Gapençais et dè l'Embrunais) tenue par les puissants comtes de Forcalquier.

Au 14e s., hormis les États pontificaux, il ne reste que deux grands ensembles : la Provence des comtes d'Anjou et le Dauphiné des Dauphins. Entre les deux, la frontière reste floue à cause du jeu complexe des inféodations. En 1337, le roi Robert, comte de Provence, refuse l'occasion d'agrandir son domaine en déclinant la proposition du Dauphin Humbert II de lui vendre ses États pour 190 000 florins.

Le rattachement à la France. — Le Dauphiné dès 1349 et la Provence en 1481 sont intégrés au royaume de France.

Le « transport » du Dauphiné. — Humbert II avait été porté très jeune à la succession delphinale. Ambitieux, prodigue, inconséquent, il multiplia les fondations pieuses, distribua des offrandes, fonda l'Université de Grenoble, fut le mécène d'artistes et d'écrivains et accomplit une œuvre administrative importante. Son départ à la croisade acheva de vider les caisses delphinales. A son retour (1347), ayant perdu sa femme et son fils, il décide de se retirer et de vendre le Dauphiné. Deux projets de traités avaient déjà été élaborés en 1343 et 1344 au profit du roi de France et de ses héritiers. Le traité de 1349 stipule que le roi payera 200 000 florins, plus une rente annuelle de 4 000 florins pour Humbert II. En même temps, les habitants reçoivent le « Statut delphinal » prévoyant le respect de leurs libertés et privilèges. D'autre part, le Dauphiné reviendra au fils aîné du roi de France qui portera le titre de Dauphin. L'acte de vente s'appelle pudiquement le « Transport du Dauphiné à la France ». La cérémonie solennelle de remise des États au nouveau Dauphin (le futur Charles V) se déroule le 16 juillet 1349 à Lyon. Humbert II prit alors le froc blanc des dominicains et mourut peu de temps après.

L'héritage de la Provence. — A la mort du roi René, la Provence échoit à son neveu Charles du Maine, mais celui-ci décède un an plus tard en léguant par testament le riche comté à son cousin Louis XI. Ce dernier connaît bien la région pour avoir gouverné de 1447 à 1456 le Dauphiné voisin. En 1486, sous Charles VIII, les États de Provence prononcent l'union définitive.

Désormais, le royaume de France s'étendait sur tout le Sud-Est (sauf le Comtat Venaissin) et le tracé des frontières entre Dauphiné et Provence n'était plus qu'une question administrative subalterne. A l'Est par contre, les limites restaient incertaines depuis l'invasion savoyarde de 1388 : la France s'arrêtait à l'Ubaye et au cours du Var.

Du 16e s. à nos jours. — Progressivement, l'autonomie des provinces s'efface. En 1535, l'édit de Joinville subordonne plus étroitement au pouvoir royal l'administration provençale. En 1539, le Dauphiné est gouverné avec les mêmes « lois et statuts que les autres parties du royaume ». Quelques remaniements territoriaux modifient la carte régionale. En 1513, le Gapençais revient au Dauphiné et, en 1536, François Ier s'empare provisoirement de Barcelonnette et de la Savoie. Sous Louis XIV, le Dauphiné occupe une position stratégique face à la Savoie et au Piémont, ce qui lui vaut un chapelet de forteresses édifiées par Vauban. En 1713, au traité d'Utrecht, la France perd une partie du Briançonnais mais retrouve la vallée de Barcelonnette et l'Ubaye.

Sous la Révolution, le cadre départemental finit de démembrer la Provence et le Dauphiné ; les États pontificaux disparaissent également. Durant le 19e s., la centralisation achève l'unification tandis que la France s'agrandit et, en 1860, de Nice et de la Savoie. Un siècle plus tard renaissent les régions. Au Nord, la région Rhône-Alpes inclut la Drôme (Diois et anciennes Baronnies) ; au Sud, la région Provence-Alpes-Côte d'Azur englobe les Alpes du Sud et la Haute-Provence.

LANGUE ET LITTÉRATURE

UNE LANGUE D'OC : LE GAVOT

La langue d'oc a été la grande langue de civilisation de la France du Sud pendant le Moyen Age. Dérivée du latin vulgaire et des anciens parlers gaulois, elle a connu ses heures de gloire grâce aux troubadours des 11e, 12e et 13e s. En recul progressif devant la langue d'oïl de la France du Nord, elle a cessé d'être employée comme langue juridique et administrative au 16e s. à la suite de l'Édit de Villers-Cotterêts (1539) qui imposait l'usage du français pour les actes administratifs. Malgré les efforts des poètes, elle a perdu toute unité et a évolué vers une multitude de patois locaux. Ce n'est que depuis la fin du 19e s. qu'on tend à lui restituer sa pureté. Les Alpes du Sud se rattachent au domaine occitan par la branche du « vivaro-alpin », assez proche du franco-provençal. Ce parler « gavot » (dont il faut exclure la plus grande partie de la vallée de la Durance) se caractérise par la persistance du o atone latin, le passage de l à r devant certaines consonnes et entre voyelles, le maintien, original, du r de l'infinitif et du s au pluriel. Il a constitué un îlot d'archaïsme au sein de l'Occitanie.

L'usage du gavot comme langue écrite a cependant été limité en Haute-Provence où l'on est passé presque sans transition du latin au français. Par contre, il a subsisté comme langue parlée même si les patois d'aujourd'hui ne sont connus que de vieux paysans et tendent à s'abâtardir.

LA LITTÉRATURE

La vie littéraire et intellectuelle dans les Alpes du Sud n'a pas brillé d'un éclat aussi vif que dans la Basse-Provence voisine, faute sans doute d'élites urbaines cultivées.

Pour le Moyen Age, à la fin du 12 s. on relève le nom de la comtesse **Béatrice de Die,** qui composa des chansons exprimant sa passion pour le célèbre troubadour Raimbaud d'Orange.

Au 16e s., l'humaniste **Guillaume Farel** (1489-1565), originaire des environs de Gap, fut le disciple de Lefèvre d'Étaples à Paris avant d'être l'un des propagateurs de la Réforme auprès de Jean Calvin à Genève.

Au 17e s. émergent les noms du philosophe **Gassendi** (1592-1655), né à Champtercier près de Digne, et du poète **Raynier de Briançon** dont la principale œuvre, « l'Âne de Paulet ou le Crève-Cœur d'un paysan sur la mort de son âne », écrite en provençal, est une contribution à la renaissance occitane.

Celle-ci intervient au 19e s. sous la direction géniale de Mistral, fondateur du Félibrige, dont le Sisteronnais **Paul Arène** (1853-1896) fut un des disciples. L'auteur de « Jean des Figues » et de la « Chèvre d'Or » publia quantité de contes, de recueils et de poèmes tant en français qu'en provençal. Dans les récits de son enfance, on reconnaît Sisteron et la Provence gavotte « aux odeurs aromatiques dont l'herbe des montagnes a embaumé son style » (Mistral). Tout différent est le père de Rocambole, le prolixe romancier **Ponson du Terrail** (1829-1871), né à Montmaur, entre Gap et Serres, mais dont la carrière se déroula à Paris.

Avec **Jean Giono** (1895-1970), de Manosque, la grande veine provençale est de retour. Dans la « Trilogie de Pan » et « Jean le Bleu », il évoque et célèbre les vertus de sa Provence natale, celle des montagnes, de l'âme paysanne et des sensations uniques qu'elle procure. Pacifiste dénonçant le machinisme et la ville, il écrit, après la Deuxième Guerre mondiale, dans un style de plus en plus dépouillé. Son « Hussard sur le toit »

(1951) couronne une carrière de grand écrivain national et international. De son œuvre, on retient qu'elle fut un merveilleux chant à la vie, à la fois enthousiaste et nostalgique. A propos de la Haute-Provence, il écrivait : « Il y a une civilisation du désert. On ne peut pas assigner de limites à la solitude, décider qu'elle s'arrêtera là et qu'à partir d'ici nous vivrons comme des milords. Longtemps avant d'atteindre les régions du silence, la vie s'organise en fonction des espaces déshérités. Tout indique un dépeuplement, une fuite, des morts nombreuses. On habite dans la mélancolie sur le théâtre d'anciennes tragédies, ne serait-ce que celle de la splendeur disparue... ».

Alexandre Arnoux (1884-1973), natif de Digne, a laissé lui aussi une œuvre féconde dans laquelle la Haute-Provence est présente (« Le chiffre », « Haute-Provence », « Rhône mon fleuve » etc.).

Portrait de Pierre Gassendi (Gravure de Mellan).

L'ART

ABC D'ARCHITECTURE

A l'intention des lecteurs peu familiarisés avec la terminologie employée en architecture, nous donnons ci-après quelques indications générales sur l'architecture religieuse et militaire, suivies d'une liste alphabétique des termes d'art employés pour la description des monuments dans ce guide.

Architecture religieuse

illustration I ▶

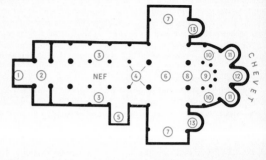

Plan-type d'une église : il est en forme de croix latine, les deux bras de la croix formant le transept.
① Porche – ② Narthex ③ Collatéraux ou bas-côtés (parfois doubles) – ④ Travée (division transversale de la nef comprise entre deux piliers) ⑤ Chapelle latérale (souvent postérieure à l'ensemble de l'édifice) – ⑥ Croisée du transept – ⑦ Croisillons ou bras du transept, saillants ou non, comportant souvent un portail latéral – ⑧ Chœur, presque toujours « orienté » c'est-à-dire tourné vers l'Est ; très vaste et réservé aux moines dans les églises abbatiales – ⑨ Rond-point du chœur ⑩ Déambulatoire : prolongement des bas-côtés autour du chœur permettant de défiler devant les reliques dans les églises de pèlerinage – ⑪ Chapelles rayonnantes ou absidioles – ⑫ Chapelle absidale ou axiale. Dans les églises non dédiées à la Vierge, cette chapelle, dans l'axe du monument, lui est souvent consacrée ⑬ Chapelle orientée.

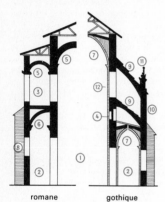

romane   gothique

◀ illustration II

Coupe d'une église : ① Nef – ② Bas-côté – ③ Tribune – ④ Triforium – ⑤ Voûte en berceau – ⑥ Voûte en demi-berceau – ⑦ Voûte d'ogive – ⑧ Contrefort étayant la base du mur – ⑨ Arc-boutant – ⑩ Culée d'arc-boutant – ⑪ Pinacle équilibrant la culée – ⑫ Fenêtre haute.

illustration III ▶

Cathédrale gothique : ① Portail – ② Galerie – ③ Grande rose – ④ Tour-clocher quelquefois terminée par une flèche – ⑤ Gargouille servant à l'écoulement des eaux de pluie – ⑥ Contrefort – ⑦ Culée d'arc-boutant ⑧ Volée d'arc-boutant – ⑨ Arc-boutant à double volée – ⑩ Pinacle – ⑪ Chapelle latérale – ⑫ Chapelle rayonnante – ⑬ Fenêtre haute – ⑭ Portail latéral – ⑮ Gâble – ⑯ Clocheton – ⑰ Flèche (ici, placée sur la croisée du transept).

◀ illustration IV

Voûte d'arêtes :
① Grande arcade
② Arête – ③ Doubleau.

illustration V ▶

Voûte en cul de four : elle termine les absides des nefs voûtées en berceau.

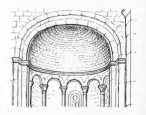

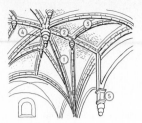

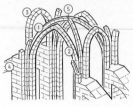

illustration VI

Voûte à clef pendante :
① Ogive – ② Lierne
③ Tierceron – ④ Clef pendante
⑤ Cul de lampe.

illustration VII

Voûte sur croisée d'ogives
① Arc diagonal – ② Doubleau
③ Formeret – ④ Arc-boutant
⑤ Clef de voûte.

▼ illustration VIII

Portail : ① Archivolte ; elle peut être en plein cintre, en arc brisé, en anse de panier, en accolade, quelquefois ornée d'un gâble – ② Voussures (en cordons, moulurées, sculptées ou ornées de statues) formant l'archivolte – ③ Tympan – ④ Linteau – ⑤ Piédroit ou jambage – ⑥ Ébrasements, quelquefois ornés de statues – ⑦ Trumeau (auquel est généralement adossé une statue) – ⑧ Pentures.

illustration IX ▶

Arcs et piliers : ① Nervures – ② Tailloir ou abaque – ③ Chapiteau – ④ Fût ou colonne – ⑤ Base – ⑥ Colonne engagée – ⑦ Dosseret – ⑧ Linteau – ⑨ Arc de décharge – ⑩ Frise.

Architecture militaire

illustration X

Enceinte fortifiée : ① Hourd (galerie en bois) – ② Mâchicoulis (créneaux en encorbellement) – ③ Bretèche – ④ Donjon – ⑤ Chemin de ronde couvert – ⑥ Courtine – ⑦ Enceinte extérieure – ⑧ Poterne.

illustration XI

Tours et courtines : ① Hourd – ② Créneau – ③ Merlon – ④ Meurtrière ou archère – ⑤ Courtine – ⑥ Pont dit « dormant » (fixe) par opposition au pont-levis (mobile).

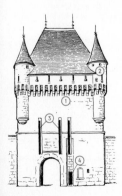

◀ illustration XII

Porte fortifiée : ① Mâchicoulis – ② Échauguette (pour le guet) – ③ Logement des bras du pont-levis – ④ Poterne : petite porte dérobée, facile à défendre en cas de siège.

illustration XIII ▶

Fortifications classiques :
1 Entrée – 2 Pont-levis
3 Glacis – 4 Demi-lune
5 Fossé – 6 Bastion – 7 Tourelle de guet – 8 Ville – 9 Place d'Armes.

Abaque : partie supérieure du chapiteau. Illustration IX.

Abside : extrémité d'une église, derrière l'autel.

Absidiole : illustration I.

Antiphonaire : recueil de chants liturgiques.

Appareil : taille et agencement des matériaux constituant une maçonnerie.

Arc de décharge : illustration IX.

Architrave : partie inférieure de l'entablement qui porte sur le chapiteau des colonnes.

Arc triomphal : grande arcade à l'entrée du chœur d'une église.

Arcature (bande) lombarde : décoration en faible saillie, faite de petites arcades aveugles reliant des bandes verticales ; caractéristique de l'art roman de Lombardie.

Archivolte : illustration VIII.

Atlante : statue masculine servant de support.

Bas-côté : illustration I.

Bas-relief : sculpture en faible saillie sur un fond.

Bastion : illustration XIII.

Billettes : petits tronçons de tore espacés.

Caisson : compartiment creux ménagé comme motif de décoration (plafond ou voûte).

Campanile : clocher isolé ou lanterne en charpente ou en fer forgé surmontant le comble d'un édifice et abritant la cloche.

Cannelures : moulures creuses.

Casemate : abri enterré.

Chapelles rayonnantes : illustration I.

Chapiteau : illustration IX.

Châsse : coffre contenant les reliques d'un saint.

Chevet : illustration I.

Chimère : animal fabuleux à tête de lion, à corps de chèvre et à queue de dragon.

Chrisme : monogramme du Christ composé des lettres grecques X et P entrelacées.

Claveau : l'une des pierres formant un arc ou une voûte.

Clef pendante : illustration VI.

Clef de voûte : claveau placé au sommet d'un arc ou d'une voûte. Illustration VII.

Collatéral : se dit des côtés de la nef lorsqu'ils sont de même hauteur que celle-ci.

Colombage : construction en pans de bois dont les vides sont remplis d'une maçonnerie légère.

Colonne torse : colonne à fût contourné en spirale.

Console : moulure saillante supportant une corniche ou un balcon.

Corbeau : pierre ou pièce de bois partiellement engagée dans le mur et portant sur sa partie saillante une poutre ou une corniche.

Corinthien (ordre) : ordre d'architecture grecque caractérisé par des chapiteaux à volutes presqu'entièrement recouverts de feuilles d'acanthe recourbées.

Coupole : illustrations XIV.

Créneau : illustration XI.

Croisée d'ogives : illustration VII.

Croisillon : illustration I.

Crypte : église souterraine.

Cul-de-four : illustration V.

Cul-de-lampe : illustration VI.

Déambulatoire : illustration I.

Encorbellement : construction en porte à faux.

Enfeu : niche pratiquée dans le mur d'une église pour recevoir une tombe.

Entablement : partie de certains édifices qui surmonte une colonnade.

Entrelacs : ornement composé de cordons entrelacés.

Ex-voto : objet ou inscription déposé dans une église à la suite d'un vœu ou en remerciement d'une grâce obtenue.

illustration XIV

Coupole sur pendentifs :
① Coupole circulaire —
② Pendentif —
③ Arcade du carré du transept.

Feston : ornement en forme de guirlandes de feuilles, fruits ou fleurs.

Flamboyant : style décoratif de la fin de l'époque gothique (15ᵉ s.), ainsi nommé pour ses découpures en forme de flamèches aux remplages des baies.

Fresque : peinture murale appliquée sur l'enduit frais.

Frise : décoration de forme allongée en relief ou peinte.

Gâble : pignon décoratif très aigu. Illustration III.

Géminé : groupé par deux (arcs géminés, colonnes géminées).

Génoise : frise composée de tuiles superposées et fixées dans le mortier.

Gloire : auréole enveloppant tout le corps du Christ.

Gypserie : décoration en stuc.

Haut-relief : sculpture au relief très saillant, sans toutefois se détacher du fond (intermédiaire entre le bas-relief et la ronde-bosse).

Historié : décoré de scènes à plusieurs personnages. Les chapiteaux historiés sont caractéristiques de l'architecture romane.

Hourd : illustration X.

Imposte : pierre en saillie moulurée posée sur le piédroit d'une porte.

Jubé : illustration XV.

Lancette : arc en tiers-point surhaussé ressemblant à une pointe de lance.

Linteau : illustration VIII et IX.

Lutrin : pupitre, généralement pivotant, servant à supporter les livres liturgiques.

Maître-autel : autel principal d'une église, placé dans le chœur.

Mandorle : auréole en amande entourant le Christ triomphant du jugement Dernier (de l'italien « mandorla », amande).

Meneaux : croisillons de pierre divisant une baie.

Méplat : plan intermédiaire formant transition entre deux surfaces.

Miséricorde : petit appui en forme de console placé sous l'abattant du siège d'une stalle, permettant aux religieux de s'asseoir tout en ayant l'air de rester debout.

Œil-de-bœuf : fenêtre ronde ou ovale.

Ogive : arc diagonal soutenant une voûte ; illustration VI et VII.

Piédroit : montant vertical sur lequel repose les voussures d'une archivolte.

Pietà : mot italien désignant le groupe de la Vierge tenant sur ses genoux le Christ mort ; on dit aussi : Vierge de Pitié.

Pilastre : pilier plat engagé dans un mur.

Pinacle : illustration II et III.

Plein-cintre (en) : en demi-circonférence, en demi cercle.

Pot à feu : vase décoratif surmonté d'une flamme.

Prédelle : base d'un retable divisé en petits panneaux. Illustration XVII.

Pyxide : petite boîte à couvercle où l'on plaçait l'Eucharistie.

Registre : portion d'une œuvre peinte ou sculptée qui peut être considérée isolément.

Retable : partie verticale d'un autel surmontant la table ; le retable, peint ou sculpté, comprend souvent plusieurs volets. Un tryptique est un retable à trois volets. Illustration XVI.

Rinceaux : ornements de sculpture ou de peinture empruntés au règne végétal formant souvent une frise.

Rosace, Rose : illustration III.

illustration XV

illustration XVI

Stalles : ① Dossier haut — ② Pare-close — ③ Jouée — ④ Miséricorde.

Autel avec retable. — ① Retable — ② Prédelle — ③ Couronne — ④ Table d'autel — ⑤ Devant d'autel.

Stalle : sièges de bois à dossier élevé, qui garnissent les deux côtés du chœur d'une église, réservés aux membres du clergé. Illustration XV.

Tiers-point (arc en) : arc brisé dans lequel s'inscrit un triangle équilatéral.

Tore : grosse moulure ronde demi-cylindrique.

Transept : illustration I.

Travée : illustration I.

Triforium : illustration II.

Triptyque : ouvrage de peinture ou de sculpture composé de trois panneaux articulés pouvant se refermer.

Tympan : illustration VIII.

Vantail : battant de porte.

Vasque : bassin de fontaine en forme de coupe peu profonde.

Volée : révolution d'un escalier ; partie d'un escalier entre deux paliers.

Voussures : illustration VIII.

Voûte d'arêtes : illustration IV.

Voûte en berceau : illustration II.

ART ET ARCHITECTURE

La région des Alpes du Sud ne brille que modestement par ses réalisations artistiques, comme si la magnifique architecture naturelle de ses paysages rendait quelque peu superflues les manifestations du génie humain.

De l'Antiquité, il reste des vestiges épars : les remparts et la porte St-Marcel de Die, les colonnes de Riez. Les premiers siècles du christianisme n'ont guère plus laissé de témoignages, hormis, celui, remarquable, du baptistère de Riez qui date de la fin du 4e s. ou du début du 5e s.

Art religieux

Il est surtout riche en réalisations de la période romane, pendant laquelle un grand nombre d'églises furent bâties. Mais il est aussi représenté par d'autres manifestations artistiques, souvent très humbles et touchantes de naïveté comme les peintures murales qui ornent de nombreuses chapelles et les retables peints.

Églises et prieurés. — Primitivement, le christianisme se diffusa à travers une multitude de petits ermitages établis en des lieux isolés. L'organisation du réseau paroissial et le retour à la sécurité entraînèrent, à la fin du 10e s. et au 11e s., une première vague de constructions. Cette renaissance fut en grande partie le fait des abbayes qui implantèrent ici de nombreux prieurés.

Sur le plan artistique, les Alpes du Sud se situent dans l'aire d'expansion du premier art roman qui se développa de la Lombardie à la Catalogne.

Premier art roman. — Importé par les Italiens et adapté au milieu local, il se caractérise par la simplicité du plan des églises, l'aspect massif de leurs volumes et la rusticité de leur construction. Les églises, de dimensions modestes, possèdent rarement un transept, ont une nef unique voûtée en berceau plein cintre ou bien charpentée, une abside en cul de four et des ouvertures étroites. L'appareillage est irrégulier, la décoration réduite : bandes lombardes, corniches festonnées. Les plus beaux exemples en sont les églises de St-Donat *(p. 84)*, St-Martin de Volonne *(p. 114)*, les cryptes du N.-D. du Dromon *(p. 123)* et de Vilhosc *(p. 127)* près de Sisteron.

Second art roman. — Le 12e s. et le début du 13e s. voient le plein épanouissement de l'art roman. Une évolution apparaît qui tend à privilégier l'équilibre des masses, la proportion des ouvertures, l'élégance des courbes tandis que l'utilisation de la belle pierre de taille (parfois polychrome) se répand. Cependant en s'élevant en altitude, le caractère rustique et archaïque persiste et, dans le Briançonnais, le Queyras, l'Ubaye et l'Embrunais, l'architecture emprunte encore beaucoup de ses traits à la Lombardie et au Piémont. De plan basilical, les églises sont ornées de corniches à festons, de porches à baldaquin (real) reposant sur des lions accroupis comme à Embrun, Guillestre, St-Véran et La Salle. Les sveltes clochers à baies sont surmontés d'une pyramide à quatre pans.

En Haute Provence, une floraison de bâtiments à la structure puissante s'accompagne d'un décor antiquisant (St-Michel-l'Observatoire, N.-D. de Salagon, Carluc, les cathédrales de Digne, Senez, Sisteron). Partout la décoration reste sobre : aux motifs géométriques stylisés s'ajoutent parfois un décor historié. L'emploi du calcaire dur, difficile à sculpter, explique cette austérité.

Église St-Donat.

Les tympans sont nus et l'ornementation intérieure quasi inexistante. Une exception cependant : le prieuré de Ganagobie offre une belle page de sculpture au tympan et possède de remarquables mosaïques.

Pendant cette période, l'**ordre de Chalais** (fondé en 1124) essaime dans les Alpes du Sud à Boscodon *(p. 57)*, Lure *(p. 96)*, Prads, Lavercq... laissant une architecture proche de l'art cistercien primitif. De petites dimensions, l'église en pierre de taille et les bâtiments conventuels en moellons se répartissent autour d'un cloître rectangulaire. L'ensemble respire pureté et simplicité.

L'art roman se prolonge aux 13e s. et 14e s. avec l'édification de la concathédrale de Forcalquier, de l'église St-Sauveur de Manosque, de celles de Seyneles-Alpes et de Bayons.

Art gothique. — Il n'apparaît que timidement dans quelques édifices comme l'église de Malaucène, les cathédrales d'Embrun et de Forcalquier.

Aux 14e et 15e s., sous l'impulsion des voyageurs et des pèlerins qui empruntaient les routes

Mosaïque de Ganagobie : saint Georges tuant le dragon.

alpestres, les chapelles reçoivent une parure de peintures murales. Dans le comté de Nice, du milieu du 15e s. au milieu du 16e s., une école de peinture toute gothique exécute des tableaux et des retables, souvent remarquables, comme celui de Lieuche par **Louis Bréa** *(p. 71)*.

Art baroque et classique. — Au point de vue architectural, cette époque est peu représentée. L'église N.-D. de Briançon, construite de 1703 à 1718, est le seul édifice notable. Par contre la décoration baroque fleurit un peu partout sous la forme de colonnes torses, de chaires sculptées, de buffets d'orgues, de retables, de niches abritant des statues aux gestes théâtraux... le tout recouvert de peintures aux couleurs vives et de dorures.

Le 19e s. éleva, quant à lui, quelques postiches, dont la cathédrale de Gap, en gothique primitif, est un bon exemple.

Peintures murales. — Les chapelles et églises des Hautes Alpes et des Alpes Maritimes sont souvent décorées, à l'extérieur comme à l'intérieur, de peintures murales réalisées par des artistes itinérants, entre 1450 et 1550.

La technique la plus utilisée est la peinture à la détrempe qui permet de peindre sur un enduit sec avec des couleurs délayées dans la caseine, de la colle et de l'œuf. L'esquisse est faite en bistre sur un enduit blanc et les lignes droites gravées au poinçon.

Les commanditaires étaient des membres du clergé ou de généreux donateurs qui voulaient accomplir un vœu.

Les thèmes les plus souvent représentés sont la vie du Christ, surtout la Passion (chapelles de Puy-Chalvin, de Prelles, églises de Plamplinet, de Villard-St-Pancrace) ; la vie des saints : saint Christophe, le protecteur des voyageurs, saint Hippolyte, qui soigne les plaies des jambes, saint Sébastien, qui combat la peste, saint Érige, qui soigne la lèpre (Auron), sainte Lucie présentant ses yeux sur un plateau ; et enfin le thème très répandu des **vices et des vertus**. Présentés sur trois registres superposés, on trouve les vertus, les vices et les châtiments qui leur correspondent. Les vertus : humilité, générosité, chasteté, tempérance, patience, charité et diligence sont représentées par de belles jeunes femmes.

Chapelle N.-D.-de-Grâces à Plampinet : crucifixion.

Au-dessous, les vices enchaînés montés sur des animaux se dirigent vers la gueule d'un dragon. L'orgueil, campé sur un lion mène ce cortège, suivi de l'avarice sur un blaireau, de la luxure, belle jeune femme se contemplant dans un miroir et chevauchant un bouc, de l'envie sur un chien, de la colère sur un léopard, de la gloutonnerie sur un loup et enfin de la paresse, femme échevelée sur un âne. Au-dessous, les châtiments ont souvent disparu à cause de leur réalisme. Ils montrent l'orgueil attaché à une roue, l'avare plongé dans de l'or en fusion, le luxurieux dévoré par des serpents, le glouton gavé de crapauds et le paresseux ceinturé par des serpents. Ce thème se retrouve dans la chapelle des Grâces à Plampinet, à Argentière-la-Bessée, aux Vigneaux, à N.-D. d'Entrevignes près de Sigale et à la Tour dans la vallée de la Tinée. Dans les Alpes Maritimes, certains des artistes sont connus comme **Canavesio** à St-Étienne de Tinée, **Andréa de Cella** à Clans et à Roure, Currandi Brevisi à La Tour.

Croix et oratoires. — Humbles, discrets, s'égrenant le long des sentiers et des précipices, croix et oratoires représentent une forme d'art dans laquelle s'exprime toute la piété des montagnards et des voyageurs confrontés à un milieu naturel hostile. A l'origine, simples amas de pierres appelés « Montjoie », les oratoires s'agrandirent peu à peu, furent surmontés d'une croix, creusés d'une niche où l'on disposait une statuette. Dans les endroits les plus périlleux, des croix étaient érigées pour réconforter les passants au milieu des dangers. Les plus extraordinaires, dans le Queyras, portent les attributs de la Passion d'où leur appellation de croix de la Passion.

Châteaux et fortifications

Châteaux féodaux. — Les châteaux féodaux, ou ce qu'il en reste, ne se signalent le plus souvent à l'attention que par la beauté de leur site et de leurs ruines, en des lieux isolés ou au sommet de quelques vieux villages. Rares sont les édifices qui présentent un réel intérêt architectural par l'unité de leur style ou leur état de conservation. Citons cependant le château de Simiane et sa fameuse rotonde, des 12e et 13e s., celui de Bargème du 13e s. et celui de Montmaur du 14e s. Beaucoup comme ceux de Montbrun-les-Bains ou Tallard, furent endommagés gravement lors des guerres de Religion, très violentes dans la région. Certains furent intégralement reconstruits aux 17e et 18e s. en conservant parfois des éléments anciens, tels ceux de Gréoux-les-Bains, Esparron-du-Verdon et Château-Queyras *(illustration p. 70)*.

Fortifications. — Depuis l'Antiquité, les villes étaient ceintes de remparts qui durent souvent être refaits ou consolidés pendant le Moyen Age et jusque sous Louis XIV, à cause d'innombrables conflits frontaliers *(voir p. 26)*. Embrun a gardé une tour du 12e s. et Sisteron quatre tours du 14e s. et une citadelle de la fin du 16e s... Mais la grande œuvre de fortification de la frontière alpine fut réalisée par Vauban qui, à partir de 1693, entreprit de verrouiller le haut Dauphiné.

Sébastien le Prestre de Vauban (1633-1707) s'inspire de ses prédécesseurs, notamment de Jean Errard (1554-1610) — à qui l'on attribue la reconstruction des défenses de Sisteron —, auteur d'un traité de la fortification paru en 1600. Tirant la leçon des nombreuses guerres de siège de son siècle, Vauban est le promoteur d'une série de fortifications nouvelles, particulièrement bien adaptées à la topographie locale. A propos du Dauphiné, il écrit : « il est nécessaire de faire une frontière en ce pays-ci ; on s'est fort trompé quand on a cru qu'il n'en fallait pas d'autres que les Alpes, puisqu'on les passe partout en de certains temps et qu'elles sont pour les ennemis comme pour nous ». Aussi, ce fin stratège étudie dans les moindres détails les avantages et les inconvénients de chaque site naturel — cimes, cols, vallées — afin de choisir les emplacements les plus sûrs.

Fort de France à Colmars.

Il protège ses batteries contre les feux plongeants en les couvrant de carapaces, enterre artilleurs et fantassins, multiplie les obstacles à l'aide de portes bastionnées, de murailles en ligne brisée etc. « Toute cette frontière est si extraordinairement bossillée, — explique-t-il — qu'il m'a fallu inventer un nouveau système de fortification pour en tirer parti ». On peut juger du résultat à Briançon, à Mont-Dauphin, à Château-Queyras, à Colmars et à Entrevaux, des forteresses encore viables au 19e s.

Vauban ne néglige pas pour autant l'esthétique : utilisant au mieux les matériaux locaux (marbre rose à Mont-Dauphin par exemple), qui s'intègrent merveilleusement au paysage, ses ouvrages témoignent d'une réussite dans ce domaine.

Demeures de plaisance. — Elles firent leur apparition au 16e s., époque à laquelle on se contenta souvent de remanier d'anciens châteaux en leur adjoignant un corps de logis Renaissance, comme à Allemagne-en-Provence, Château-Arnoux et Tallard.

Au 17e et surtout au 18e s., l'aspect militaire disparaît ; le confort et l'agrément l'emportent définitivement. La région ne possède guère de ce type de demeures, néanmoins avec le château de Sauvan *(p. 121)*, le petit Trianon provençal, construit par l'architecte Jean-Baptiste Franque à partir de 1719, elle s'enorgueillit d'un joyau d'une grande pureté. Le château de Malijai, connu pour ses gypseries est un autre exemple de style classique dans cette région.

L'art au village

Dans la plupart des vieux villages provençaux, outre les églises et les restes de fortifications, chaque époque a laissé des traces architecturales qui se superposent les unes aux autres. Des soubassements de maisons, des remplois de claveaux massifs dans l'encadrement des portes, des voûtes, des caves se rattachent à la période romane.

Le Moyen Age gothique se remarque à travers des arcs en accolade, des baies jumelées, des fenêtres à base prismatique etc. La Renaissance est encore plus présente avec ses linteaux et ses piédroits sculptés d'acanthes, ses meneaux, ses élégantes ferrures...

Le 17e s. introduisit les portes à fronton, les bossages et les pleins cintres à ordre toscan. Le 18e s. dessina des façades harmonieuses et équilibrées ornées de baies et munies d'un petit étage supérieur.

Il ne restait guère de place pour le 19e s. qui s'exprima surtout par des constructions de style néo-classique ou des pastiches variés.

Arts mineurs

L'ébénisterie. — Pays de forêts, fournissant un matériau abondant à l'artisanat populaire qui occupait alors les longues veillées hivernales, les hauts pays ont longtemps maintenu une tradition de la sculpture sur bois, très florissante du 17e au 19e s., surtout dans le Queyras. On voit encore de nos jours quelques-unes des meubles et objets — en bois de mélèze ou de noyer — que fabriquaient les artisans-paysans.

Coffres et jouets du Queyras. — La fabrication des coffres de mariage est une très ancienne spécialité du Queyras. Taillés au ciseau et à la gouge dans des bois résineux (mélèze surtout), ils comportent quatre montants fermés par un couvercle. A l'intérieur se trouve souvent un petit compartiment jadis destiné à recevoir l'argent et les objets précieux. Les plus beaux spécimens présentent de remarquables sculptures sur leur face avant. Les figures géométriques (rosaces) étaient d'abord tracées au compas, les autres (entrelacs, palmettes, cœurs, rinceaux, arabesques) étaient dessinés d'après différents motifs empruntés à l'art gothique, au style Renaissance, aux cuirs de Cordoue etc. La gravure se faisait au couteau et nécessitait de longues heures de patience. Certains coffres possèdent une marque indiquant la date de fabrication et le nom de l'artisan.

A côté des coffres, quantité d'autres meubles témoignent de l'habileté des habitants du Queyras : dressoirs, vaisseliers, chaises, boîtes à sel, berceaux, pétrins-buffets et une foule d'objets usuels comme les rouets, les tambours à dentelle, les marques à pain (qui permettaient à la ménagère de reconnaître son pain dans le four banal), les planches à beurre, les « couyers » (étuis de pierre à aiguiser), les boîtes etc...

Les traditionnels jouets de bois, si appréciés autrefois, ont quasiment disparu. Cet artisanat s'est toutefois renouvelé à La Chalp où un pasteur d'origine suisse eut l'idée, en 1919, de relancer la production artisanale du jouet de bois afin de retenir au pays les habitants condamnés à l'exode. Il imagina de leur faire découper, dans des planchettes de pin cembro de 0,5 cm d'épaisseur, de petits jouets. Des modèles furent créés et on vit apparaître toute une gamme de sujets : animaux, personnages, mobilier pour maisons de poupées... Sur chaque planchette est appliqué un carton-modèle dont on trace le profil au crayon que l'on découpe ensuite à la scie mécanique et que l'on polit au tambour. Le montage des pièces et leur finition (peinture à la main) a lieu à domicile. Il existe actuellement plus de 200 sujets, fabriqués en séries de 300 à 500 et vendus en collections.

Mobilier provençal. — Il utilise principalement le noyer. Bien qu'assez varié, il présente un style plus austère, moins fleuri, que le mobilier de Basse Provence. En fait, ses caractéristiques varient en fonction des « pays », des terroirs : plus ceux-ci sont pauvres, moins les meubles sont nombreux et ouvragés. En dehors des coffres, des tables et des lits, les meubles originaux sont l'armoire-bahut, la crédence et le pétrin.

L'armoire-bahut possède quatre vantaux séparés par deux tiroirs. D'un style massif et grossier, elle s'orne parfois d'un décor de rinceaux, de mascarons ou de pointes de diamant. La crédence est un buffet à deux tiroirs, sans gradin : lorsqu'il y a gradin, comme en Provence orientale, elle est complétée par une étagère à vaisselle, l'« estagnié ». Le pétrin, appelé aussi « maie », était le meuble le plus répandu et, souvent, le plus dépourvu d'ornements. Superposé à un buffet bas à deux vantaux et à tiroir, il servait de panetière et de garde-manger.

La faïence de Moustiers. — Implantée à l'initiative d'une famille de potiers en 1679, elle connut l'apogée au 18e s. par la qualité et l'originalité de ses décors.

Technique de la faïence. — L'appellation « faïence » vient du nom de la ville italienne de Faenza où cet art était apprécié dès avant le 15e s.

L'élaboration de la faïence se fait en plusieurs temps. On prépare d'abord une pâte à base d'argile (mêlée à du sable et de la craie), façonnée, moulée puis séchée et cuite à environ 1 000°C. Cette « terre cuite » ou biscuit, dure et poreuse, est alors rendue opaque par un bain dans de l'oxyde d'étain, l'émail, suivi d'une légère cuisson. On obtient ainsi le « dégourdi » sur lequel le peintre pose son dessin et ses couleurs à base d'oxydes métalliques (émaux). Après cela, on soumet la pièce à une seconde cuisson aux environs de 850 à 950°C. Cette technique, dite de « grand feu » — la plus ancienne — ne permet aucun repentir ni aucune retouche et limite le choix des couleurs à celles qui peuvent supporter de très hautes températures sans être dénaturées.

La technique de « petit feu » au contraire est compatible avec l'utilisation d'une palette beaucoup plus étendue. Suivant ce procédé, la faïence avec son émail blanc est cuite sans avoir reçu de décor. Le peintre pose, après, ses couleurs à l'aide de « fondants » qui fixeront le décor lors d'une seconde cuisson aux environs de 400°C dans des « gazettes » ou « moufles ». La faïence traditionnelle ne doit pas être confondue avec la faïence fine qui est en fait une variété de porcelaine industrielle.

Évolution des décors. — La présence d'argile, d'eau et de bois est à l'origine de la vocation céramiste de Moustiers. Un tournant semble avoir été franchi au milieu du 17e s., quand un moine venu d'Italie (de Faenza ?) confia le secret de la faïence à la famille Clérissy.

On peut distinguer quatre types principaux de faïence :

— Les camaïeux bleus des Clérissy et des Viry (de 1680 à 1730), influencés par les productions de Nevers et de Rouen, offrent un décor de scènes mythologiques, de chasse, et d'armoiries d'un bleu très pur.

— Le décor « à la Bérain » (début du 18e s.) du nom d'un dessinateur du cabinet du Roi, introduit des motifs nouveaux d'une grande fantaisie, et va de pair avec une faïence plus fine et plus légère.

— La polychromie, importée d'Espagne par Joseph Olérys en 1738 donne lieu à des décors élaborés de grotesques, de fleurs (« à fleurs de pomme de terre »), de médaillons et de guirlandes, puis de drapeaux (seconde moitié du 18e s.). Utilisant le vert, le jaune et le bleu, elle procède d'une conception très raffinée.

— Les décors de « petit feu » (dernier tiers du 18e s.) sont l'œuvre des frères Ferrat et de Féraud. Ils offrent une plus large gamme de couleurs vives et de motifs originaux.

La production de Moustiers s'est poursuivie dans la première moitié du 19e s., mais elle avait perdu en qualité et en créativité ; de plus elle souffrait de la concurrence des grands centres porcelainiers. Le dernier four s'éteignit en 1873. Un demi-siècle plus tard, Marcel Provence ressuscitait cet art local aujourd'hui très « touristique ».

Faïence de Moustiers : plat au décor à la Bérain.

HABITAT TRADITIONNEL

LE HAUT DAUPHINÉ

En montagne, l'habitat rural est étroitement lié ici aux dures contraintes du milieu naturel : isolement, intempéries, froid intense etc. Aussi, les maisons sont-elles massives, d'un seul bloc avec le minimum d'ouvertures. Un large espace est attribué aux réserves : énormes granges à fourrage (souvent situées au-dessus de l'habitation afin de les isoler du froid) ; greniers à grain ; pièces où sont entreposés les fromages, les viandes séchées et fumées, la charcuterie ; emplacement pour le bois.

Toutes les maisons possèdent des balcons. Dans ces régions humides aux étés courts, ils permettent de profiter du moindre rayon de soleil, d'où leur nom de « solerets ». Abrités sous les auvents des toits, on y stocke les produits à faire sécher ou mûrir : linge, grain, fourrage, bois… voire bouse de vache !

Dans les pays de neige, les toits ont une importance primordiale. Ils sont toujours de dimensions considérables, débordant de tous les côtés afin de bien protéger la maison elle-même et ses abords. Tantôt, ils sont très aigus et lisses, de façon à laisser s'écouler la neige. Tantôt, ils sont presque plats de manière à conserver un lourd manteau de neige qui isole la maison du froid. Mais l'inesthétique tôle ondulée se substitue trop souvent, comme matériau de couverture, au bois ou au schiste si typiques mais plus coûteux.

Dans les pays forestiers, le bois entre dans la composition de toutes les constructions, souvent pour l'essentiel. Autrefois, le choix des arbres avait lieu selon un véritable rite : ils étaient coupés un jour de novembre, sans gel, sur le flanc Nord de la montagne, car là ils poussent lentement, leurs veines sont fines et ils donnent un bois plus résistant. Dans les zones d'éboulis ou sans forêts, les maisons sont construites en pierre et le bois n'est utilisé que pour les charpentes et les balcons.

Les villages et les hameaux sont souvent installés à flanc de montagne, sur les adrets. Les maisons sont alors disposées en espalier, face au soleil. Sur les plateaux et les replats, au contraire, elles se serrent autour du clocher.

En Briançonnais et Vallouise. — Maisons imposantes et isolées, construites en pierre, elles abritent dans leur soubassement l'écurie ou l'étable, au-dessus l'habitation donnant sur l'extérieur par des balcons de bois, puis la carcasse volumineuse de la grange fermée par des planches à claire-voie. Ces maisons sont adossées à la montagne, ce qui permet d'avoir un accès de plain-pied à la grange, à l'arrière. Le toit en pente assez forte est recouvert d'ardoises fines. La façade s'orne parfois d'arcades ou de voûtes ainsi que d'un cadran solaire.

En Briançonnais, les maisons, concentrées en hameaux, présentent une haute toiture dissymétrique. En Vallouise, des arcades au rez-de-chaussée, et parfois à l'étage,

Maison de la Vallouise.

donnant un cachet architectural aux maisons rurales traditionnelles.

En Queyras. — Construites toute en hauteur, mi-pierre - mi-bois, les maisons sont fort originales. Les spécimens les plus intéressants de cette architecture se trouvent à St-Véran (p. 118) et datent du 18e s.

Le rez-de-chaussée aux murs épais, peu élevés, abrite l'habitation (Lou Casset) et l'étable (l'establotte). Il est surmonté de plusieurs niveaux, ayant chacun leur fonction, entièrement en bois (rondins de mélèze posés pièce sur pièce). Cette partie en bois s'appelle la « fuste ». Le « fenerio » sert à sécher et abriter le foin, l'étage supérieur est réservé aux grains et à la paille. Les toits presque plats sont couverts de tavaillons de mélèzes ou de lauzes de schiste gris. Ils débordent largement au-dessus des balcons.

Maisons de St-Véran.

En Embrunais et Ubaye. — On observe ici une infinie variété, intermédiaire entre la haute montagne et la Provence. Les maisons, massives, ont un plan rectangulaire, l'horizontalité l'emportant sur la verticalité caractéristique des Préalpes. Une maçonnerie compacte se substitue bien souvent à l'ossature de bois. Un balcon de bois barre sur toute sa longueur l'édifice. La toiture, à quatre pans (cas le plus fréquent) affecte une forte déclivité, elle est couverte d'ardoise. La disposition intérieure, ramassée, évite d'offrir une prise au froid. Au rez-de-chaussée : cuisine, écurie (voûtée en certains endroits) et éventuellement une autre pièce ; à l'étage : chambre, aire à battre le grain ; au-dessus, un grenier. L'écurie servait de logement l'hiver pour la famille dans la région de Guillestre ; par contre, en Embrunais, si on y mangeait et on y travaillait, on n'y couchait pas.

En règle générale, plus l'altitude s'élève plus on rencontre la formule archaïque « logis-étable ».

Cadrans solaires. — Dans le Briançonnais, le Queyras, l'Ubaye, la vallée de la Tinée, de nombreuses façades de maisons, d'églises, de bâtiments publics s'ornent de cadrans solaires peints qui font le bonheur des amateurs d'art populaire et des photographes. Hommage au soleil si présent dans ces régions, ces cadrans (ou gnomons, si l'on emploie le terme savant) furent exécutés aux 18e et 19e s. par des artistes itinérants souvent d'origine piémontaise comme Jean-François Zarbula qui, 40 ans durant, parcourut les Alpes et signa des cadrans curieusement décorés d'oiseaux exotiques aux couleurs vives. Les « cadraniers » devaient connaître à la fois la science gnomonique (art d'établir un cadran), le dessin et la technique de la fresque.

Les **décors** choisis sont souvent d'une charmante naïveté : dans un cadre rond, carré, ovale apparaît le cadran, les heures et des motifs évoquant la nature : corbeilles de fleurs, oiseaux, ou le ciel : soleil, lune. Les plus élaborés ont été influencés par l'art baroque : trompe l'œil, faux-marbre, volutes, coquilles, rinceaux, faux pilastres, consoles forment alors un cadre somptueux comme sur les cadrans de la collégiale N.-D. de Briançon, soutenus par des atlantes.

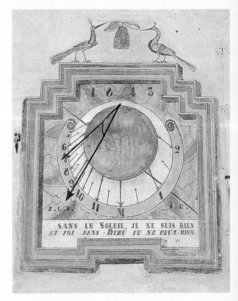

Cadran solaire à Val-des-Prés.

Les **devises** retiennent l'attention ; souvent rédigées en latin, parfois en français, elles évoquent le temps qui passe « Vous qui passez, souvenez-vous en passant que tout passe comme je passe » (Villard St-Pancrace), la mort : « toutes les heures blessent, la dernière tue », « La dernière décide de toutes », le soleil : « Superbe soleil, que ton humeur est altière mais cet arc est capable de mesurer ta carrière » (St-Dalmas-le-Selvage), « Sans le soleil, je ne suis rien et toi sans Dieu, tu ne peux rien » (Val des Prés), « Donnes-moi le soleil, je te donnerai l'heure » (Villars-sur-Var). Souvent moralisatrices elles rappellent à l'homme qu'il doit faire bon usage de son temps « Qu'aucune ne s'écoule dont tu ne veuilles te souvenir », « Mortel, sais-tu à quoi je sers. A marquer les heures que tu perds » (Fouillouse).

LA HAUTE-PROVENCE

La Haute-Provence est le pays de l'habitat groupé, de la tuile romaine et de la pierre. Les contraintes naturelles ne pèsent pas aussi lourd qu'en haute montagne, mais il n'en faut pas moins se défendre contre la chaleur de l'été et le froid de l'hiver, voire contre le mistral. L'orientation dominante est donc Sud-Est et les sites préférés sont les adrets rocheux et secs. Les villages donnent tous une impression de tassement : leurs hautes maisons se blottissent les unes contre les autres. Tous sont le lieu de la sociabilité provençale, avec leurs places ombragées, leurs cafés, leur église et leur mairie. Beaucoup pourtant sont voués à l'abandon et voient les ruines s'accumuler en dépit des efforts ponctuels de restauration.

L'habitat dispersé existe aussi et on peut découvrir des « granges » (ou mas) le long de la vallée de la Durance, dans la région de Barcelonnette, l'Ubaye, et dans la haute vallée de la Bléone.

Villages perchés. — Humbles villages ou petites villes (Sisteron, Forcalquier, Digne...) présentent une étonnante concentration de maisons à l'intérieur de murailles délimitant un périmètre restreint. On a pu les comparer, à juste titre, à de magnifiques crèches provençales grandeur nature.

Leur origine remonterait aux invasions sarrasines du 10e s. En fait, plus que les considérations d'insécurité supposée, c'est par une volonté délibérée que les hommes de ce pays ont préféré des sites de hauteur entre les vignes (aujourd'hui disparues) et les autres cultures. Dominant la campagne environnante, les villages occupent les bords inférieurs des plateaux et des pitons rocheux dont ils épousent les courbes de niveau.

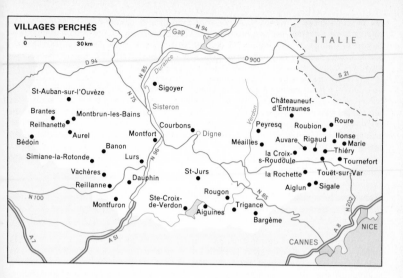

VILLAGES PERCHÉS

0   30km

Leur visite est très pittoresque. Bâtis avec la pierre de la colline, ils se confondent presque avec elle.

Les rues et ruelles sinueuses, en pente, ne peuvent être suivies qu'à pied. Elles sont dallées ou caillouteuses (calades), coupées d'escaliers tortueux ; des voûtes, des arcs les emjambent ; parfois des arcades se succèdent au rez-de-chaussée et abritent le passant du soleil et de la pluie. D'agréables placettes ombragées s'ornent de jolies fontaines et, parfois, d'un beffroi surmonté d'un campanile en fer forgé *(voir ci-dessous)*. Les maisons aux façades hautes et étroites, patinées par les siècles s'étayent les unes les autres, entourant l'église ou le château qui les dominent.

Vues d'en haut, elles offrent le spectacle de leurs toitures de tuiles colorées qui s'enchevêtrent. De vieilles portes en bois cloutées, des pentures en fer forgé, des heurtoirs de bronze, des linteaux sculptés signalent les anciennes habitations nobles ou bourgeoises. Souvent, des remparts ceignent encore ces petits bourgs et c'est par une porte fortifiée que l'on y pénètre.

Les transformations économiques des 19e et 20e s. ont entraîné une évolution de l'habitat ; les villages sont descendus dans la plaine, se dédoublant parfois. Le paysan s'est mis à vivre au milieu de ses terres et y a bâti son « mas ».

Montbrun-les-Bains, Lurs, Banon, Bargème, Brantes, Valensole, Auvare, Simiane-la-Rotonde, St Auban-sur-l'Ouvèze et bien d'autres villages témoignent encore de l'ancien mode de vie provençal.

Campaniles de fer forgé. — Simples cages de fer abritant la cloche ou véritables chefs d'œuvre de ferronnerie, ils font partie du paysage provençal. Ces campaniles, conçus pour résister aux forces déchaînées du mistral ont peu à peu remplacé les lourdes flèches de calcaire dans les endroits particulièrement exposés et couronnent aujourd'hui clochers, beffrois, portes de villes et autres monuments publics.

Des générations de ferronniers ont exercé leur imagination pour forger des œuvres parfois très élaborées prenant la forme de bulbe, de sphère, de pyramide, de cylindre… En Haute Provence on remarquera le campanile de l'église St-Sauveur à Manosque et celui de la tour de l'horloge à Sisteron.

Maisons et « granges ». — La maison de village de Haute Provence a une allure méridionale qui se repère immédiatement par sa toiture de tuiles canal (quelquefois plates) et par la présence de génoises (frises composées de tuiles superposées fixées dans le mortier). Dans la moyenne Durance, construite en moellons ou en galets assemblés en blocage au moyen d'un liant (mortier, plâtre), elle s'élève à une hauteur qui peut aller jusqu'à quatre ou cinq étages et lui donne un aspect abrupt et étroit. L'agencement des pièces superposées est presque partout le même. Au rez-de-chaussée se trouve l'écurie, au premier étage, la cuisine (la « salle »), aux étages supérieurs la chambre et le grenier (qui logeait jadis la magnanerie). Ces pièces sont réunies par un escalier raide guère plus large qu'une échelle. Les sols sont en carreaux de terre cuite, les « mallons ».

Campanile sur l'église de St-Maime.

39

Les fermes isolées, appelées granges, offrent un espace plus grand et possèdent des bâtiments annexes construits au fur et à mesure des besoins. Contrairement au mas des plaines, la grange de montagne s'élève en hauteur. Elle comporte souvent trois niveaux : écurie, cave, remise au rez-de-chaussée, grande pièce commune au premier étage, chambres et grenier au second. Les murs sont crépis, de la verdure agrémente les cours. Le confort et l'aisance y rendent la vie plus agréable que dans la petite maison de village.

De nombreuses nuances locales existent. Dans la montagne de Lure, on voit des toitures couvertes de « lauzes » et non de tuiles, de même les sols reçoivent des dalles de pierre et non des « mallons ». Dans la région de Forcalquier, les granges sont souvent flanquées de pigeonniers *(voir ci-dessous)* et se parent d'une loggia installée au sommet de l'escalier extérieur à l'abri du toit formant auvent. Dans les Préalpes de Digne et de Castellane, les habitations sont souvent munies de « séchoirs à prunes » placés juste sous le toit. Plus à l'Est, en progressant vers les hauteurs du Mercantour, le chaume et les dalles de schiste font leur apparition, tandis que les maisons deviennent plus basses et le bois plus fréquent.

Pigeonniers. — Nombreux dans le Diois, les Baronnies et la région de Forcalquier, les pigeonniers n'avaient pas de fonction décorative, mais entraient dans le cadre d'une économie vivrière : la chair de pigeon comptait dans l'alimentation paysanne et les excréments servaient à fumer le potager.

On rencontre deux types de constructions. Les pigeonniers « à fuie » étaient inclus dans la toiture du bâtiment d'exploitation, la partie basse abritant une remise ou un poulailler. Les pigeonniers « à pied » étaient par contre des édifices indépendants dont les « boulins » (alvéoles correspondant aux nids) occupaient toute la surface de bas en haut ; plus rares, ils étaient soumis à l'impôt. Dans les Baronnies existait une particularité : les dessins des alvéoles n'étaient pas uniformes mais offraient des motifs variés (géométriques, losanges, étoiles, cœurs, etc.) qui en faisaient de véritables enseignes d'une marque de propriété.

Bories et jas de la montagne de Lure. — La région de Forcalquier est riche en constructions de pierre sèche dont l'origine se perd dans un lointain passé.

Les **bories** ou cabanons de pierre ont un caractère énigmatique : abris pour le bétail, remise à outils, cabanes de bergers, habitat temporaire, leur destination était sans doute multiple. Rondes ou quadrangulaires, elles n'ont qu'un seul orifice, la porte. Construites à l'aide de plaques calcaires de 10 à 15 cm d'épaisseur, elles utilisent la technique de la fausse voûte en encorbellement : au fur et à mesure que s'élevaient les murs, on faisait légèrement déborder chaque assise de pierre sur la précédente jusqu'à ce que les parois se rapprochant à environ 50 cm de distance l'une de l'autre, il ne restait plus qu'à les couvrir de pierres posées à plat pour former un plafond. L'étanchéité était assurée par un faîtage de dalles et, à l'intérieur, par un revêtement de terre ou de mortier.

Quand les bergeries ne se situent pas au rez-de-chaussée d'une habitation, elles occupent un bâtiment indépendant, le **jas**. Beaucoup plus vastes que les bories, les jas de pierre sèche atteignent jusqu'à 25 m de longueur. Ils ont souvent été construits au 19e s. et continuent à héberger les ovins. Tous sont voûtés en berceau suivant le procédé du coffrage cintré, et sont couverts de lauzes.

ROUTES ET CHEMINS DU TEMPS JADIS

Villages et bourgs, dans ces pays au relief accidenté et compartimenté, étaient d'un accès difficile. Jusqu'au milieu du 19e s., il n'y eut pour ainsi dire pas de réseau routier, mais une multitude de **chemins muletiers.** Seule la route de Marseille à Digne, principale artère de la Haute Provence était carrossable.

Les voyageurs devaient donc emprunter de mauvais chemins, étroits et dangereux car souvent défoncés, bordés de précipices et coupés par la neige l'hiver. On circulait à dos de mulet, parfois à cheval et on faisait halte dans quelque auberge ou logis pour souper et se coucher. De Digne à Gap le trajet ne durait pas moins de deux jours ! Le mulet était l'animal indispensable aussi bien pour le transport des hommes que des marchandises. Capable de porter une charge de 250 à 300 kg, avançant à raison d'une lieue par heure, il avait le pied sûr et pouvait rester une journée sans boire ni manger. Son harnachement très complet comprenait des éléments décoratifs comme les pompons de couleur, les grelots et les clochettes, la plaque de cuivre frontale...

Sans lui point de commerce et de ravitaillement possibles. Ainsi voyait-on de pittoresques convois serpenter le long des vallées et des crêtes, comme ceux qui, partant de Moustiers, emportaient des cargaisons de faïences.

Le franchissement des torrents et des rivières, sujets à de brusques crues, était souvent un exercice périlleux. Les ponts, rares et mal entretenus, rompaient de temps à autre, et de douteuses passerelles en bois les remplaçaient. On passait la Durance à l'aide de bacs et de barques. Ailleurs, il fallait traverser à gué.

Cette situation peu favorable ne s'améliora que lentement si bien que, Napoléon lui-même, au retour de l'île d'Elbe, en fit l'expérience !

Encore dans les années 1830, nombre de localités restaient inaccessibles aux charrettes : Moustiers, Annot, Entrevaux, la vallée de Barcelonnette etc. En 1843, un économiste estimait que les communes de l'arrondissement de Castellane étaient « plus éloignées de l'influence française que les îles Marquises ».

Pourtant, à cette époque, de grands chantiers s'ouvrirent enfin : routes carrossables et ponts désenclavèrent progressivement le pays et des diligences purent circuler sur les axes principaux (15 h pour aller de Digne à Avignon vers 1850). Vinrent ensuite les chemins de fer longeant la Durance et de Nice à Digne...

Cependant, même dans ce siècle, plus d'un village restait isolé, seulement accessible à pied ou à dos de mulet : la route des gorges du Verdon n'a été achevée qu'en 1973 !

Le progrès des communications eut d'innombrables conséquences et entraîna à terme la disparition des traditions en matière d'habillement et d'habitat.

US ET COUTUMES D'AUTREFOIS

Dans les Alpes du Sud et la Haute Provence, régions autrefois reculées, peu urbanisées, les coutumes et les traditions étaient très fortes, bien ancrées, et se sont conservées jusqu'à une époque très récente. Certains rites réglaient le déroulement des événements marquants de la vie, certaines traditions comme les migrations saisonnières jouaient un rôle important dans la vie des sociétés montagnardes.

Les trois âges de la vie. — A chaque âge correspondent certains rites.

La naissance. — Après l'accouchement, la mère recevait la visite de la marraine. Celle-ci lui offrait plusieurs douzaines d'œufs qu'elle devait avoir mangés avant de quitter le lit. Les relevailles ne pouvaient avoir lieu un vendredi ou un samedi et le premier acte de la mère était de se rendre à l'église. Le baptême suivait toujours de très près la naissance et on ne manquait pas, à l'issue de la cérémonie, de jeter aux enfants des dragées, des noix, des figues ou des sous. Lors de la première sortie de la mère et du nouveau-né, on faisait une offrande de pain, de sel et d'œuf en tenant une allumette, et on exprimait le vœu suivant : « qu'il soit bon comme du pain, sage comme le sel, plein comme un œuf et droit comme une allumette ».

Le mariage. — Il donnait lieu à quantité de rites observés scrupuleusement et variables d'un pays à l'autre. A condition de ne pas se « mésallier », les amoureux étaient libres de leur choix, mais tout le monde ne trouvait pas l'élu. A St-Ours, près de Meyronnes, les jeunes filles invoquaient le saint local pour leur donner un mari ; à Entrevaux, elles en façonnaient une image en argile semblable à leurs désirs ; à Manosque, elles glissaient sur leur poitrine une feuille de laurier sensée leur révéler le nom du futur…
Dans l'Embrunais, le dimanche précédant la demande en mariage, le futur offrait à sa belle quelques bijoux. Dans la vallée de Fours, les rituels symboliques se succédaient ; notamment, avant la noce, celui de la pièce de monnaie dans un verre d'eau que le père tendait à sa fille. Celle-ci le buvait, prenait la pièce et se mettait à pleurer : cela signifiait que ses parents ne lui donneraient plus rien et qu'elle regrettait de les quitter. Après la messe, on tirait des coups de feu et on se rendait à la « pierre des épousailles », où l'on échangeait baisers et anneaux.
Dans les Hautes-Alpes se pratiquait le « droit de barrière » : les garçons prenant épouse hors du village devaient franchir une barrière symbolique (ruban, rondin de bois décoré de fleurs) le jour du mariage. Les filles se mariant à l'extérieur devaient offrir, quant à elles, aux garçons de leur village force libations pour s'excuser de n'avoir point choisi l'un d'entre eux.
Les coutumes de la « pelote », tribut obligatoire que devaient verser les mariés aux jeunes gens du pays, et du « charivari », chahut monstre qui tournait parfois à l'émeute, ont disparu au siècle dernier. Par contre subsiste celle du bol de bouillon interrompant la nuit de noces et diverses facéties concoctées pour la circonstance.

Les funérailles. — Lorsqu'un décès survenait, l'usage était d'habiller et de veiller le défunt tandis que les membres de la confrérie venaient chanter le De Pronfondis et le Miserere. Dans le cortège funèbre, on pouvait voir, dans certaines localités, un « pleureur » vêtu d'un grand manteau noir et d'un large chapeau. Les femmes ne suivaient pas le corbillard mais le précédaient. Un banquet funèbre clôturait toujours les obsèques. A Fours, on brûlait la paille du lit du disparu dans le champ le plus éloigné de sa maison.
Dans l'Embrunais, l'usage d'ensevelir les morts dans un simple drap s'est perpétué jusqu'au milieu du 19e s. En haute montagne, l'hiver, on ne pouvait enterrer les morts à cause du gel, aussi les conservait-on, couverts de neige, sur le toit de la maison en attendant le dégel.

Les migrations saisonnières.
— Dans les Alpes l'année se divisait entre la période active où l'on travaillait dans les champs, où l'on gardait les bêtes, et l'hiver pendant lequel toute activité cessait. Certains montagnards restaient alors chez eux occupés à réparer les outils ou à confectionner des objets d'artisanat comme les jouets et les meubles du Queyras *(voir p. 35)*, mais beaucoup partaient sur les routes offrir leurs bras ou colporter les produits de leur région. Ainsi les marchands de plantes à fleurs transportaient dans leurs cartables des gravures coloriées représentant les échantillons de la flore alpine dont ils vendaient bulbes et graines.

1. Gentiana lutea. 2. Gentiana purpurea. 3. Gentiana punctata. 4. Gentiana asclepiadea. 5. Gentiana frigida.

Planche à fleurs des colporteurs de l'Oisans.

Le Briançonnais et le Queyras étaient connus pour leurs maîtres d'école et curieusement le niveau d'instruction dans ces régions isolées était beaucoup plus élevé que dans la plupart des autres régions françaises. Ces maîtres étaient loués par les villages qui les payaient et les logeaient. Victor Hugo les décrit dans les Misérables : « Les magisters vont aux foires… on les reconnaît à des plumes à écrire qu'ils portent dans la ganse de leur chapeau. Ceux qui n'enseignent qu'à lire n'ont qu'une plume, ceux qui enseignent la lecture et le calcul ont deux plumes, ceux qui enseignent le latin ont trois plumes ».

En Ubaye, les migrations menèrent les hommes jusqu'au Mexique, ce fut la grande épopée des Barcelonnettes *(voir p. 52)* et, dans le Queyras, quelques habitants d'Aiguilles allèrent chercher fortune en Amérique du Sud.

Maître d'école briançonnais.

Quand vous cueillez les fleurs des Alpes, prenez garde à ne pas arracher les racines.

Pour mieux les connaître, lisez la p. 21.

FÊTES RELIGIEUSES ET PROFANES, CROYANCES ET SUPERSTITIONS

Paganisme et religion sont souvent associés dans les innombrables fêtes provençales et alpines. Là où aujourd'hui il n'y a que de joyeuses manifestations folkloriques, autrefois étaient attachées de solides croyances mêlées de superstitions.

Pour connaître les dates des principales manifestations, voir le tableau dans le chapitre des Renseignements pratiques en fin de volume.

Fêtes et processions. — La fête tient une grande place dans la vie des bourgs et des villages. Chacun d'entre eux célèbre son saint patron et quelques autres événements souvent liés aux travaux des champs, sans oublier les pèlerinages encore très vivaces. Une procession suivie d'une messe ou d'une bénédiction constitue la partie religieuse. Mais le profane intervient sans cesse, notamment par le biais de la **bravade** en Provence. Celle-ci consiste en un simulacre de fait d'armes, de combat organisé par la jeunesse qui élit, pour l'occasion, un « abbé » ou « capitaine ». Les bravadiers portent armes et uniformes, tirent des coups de feu en manifestant bruyamment leur joie. Certaines bravades duraient plusieurs jours et simulaient de véritables attaques ; ainsi à Riez où s'affrontaient « chrétiens » (bourgeois) et « sarrasins » (artisans).

Dans les Hautes-Alpes, les habitants de Pont-de-Cervières se livrent, chaque 16 août, à une curieuse danse avec des épées, dans laquelle les différentes figures symbolisent les astres, la mort et la résurrection du soleil c'est la danse des épées « Bacchu Ber ».

A Entrevaux, à la même époque, une procession commémore l'accouchement de la Vierge. Plus tard, le 24 juin, nuit de la Saint-Jean, s'y déroule une autre procession, très pittoresque : la veille, les « Saints-Jeannistes » en uniforme de hallebardier portent la statue de saint Jean qui se trouve dans la cathédrale jusqu'à la chapelle St-Jean du Désert située à une douzaine de kilomètres ; le retour a lieu le lendemain après-midi avec les derniers cent mètres au pas de course et toute la population d'Entrevaux suivant ce cortège.

A Annot, on dispute un très ancien concours de tir dans une ambiance de bravade, qui a pour but d'élire le « roi d'un jour ».

Dans toutes les fêtes provençales interviennent les tambourinaires en costume, jouant de la flûte et du galoubet avec la main gauche et du tambourin avec la main droite. A Moustiers-Ste-Marie l'ensemble des flûtistes et tambourinaires s'appellent la **Diane** et joue un air propre à la ville. Pendant la fête de Moustiers qui dure 9 jours, la Diane sort toutes les nuits à 4 h réveillant le moustierain par leur musique allègre.

Les divergences religieuses avaient une grande importance et séparaient les familles. Dans les vallées reculées, les Vaudois formaient une communauté très fermée. Protestants et catholiques s'opposaient vigoureusement, proscrivant les mariages mixtes et imposant une coupure en deux des cimetières.

Superstitions, sorcellerie. — A Moustiers-Ste-Marie, une tradition affirme que des fées habitent les rochers de la falaise et qu'elles se promènent sur la chaîne votive reliant les deux pitons rocheux situés au-dessus de N.-D. de Beauvoir.

A Arvieux, les familles se divisèrent longtemps en « gens de la Belle » et « gens du Renom ». Ces derniers descendaient, dit-on, de parvenus du 18e s. accusés d'avoir pactisés avec le diable. Aussi, encore au début de ce siècle, les tenait-on à l'écart et leur attribuait-on des pouvoirs maléfiques. Pour conjurer ces derniers, les « gens de la Belle » avaient recours à certains rites : tremper un fer chaud dans le lait, mettre des grains dans un verre d'eau en faisant des signes de croix, mettre des fils tordus dans un récipient en récitant des prières etc. Bien sûr, il était formellement interdit de contracter un mariage avec un membre de l'autre camp.

COSTUMES TRADITIONNELS

Le port habituel des costumes traditionnels a disparu depuis bien longtemps ; cependant les fêtes et autres événements exceptionnels sont l'occasion de les revêtir.

En général, le costume féminin comprend une large robe plissée de couleur unie ou rayée, un châle croisé sur la poitrine, une ceinture brodée, un corset de drap épais, un tablier. A cela s'ajoutent des coiffes extrêmement variées : à bords relevés dans le Briançonnais, en forme de béguin et plissées dans l'Embrunais, garnies de ruban dans les Serrois, unies ou brodées avec un liséré de dentelle fine dans le Gapençais ; souvent une bordure tuyautée encadre le visage. Jadis, on posait sur le bonnet un chapeau de feutre ou de paille.

Le costume masculin est plus simple : ample veste faite de drap grossier, de couleur sombre, pantalon noir, chemise blanche ornée parfois d'une légère dentelle au col et aux poignets, gilet blanc, cordonnet ou cravate noire, large ceinture de laine ; sur la tête, un grand chapeau de feutre.

Parures et bijoux. — Le goût des bijoux semble avoir été répandu très tôt aussi bien dans les familles pauvres que dans les familles riches. Pendant plusieurs siècles, les ornements d'orfèvrerie les plus courants furent les chaînes et les ceintures en métal précieux. « Autrefois le nec plus ultra du bon goût — écrit un auteur du 19e s. — le suprême bon ton des bourgeoises consistait à avoir une fois dans leur vie, c'est-à-dire en se mariant, une robe en drap de boutique, un bandeau de perles pour la tête et deux ceintures, l'une en argent, l'autre en or ». Aux 18e s. et 19e s., tout en restant massifs, les bijoux se diversifient : lourds colliers ornés d'un cœur en or servant de coulant, croix, bagues, anneaux, boucles d'oreilles (également pour hommes), boutons de manchette etc. Cœur et croix étaient suspendus à un ruban de soie ou de velours noir. Dans le Gapençais et l'Embrunais, les branches des croix se terminaient toutes par un motif tréflé.

GASTRONOMIE

La cuisine montagnarde doit plus à la qualité et à la fraîcheur des produits qu'elle utilise qu'à des tours de main compliqués : fromages des alpages, poissons des lacs et des rivières, champignons des forêts, écrevisses des torrents, gibier, pommes de terre, fruits… Ce qui caractérise la cuisine provençale, c'est l'ail et la friture d'huile. Qualifié par les poètes de « truffe de Provence », de « condiment divin », d'« ami de l'homme », l'ail se marie à l'huile d'olive qui remplace le beurre dans tous ses emplois septentrionaux. « Un poisson vit dans l'eau et meurt dans l'huile » affirme un proverbe.

Les poissons. — Le poisson de lac ou de torrent constitue l'entrée presque obligée de tout repas soigné. L'omble-chevalier, le brochet, les truites sont préparés selon diverses recettes : meunières, pochés, au beurre blanc, braisés…

Les viandes. — A côté de charcuteries réputées comme le jambon aux aromates du Ventoux (spécialité de Malaucène), on dégustera l'agneau gras de Sisteron, à la chair tendre et parfumée. Le bœuf en daube aux herbes de Provence est un mets plus classique. Le gibier est un plat toujours apprécié pour sa saveur et sa délicatesse ; en Provence on fabrique de délicieux pâtés de merles et de grives. Le lapin en cabessol est un lapin farci, bardé de lard et cuit dans une sauce au vin blanc.

Les aromates. — Ce sont les fameuses « herbes de Provence » : thym, sauge, marjolaine, basilic, fenouil… qui accompagnent les grillades et autres plats. Olives et olivettes se retrouvent sur toutes les tables tandis que les truffes ornent les plats raffinés.

Les gratins. — Le gratin dauphinois, ce délicieux mélange de pommes de terre, d'œufs et de lait est universellement connu. Par contre on ignore souvent que le Dauphiné et la Provence s'enorgueillissent de nombreux autres gratins : au potiron, à la courgette, aux épinards, aux haricots, au millet et, le plus raffiné, aux queues d'écrevisses.

L'aïoli. — Cette célébrité provençale est une mayonnaise à l'huile d'olive, parfumée fortement d'ail pilé. Comparant la mayonnaise septentrionale à l'aïoli, Mistral la traitait dédaigneusement de marmelade. L'aïoli accompagne les hors-d'œuvre, la « brandade » de morue, et nombre de plats.

Les fromages. — Fabriqués à partir des laits de vache, de brebis ou de chèvre, ils varient selon leur procédé d'élaboration. Le picodon de la Drôme (chèvre) et les savoureux banons de la montagne de Lure (brebis et chèvre) combleront les amateurs de fromages rustiques au goût affirmé.

Les desserts. — La vallée de la Durance est riche en fruits de toutes sortes : poires, pommes, pêches, abricots, cerises… Le raisin de table et la prune ont régressé. La nature fournit encore, grâce notamment à la senteur de ses lavandes, un excellent miel.

En Provence, à Noël, on a coutume de servir les treize desserts : fruits variés, confitures, nougats et galettes (à l'huile ou au lait). En montagne, la tarte, appelée « tourte », est la grande pâtisserie traditionnelle des familles. Faite d'une épaisse pâte rustique sur laquelle on dispose des fruits (souvent des prunes) recouverts à leur tour par des lanières de cette même pâte, elle est enduite de jaune d'œuf pour apparaître dorée à la cuisson.

Les vins. — Jadis les vignes poussaient très haut en altitude, notamment au-delà de Mont-Dauphin dans la vallée de la Durance, et à proximité de Gap. Aujourd'hui il ne reste que des lambeaux de vignobles montagnards produisant un vin local non classé.

Les vins les plus appréciés sont d'une part le « Côte du Ventoux », vin rouge fruité élevé dans le secteur de Bédoin, et d'autre part la célèbre clairette de Die. Produite à partir de cépages nobles (clairette et muscat) selon la méthode champenoise, c'est un des grands mousseux de France dont la finesse et la subtilité enchantent le palais des connaisseurs.

Alpes du Sud
Haute Provence

Légende

Curiosités

★★★ Vaut le voyage
★★ Mérite un détour
★ Intéressant

Itinéraire décrit, point de départ de la visite

sur la route   en ville

✕ ∴	Château - Ruines	Édifice religieux : catholique - protestant
↥ ⊚	Calvaire - Fontaine	Bâtiment (avec entrée principale)
☀ ᴪ	Panorama - Vue	Remparts - Tour
⌐ ⚒	Phare - Moulin	Porte de ville
⌣ ⚙	Barrage - Usine	Statue - Petit bâtiment
✿ ∪	Fort - Carrière	Jardin, parc, bois
▲	Curiosités diverses	**B** Lettre identifiant une curiosité

Autres symboles

	Autoroute (ou assimilée)	Bâtiment public
◂▸ ▸ ❶ ❷	Échangeur complet, partiel, numéro	Hôpital - Marché couvert
	Grand axe de circulation	Gendarmerie - Caserne
	Voie à chaussées séparées	Cimetière
	Voie en escalier - Sentier	Synagogue
	Voie piétonne - impraticable	Hippodrome - Golf
.→ 1429 ←	Col - Altitude	Piscine de plein air, couverte
	Gare - Gare routière	Patinoire - Table d'orientation
	Transport maritime : Voitures et passagers Passagers seulement	Port de plaisance
		Tour, pylône de télécommunications
✈	Aéroport	Stade - Château d'eau
③	Numéro de sortie de ville, identique sur les plans et les cartes MICHELIN	**B** ◭ Bac - Pont mobile
		Bureau principal de poste restante
		Information touristique
		Parc de stationnement

Dans les guides MICHELIN, sur les plans de villes et les cartes, le Nord est toujours en haut. Les voies commerçantes sont imprimées en couleur dans les listes de rues.

Les plans de villes indiquent essentiellement les rues principales et les accès aux curiosités, les schémas mettent en évidence les grandes routes et l'itinéraire de visite.

Abréviations

A	Chambre d'Agriculture	J	Palais de Justice	POL.	Police
C	Chambre de Commerce	M	Musée	T	Théâtre
H	Hôtel de ville	P	Préfecture, Sous-préfecture	U	Université

⊘ Signe concernant les conditions de visite : voir nos explications en fin de volume.

Signes particuliers à ce guide

○•••••○ Téléphérique, télécabine	⛺	Refuge
Parc naturel		

Carte Michelin n° **81** pli 17 ou **245** pli 34 — Schéma p. 144

Aiguines. — Château et lac Ste-Croix.

Remarquablement situé sur la rive gauche du Verdon, à l'endroit où la rivière quitte son canyon, et au-dessus de la vaste étendue du lac de Ste-Croix *(p. 119)*, ce village a conservé son charme d'antan avec ses demeures anciennes, ses ruelles tortueuses et son **château** du 17ᵉ s. flanqué de quatre tours dont le toit aux tuiles vernissées scintille au soleil.

Pendant des siècles la renommée d'Aiguines était portée au loin par les colporteurs et les catalogues qui vantaient la production de ses tourneurs de bois. Grâce à la forêt riche en buis cette petite industrie avait prospéré et aujourd'hui un musée évoque cette activité originale.

Musée des Tourneurs. — Installé en partie dans l'atelier du dernier tourneur d'Aiguines, ce musée présente de façon agréable un herbier des essences utilisées, une maquette animée par des automates montrant les différentes opérations du ramassage du bois et du tournage, des tours à bois et une collection d'objets tournés (étuis à flacons, poudriers, presse-purée, manches d'outils…).

Un spectacle vidéo illustre l'une des spécialités des tourneurs d'Aiguines : les boules de pétanque cloutées dont la délicate opération du cloutage était réservée aux femmes qui devaient avoir un coup de marteau très précis.

ALBION (Plateau d')

Carte Michelin n° **81** pli 14 ou **245** plis 18 et 19.

Formé de terrains calcaires fissurés, le plateau d'Albion présente tous les caractères d'un véritable causse. Plus de deux cents gouffres ou « avens » trouant sa surface y ont été reconnus. Leurs ouvertures, parfois très étroites, sont difficilement repérables. Le plus beau à voir depuis le haut est celui du « Crirvi » près de St-Christol. Les plus profonds de la région sont l'aven Jean Nouveau avec un puits vertical, à l'entrée, de 168 m, l'aven Autran, près de St-Christol, et le gouffre de Caladaire près de Montsalier. Tous trois dépassent les 600 m de profondeur et l'eau circule abondamment au fond. Ces gouffres ont en effet la particularité d'absorber les eaux de pluie qui circulent ensuite dans les ramifications d'un réseau souterrain enfoui très profondément dans la masse calcaire, et dont la branche maîtresse aboutit à la célèbre résurgence appelée « Fontaine de Vaucluse ».

L'armée a installé sur le plateau d'Albion une base de missiles. Un certain nombre de puits verticaux ont été aménagés en silos pour fusées nucléaires et la plupart des installations sont souterraines.

DE BANON À SAULT 43 km — Environ 2 h — Schéma p. 48

Banon. — *Page 90.*

> Quitter Banon par la D 950 vers l'Ouest. Après Revest-du-Bion tourner à gauche dans la D 218.

N.-D. de l'Ortiguière. — Cette ancienne chapelle de pèlerinage, dont l'origine remonte au Moyen Age — elle était alors connue sous le vocable de N.-D.-de-la-Forêt d'Albion — se dresse sur une petite éminence au cœur du plateau d'Albion. De là s'offre une **vue** étendue sur le Mont Ventoux et les monts du Vaucluse.

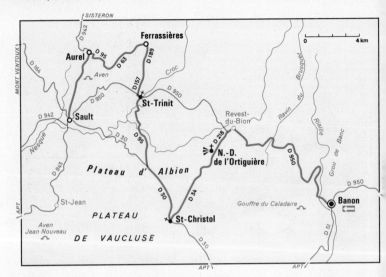

Construite au 13ᵉ s. puis très remaniée aux 17ᵉ et 19ᵉ s., elle conserve dans son chœur un très intéressant décor sculpté de tradition romane. On y remarquera les quatre petits culs-de-lampe représentant des têtes d'atlantes surmontées de dessins géométriques, ainsi que l'autel tabulaire.

Un ermitage du 17ᵉ s. est contigu à la chapelle. Appartenant à l'association Alpes de Lumière, il sert de lieu d'accueil.

St-Christol. — 1 832 h. Ce bourg, situé en bordure du plateau d'Albion, que l'on appelle aussi plateau de St-Christol, possède une **église** construite au 12ᵉ s. par les bénédictins de l'abbaye St-André de Villeneuve-lès-Avignon.

A cette église de petites dimensions fut ajoutée une seconde nef au 17ᵉ s. L'abside en cul-de-four présente une décoration sculptée intéressante. Six colonnes, supportant une arcature aveugle, reposent sur des bases décorées de têtes ou d'animaux fantastiques. Les fûts, traités en relief méplat, s'ornent de cannelures, de feuilles, de fruits ou d'oiseaux. Les chapiteaux sont agrémentés de feuillage.

L'autel, d'époque carolingienne, présente de belles sculptures sur trois faces.

Quitter St-Christol par la D 30 vers Sault.

La route passe devant l'entrée de la base aérienne du plateau d'Albion.

Tourner à droite dans la D 95.

St-Trinit. — 65 h. D'un ancien prieuré médiéval qui dépendait de l'abbaye bénédictine St-André de Villeneuve-lès-Avignon subsiste une **église** du 12ᵉ s. Son chevet à pans coupés rythmé par des pilastres nus s'orne d'une fenêtre encadrée de deux colonnes torsadées à chapiteaux corinthiens.

A l'intérieur, l'abside pentagonale couverte d'un cul-de-four ainsi que la travée du chœur reposant sur des arcs de décharge datent d'une première campagne de construction.

Continuer par la D 157 et la D 189 vers le Nord.

Ferrassières. — 124 h. Ce grand centre de culture de la lavande est entouré de champs qui s'étendent à perte de vue. Au moment de la floraison, c'est un véritable enchantement.

La D 63 et la D 95 mènent à Aurel.

Aurel. — 126 h. De la D 95, le village apparaît soudain en contrebas avec le reste de ses anciennes fortifications et sa robuste église en pierre claire. Il domine la plaine de Sault et les champs de lavande. Les chevaliers de St-Jean-de-Jérusalem y avaient établi un hospice.

Suivre la D 942 vers Sault.

Sault. — *Page 121.*

ALLEMAGNE-EN-PROVENCE

258 h.

Carte Michelin n° 81 pli 16 ou 245 pli 33.

Le village d'Allemagne-en-Provence eut une certaine renommée au 17e s. pour sa faïencerie créée par l'un des propriétaires du château de style Renaissance qui se dresse au bord du Colostre.

CHÂTEAU *visite 1 h*

Propriété des Castellane puis de diverses autres familles, ce château fut le cadre d'épisodes épiques. Ainsi pendant les guerres de Religion, le baron d'Allemagne s'était allié au duc de Lesdiguières et le château fit l'objet d'un long siège. Le baron fut tué d'un coup d'arquebuse alors qu'il s'apprêtait à célébrer sa victoire. Pour se venger sa veuve fit immoler sur sa tombe douze gentilhommes catholiques qui avaient été faits prisonniers au cours de la bataille. Leur fils, Alexandre, eut une fin tout aussi tragique lors d'un duel où il s'était fait attacher par le bras gauche à son ennemi. Les deux adversaires s'entretuèrent avec le court poignard dont ils étaient armés. Après sa mort, sa femme Marthe d'Oraison fonda le couvent des Capucines à Marseille et mourut en odeur de sainteté.

Visite. — A l'ancien donjon du 14e s. a été ajoutée au 16e s. l'aile Renaissance. Toutes les façades ont alors été percées de vastes fenêtres à meneaux et ornées de gâbles sculptés de lions assis. Le château subit de nombreuses transformations au 19e s., une partie des toitures fut remplacée par des créneaux.
A l'intérieur on admirera quelques belles salles aux plafonds à la française. Dans la vaste salle Renaissance, la cheminée monumentale ornée de gypseries est encadrée de deux personnages mythologiques en pied : Hercule et Minerve.

ALLOS

681 h.

Carte Michelin n° 81 pli 8 ou 245 pli 22 — Sports d'hiver.

Située dans la vallée du Haut Verdon, Allos comprend plusieurs stations : le vieux village, dont l'histoire est très liée à celle de la vallée de Barcelonnette *(voir p. 51)*, Seignus, sur l'autre rive du Verdon, qui s'est développée comme station de sports d'hiver, et la Foux d'Allos *(p. 50)*, 9 km au Nord, au vaste domaine skiable. Fréquenté en été comme en hiver, Allos est un grand centre d'excursions dont la plus célèbre est celle du lac d'Allos.

N.-D. de Valvert. — Cette église du 13e s. est un exemple intéressant de l'art roman provençal. On admirera surtout ses proportions extérieures, son élégant chevet où court une arcature lombarde et sa couverture de bardeaux de mélèze.

EXCURSION

★★**Lac d'Allos.** — *13 km par la D 226 à l'Est, puis 1 h 1/2 à pied AR.* Au cœur du Parc national du Mercantour, ce lac de 50 ha, fort renommé, a la particularité d'être le plus grand lac naturel d'Europe à cette altitude (2 500 m). Enchâssé dans un cirque de cimes déchiquetées et dénudées, il présente un spectacle grandiose à celui qui arrive du sentier et le découvre soudain. Cette masse d'eau, célèbre par sa couleur azur, est retenue par un verrou glaciaire. Un autre lac glaciaire qui se trouvait au dessous, à l'emplacement du plateau du Lans, a laissé place à une tourbière. Ce phénomène ainsi que de nombreux autres concernant la géologie et la flore sont expliqués sur des panneaux qui jalonnent le **sentier de découverte** entre le parking et le lac.

Lac d'Allos.

★★ ALLOS (Route du Col d')

Carte Michelin nº 81 pli 8 ou 245 plis 9 et 22.

Cette route de liaison entre le bassin de Barcelonnette et la haute vallée du Verdon offre d'autre part la possibilité de rejoindre la vallée du Var et Nice par le passage de la Colle-St-Michel.

DE BARCELONNETTE A COLMARS *44 km — environ 2 h*

Le col d'Allos est obstrué par la neige de novembre à mai.

★**Barcelonnette.** — *Page 51.*

Quittant *(vers Castellane)* Barcelonnette et la vallée de l'Ubaye, que surplombe la belle route d'accès à la station hivernale de Pra-Loup *(p. 52)*, la route s'élève en corniche au-dessus des gorges du Bachelard *(p. 69)*, de plus en plus étroites et boisées.

Après le pont du Fau on reconnaît, dans l'enfilade de la Haute-Ubaye, le sommet frontière franco-italien du Brec de Chambeyron, à la silhouette caractéristique en marches d'escalier.

La D 908 fait ensuite un long détour dans le vallon des Agneliers, fermé en amont par les imposantes barres rocheuses de la Grande Séolane (alt. 2 909 m). Revenant alors au-dessus de la vallée de Bachelard, elle offre de très belles vues plongeantes sur le profond couloir au fond duquel coule le torrent.

★★**Col d'Allos.** — Alt. 2 240 m. De la terrasse du refuge des Ponts et Chaussées en contrebas du col (table d'orientation) beau **panorama** sur la vallée de l'Ubaye, la chaîne du Parpaillon et le massif des Écrins.

Dans la descente vers le cirque de pâturages où le Verdon prend sa source le spectacle est sévère.

La Foux-d'Allos. — Alt. 1 800 m. *Sports d'hiver.* Cette station de sports d'hiver moderne, qui s'est beaucoup développée, est dominée par le massif des Trois Évêchés. Ses pistes de ski sont reliées à celles de Pra-Loup *(p. 52)*.

Entre la Foux et Allos, la route, taillée dans des schistes noirs, sinue de ravin en ravin.

Allos. — *Page 49.*

En arrivant sur Colmars, une jolie **vue** s'offre sur le fort de Savoie et la petite ville fortifiée.

★**Colmars.** — *Page 74.*

★ ANNOT   1 062 h. (les Annotains)

Carte Michelin nº 81 pli 18 ou 245 pli 23 — Lieu de séjour.

Bâti au bord de la Vaïre, à 700 m d'altitude, ce gros bourg au double caractère provençal et alpin, est le centre le plus anciennement peuplé de la vallée ; une voie romaine y passait, qui allait rejoindre Riez. Annot est entourée d'étranges formations sculptées dans du grès, type de roche bien défini auquel les géologues ont donné le nom de « **grès d'Annot** ». Curieusement travaillés par l'érosion, ces rochers semblent immobilisés dans des poses inattendues, formant des chaos et des arcs naturels qui constituent autant de buts de promenade aux environs de la ville. Ce site très particulier lui a valu le surnom de « paradis des peintres ».

CURIOSITÉS

★**Vieille ville.** — Elle a beaucoup de cachet avec ses fraîches ruelles tortueuses et escarpées, ses arcades, ses passages voûtés, ses maisons aux façades dégingandées. On a un bon aperçu en prenant, à partir du cours, la rue Basse puis très vite à gauche la **Grande Rue,** qui s'ouvre sous une porte fortifiée. Cette rue étroite et dallée grimpe vers l'église. Elle est bordée de belles portes sculptées, datées des 16ᵉ, 17ᵉ et 18ᵉ s. On passe devant une belle maison à arcades donnant sur une placette.

L'**église** romane, dont le bas-côté a été ajouté en 1604, a curieuse allure avec son abside surélevée formant tour de défense. Le joli clocher Renaissance est cantonné de statues des quatre évangélistes. Au Nord, attenante, la chapelle des Pénitents blancs date du 17ᵉ s. A gauche de l'église, porte de l'ancien hôtel de ville de 1701.

On quitte la place de l'église sous une porte et l'on prend à gauche la rue des Vallasses — où se trouvent un lavoir et, en face, la tour du Peintre.

La rue Notre-Dame, à gauche, redescend vers la Grande Rue.

Cours. — Centre de l'animation locale, ce vaste cours provençal est planté de magnifiques platanes centenaires.

Enjambant la Vaïre, le vieux **pont à becs** date de l'époque romaine.

Croix tréflée. — A la sortie de la ville vers Nice, on voit sur la gauche, dominant la route une curieuse croix couverte romane qui date du 13ᵉ s.

EXCURSION

Chapelle N.-D. de Vers-la-Ville. — *20 mn à pied AR. Du cours prendre la rue qui se trouve à droite de la fontaine et suivre le chemin de Vers-la-Ville.* Ce chemin est jalonné des petits oratoires d'un chemin de croix. La chapelle (12ᵉ s.) est bâtie au milieu d'un chaos de rochers ruiniformes. De son site, belle **vue** d'ensemble sur le village et son cadre montagneux.

Carte Michelin n° 195 pli 4 ou 81 pli 9 ou 245 plis 23 et 24 — Sports d'hiver.

Auron, magnifiquement située à 1 608 m d'altitude, occupe un plateau ensoleillé, dominé par de très hauts sommets. Ancien hameau, elle est aujourd'hui une agréable villégiature estivale et une station de sports d'hiver dynamique.

Le village doit son origine au culte de saint Érige (Aurigius en latin, d'où Auron), mort en 604, invoqué contre la lèpre. Selon la légende, c'est à Auron que se serait arrêté le cheval portant Érige, évêque de Gap, poursuivi par des brigands, à son retour de Rome ; l'animal avait franchi d'un seul bond les 500 m de dénivellation qui séparent Auron de la Tinée.

⊘ **Chapelle St-Érige.** — Romane, elle est flanquée d'un clocher carré à pointes de diamant. Elle comporte une nef unique à double abside couverte d'une charpente de mélèze ornée de dents de scie sculptées et peintes. Son **décor peint★** à la détrempe, daté de 1451, fourmille de détails anecdotiques.

L'abside de droite présente à la voûte un Christ en majesté dans une mandorle entourée des symboles des quatre Évangélistes. Au-dessous sont illustrés six épisodes de la vie de saint Érige. Dans l'abside de gauche, histoire de saint Denis. Entre les deux absides une niche en cul-de-four surmontée d'un dais est couverte de peintures consacrées à la vie de Marie-Madeleine. Au centre, Marie-Madeleine, vêtue jusqu'aux pieds de ses longs cheveux blonds, est « ravie » au ciel par deux anges ; sur le dais, dans une scène charmante, elle évangélise les Provençaux dans un pré fleuri en comptant ses argu-

Auron. — Chapelle St-Erige : saint Denis livré aux bêtes.

ments sur ses doigts. Au-dessus du dais médian, on a mis au jour une fresque plus ancienne, un ange de l'Annonciation, qui remonterait au 13e s.

Sur le mur latéral gauche, un Saint Christophe géant porte l'Enfant-Jésus.

Des abords de la chapelle, on a une bonne **vue★** sur le cirque de montagnes.

★★**Las Donnas.** — Le téléphérique comprenant deux tronçons permet de monter à ⊘ 2 256 m en 7 mn au pied du rocher de Las Donnas. De là on jouit d'une **vue** très étendue sur la haute Tinée et les Alpes franco-italiennes.

★ **BARCELONNETTE**   3 314 h. (les Barcelonnetais ou Barcelonnets)

Carte Michelin n° 81 pli 8 ou 245 pli 9 — Lieu de séjour — Schéma p. 133.

Barcelonnette s'étend au cœur de la vallée de l'Ubaye dans un large bassin où prospèrent vergers et prairies. Cette petite ville, à l'atmosphère déjà toute méridionale, est la sous-préfecture du département des Alpes de Haute-Provence.

Parmi les personnalités qui y naquirent, citons **J.A. Manuel** (1773-1817) député de la Restauration, célèbre pour s'être fait expulser de la Chambre à la suite de son discours contre l'intervention de Charles X en Espagne, et **Paul Reynaud** (1878-1966) éminent homme politique. Celui-ci, président du conseil en 1940, démissiona et fut remplacé par le maréchal Pétain. Plus tard interné sous le gouvernement de Vichy, il fut déporté en Allemagne de 1942 à 1945. Réélu député après la libération, il fut président de la commission des affaires économiques du Conseil de l'Europe où il se montra un ardent défenseur de l'unité européenne.

Une histoire mouvementée. — A l'origine, Raimond Bérenger, comte de Barcelone et de Provence, avait fondé à cet endroit, en 1231, une bastide qu'il avait baptisée Barcelone et qui ne devint Barcelonnette que cinq siècles plus tard.

A partir de 1388 Barcelonnette appartint, ainsi que toute l'Ubaye, à la maison de Savoie qui la conserva jusqu'en 1713. A cette date le traité d'Utrecht l'attribua à la France en échange d'une partie du Dauphiné qui passait à la Savoie. Cet échange se fit grâce à l'insistance du **Maréchal de Berwick** auprès de Louis XIV. Cet homme d'armes après avoir combattu dans les Alpes avait compris tout l'intérêt stratégique de la vallée de Barcelonnette. Dès qu'ils furent français, les habitants de la vallée demandèrent a être rattachés au Parlement de Provence.

Les « Barcelonnettes » ou « Mexicains ». — En 1821, les Frères Arnaud de Jausiers ferment leur filature et décident d'aller tenter fortune au Mexique. Ils fondent un magasin de tissus et nouveautés à Mexico. A partir de 1830 ils sont suivis par d'autres habitants de la vallée. En 1893 on compte au Mexique plus d'une centaine de magasins de tissus appartenant à des « Barcelonnettes ». A la même époque plus de la moitié des garçons de 20 ans nés dans les cantons de Barcelonnette et St-Paul sont installés au Mexique. Certains deviennent de véritables capitalistes. Un groupe de Barcelonnettes achète la banque « Londres, Mexico et Amérique du Sud » qui avait le privilège de l'émission des billets pour tout le Mexique.

Cet âge d'or prend fin avec la révolution mexicaine et la guerre 1914-18, qui mobilise de nombreux rapatriés. L'émigration reprend dans les années 30 puis ralentit petit à petit. De nombreux « Mexicains », comme on les appelle ici, revinrent au pays et firent construire ces luxueuses villas qui donnent un cachet si particulier à Barcelonnette.

CURIOSITÉS

Place Manuel. — Elle forme un vaste espace dégagé dans le plan en damier de l'ancienne bastide. Entourée d'immeubles aux façades colorées, c'est le centre d'animation de Barcelonnette où les estivants se retrouvent aux terrasses des cafés. Une **fontaine** s'orne d'un médaillon de David d'Angers représentant J.A. Manuel.
La **tour Cardinalis** (15ᵉ s.) est l'ancien clocher du couvent des Dominicains.

Avenue de la Libération. — Elle est bordée de vastes parcs où s'élèvent les villas Ⓥ des « Mexicains ». La **Sapinière**, l'une des plus somptueuses, abrite la **Maison du Parc National du Mercantour**.
Le **cimetière,** qui s'étend le long de cette avenue, frappe par la taille des caveaux élevés par les émigrants de retour au pays.

EXCURSIONS

St-Pons. — *3 km par la route de Gap puis tout de suite à droite. Description p. 117.*

Le Sauze. — *4 km au Sud-Est — Sports d'hiver.* Cette station (alt. 1 380 m), l'une des plus anciennes des Alpes, jouit d'une situation bien abritée au pied des sommets étrangement découpés du « Chapeau de Gendarme » et du « Pain de Sucre ». Son équipement est complété par celui de **Super-Sauze** (alt. 1 700 m) auquel la relient un télésiège et une route de 6 km.

Pra-Loup. — *8,5 km au Sud-Ouest — Sports d'hiver.* Disposée en arc de cercle, en balcon, sur un plateau (alt. 1 630 m) au-dessus de la vallée de l'Ubaye cette séduisante station moderne, bien équipée et bien ensoleillée, a aménagé les champs de ski de la face Nord de la Grande Séolane (alt. 2 903 m). La route d'accès offre de jolies vues sur la vallée de l'Ubaye.

Ⓥ Par la **télécabine de Costebelle** (20 mn AR), qui s'élève au-dessus des pistes de ski sinuant entre les sapins ou les mélèzes, on aura une bonne vue d'ensemble de la station avant de découvrir successivement la vallée de l'Ubaye, Barcelonnette et du terminus (alt. 2 120 m), les silhouettes du Pain de Sucre et du Chapeau de Gendarme.

★ BARGÈME   74 h. (les Bargèmois)

Carte Michelin nº 84 Nord du pli 7 ou 245 pli 35.

Au Nord-Est de Comps-sur-Artuby, Bargème frappe d'abord par son **site★**. Ce village perché se détache sur les flancs abrupts de la montagne de Brouis à 1 097 m d'altitude (c'est la plus haute commune du Var), et l'on aperçoit de loin son église, les ruines de son enceinte et les tours de son château. Depuis quelques années, un très gros effort de restauration a permis à Bargème de retrouver son charme d'antan.

Le village. — *La circulation automobile est interdite dans le village.* Franchir à pied la « porte de garde », l'une des deux portes fortifiées de l'enceinte (14ᵉ s.) qui ont été conservées. Les rues et ruelles, reliées par des venelles et des passages sous voûte, sont bordées de maisons anciennes fleuries de roses trémières. Dans l'une de ces maisons a lieu chaque année une exposition sur l'art paysan dans le Var.

Ⓥ **Église.** — Édifice roman du 11ᵉ s. construit en bel appareil de pierre, il présente une abside en cul-de-four. On remarque surtout le précieux **retable de saint Sébastien★** sculpté sur bois. Près du retable baroque de l'autel, peinture naïve primitive.

Château. — *En cours de restauration.* Propriété des Sabran de Pontevés, il est mentionné dès le 13ᵉ s. Il comprenait quatre tours rondes, une tour carrée et une cour d'honneur. Bien qu'il soit aujourd'hui en ruines, il a conservé fière allure et l'on voit bien son plan à travers les escaliers, les cheminées et les fenêtres qui demeurent.
De ses abords, la **vue★** porte sur les montagnes de Malay et de Lachens, les Préalpes de Grasse, le plateau de Canjuers et, au loin, le massif des Maures.

Chapelle N.-D. des Sept-Douleurs. — Situé au bout de l'esplanade du château, ce petit édifice typique de la région avec son auvent et ses grilles de bois a été construit comme chapelle expiatoire à la suite de l'assassinat d'Antoine de Pontevès en 1595, lors des guerres de Religion. Celui-ci avait été égorgé au cours d'une messe.

★ Les BARONNIES

Carte Michelin n° 81 plis 3 à 5 ou 245 plis 5, 6, 18 et 19.

Ce massif des Préalpes du Sud s'adosse au massif du Diois au Nord et à la montagne de Lure au Sud-Est. De faible altitude (1 757 m au Duffre), il étire d'Ouest en Est suivant le plissement pyrénéen ses crêtes calcaires séparées par les vallées supérieures de l'Eygues et de l'Ouvèze.

En plus du calcaire, des marnes noires, des argiles, des sables composent le sol et, dans ces sédiments peu résistants, les torrents attaquent les pentes, les ravinent et forment ces coulées dénudées, stériles, si caractéristiques.

Les rivières ont également entamé profondément ces roches tendres, dessiné de longs défilés qui sont devenus d'importantes voies de pénétration et les bourgades profitant de ces sites naturels se sont agrippées au flanc des barres rocheuses. Au fond des vallées poussent la vigne, les oliviers, les arbres fruitiers.

Les champs de lavande et de lavandin *(voir p. 23)* alimentent de nombreuses petites distilleries familiales et 80 % de la production française de tilleul provient de la région. L'extension des prairies artificielles fait progresser l'élevage bovin mais moutons et chèvres colonisent la plupart des pâturages naturels.

★LES BARONNIES DU BUIS

① Circuit au départ de Buis-les-Baronnies

97 km — environ 3 h — schéma p. 54 et 55

Buis-les-Baronnies. — *Page 66.*

Quitter Buis-les-Baronnies par la D 546 au Nord-Est.

La route longe l'Ouvèze parmi les oliviers et traverse les **gorges d'Ubrieux.**

Prendre à gauche la D 108.

Des oliviers, des pins, des genêts s'accrochent aux pentes exposées au Sud. Au cours de la montée vers le col d'Ey se développent de belles vues sur la vallée de l'Ouvèze, Buis-les-Baronnies, St-Julien et le mont Ventoux.

Col d'Ey. — Alt. 718 m. Du col encadré à droite par la montagne de Montlaud et à gauche par celle de Linceuil, la vue s'étend sur la vallée de l'Ennuye, morcelée de champs, et la montagne de Buisseron.

Prendre à gauche la D 528 vers Rochebrune.

Rochebrune. — 54 h. Le village s'allonge sur un éperon émergant des croupes grises des marnes et des collines à la maigre végétation.

L'unique rue bordée de maisons anciennes mène à une tour ronde, seul vestige du château-fort du 13e s., et à l'église du 12e s. remaniée au 15e s. Belle **vue** sur la vallée de l'Ennuye.

Revenir à la D 108 et la prendre à gauche.

Ste-Jalle. — *Page 119.*

La D 64 suit la verdoyante vallée de l'Ennuye et passe à proximité de la chapelle votive N.-D.-de-la-Consolation.

Après Curnier, prendre à droite la D 94.

La route remonte la riante vallée de l'Eygues ; sur de petites parcelles de terre poussent pêchers, cerisiers, oliviers et vignes.

Sahune. — 275 h. Ce bourg a donné son nom à une race de moutons maintenant englobée dans la race des Préalpes du Sud.

Sur la rive gauche de l'Eygues, vestiges du vieux village.

Après Sahune, la route s'enfonce dans les profondes **gorges de l'Eygues★** dont les parois rocheuses présentent des strates d'une régularité frappante. Sur la gauche bouillonne une cascade.

St-May. — 49 h. Ce village est perché sur un promontoire au-dessus des gorges. Autrefois aucune voie ne passait au fond du défilé et les villages occupaient les hauteurs.

Après St-May, les grandes corniches calcaires aux chauds coloris encadrent l'Eygues.

Prendre à droite la D 162.

Elle s'élève au milieu des cultures et des vergers, offrant de belles échappées sur la vallée de l'Eygues, puis franchit le **col de Soubeyrand** (alt. 994 m) au milieu d'une pinède. Au cours de la descente, les chênes succèdent aux sapins et la vue s'étend sur le massif du Ventoux. Remarquer sur la gauche la longue échine rocheuse de la montagne de Grimagne.

Après St-Sauveur-Gouvernet, tourner à gauche dans la D 64.

La route pénètre dans la vallée de l'Ennuye, combe fertile où dominent les abricotiers et la lavande, puis s'élève vers le **col de Peyruergue** (alt. 820 m) et plonge ensuite dans la vallée de l'Ouvèze.

Prendre la D 546 à droite.

Elle longe l'Ouvèze en procurant des échappées sur le rocher St-Julien, dentelé, qui domine Buis-les-Baronnies.

★ROUTE DES PRINCES D'ORANGE

② D'Entrechaux à Eyguians

78 km — Environ 3 h — Schéma p. 54 et 55 — description p. 114.

LA BARONNIE D'ORPIERRE
ET LE PAYS DE ROSANS

3 **D'Orpierre à St-André-de-Rosans** *40 km — Environ 2 h*

Orpierre. — 318 h. (les Orpierrois). Ce petit village de montagne est bien situé au fond d'une clue formée par le Céans et dominée au Nord par le Suillet (1 324 m), au Sud par le Grand Puy (1 077 m).
Siège d'une baronnie qui appartenait aux princes d'Orange, Orpierre fut fortifiée au 14e s. En remontant la **Grand Rue** (départ au coin de l'hôtel des Alpes) on découvre quelques belles portes, vestiges des hôtels de la Renaissance, et les « drailles » passages étroits qui relient les rues pittoresques de la vieille ville.

D'Orpierre prendre la D 30 vers l'Ouest puis tourner à droite dans la D 130.

La route suit les gorges boisées du St-Cyrice avant de pénétrer dans sa vallée où ce torrent au lit très large reçoit des torrents affluents. Elle s'enfonce ensuite dans la forêt puis franchit le col de Reychasset. Elle redescend sur la vallée de l'Armalauze. Dans un virage juste avant Laux-Montaux, belle **vue** sur cette vallée et le haut vallon cultivé.

Prendre à gauche la D 316.

La route gagne un replat cultivé et traverse Chauvac et Roussieux, deux petits hameaux bien exposés.
La D 316 B redescend en offrant de belles **vues** sur le Coustouran (965 m) en forme de pyramide.

Reprendre la D 116 vers Verclause.

Verclause. — 68 h. Le vieux bourg fortifié, ancien fief des Dauphins au 13e s., occupe un site perché. Parmi les ruines, remarquer le puissant clocher de la chapelle et le donjon qui présente un imposant blocage entre les deux parements des murs. S'avancer jusqu'à l'extrémité du promontoire pour jouir d'une belle **vue**★ sur la vallée de l'Eygues et la montagne de la Clavelière.

Prendre la D 994 vers l'Est puis, après Rosans, tourner à droite dans la D 949.

St-André-de-Rosans. — 123 h. Situé sur un itinéraire faisant communiquer la vallée du Rhône et la vallée de la Durance, St-André fut le siège d'un prieuré clunisien fondé à la fin du 10e s. et disparu pendant les guerres de Religion.
De ce prieuré, l'un des plus importants de Haute Provence avec Ganagobie, subsistent les ruines d'une vaste **église** du 12e s., les deux façades latérales de la nef et une absidiole du chœur. On y voit des éléments d'un riche décor à caractère antiquisant rappelant celui que l'on trouve dans la vallée du Rhône.

*Dans le **guide Michelin FRANCE** de l'année*
vous trouverez un choix d'hôtels agréables, tranquilles, bien situés
avec l'indication de leur équipement :
piscines, tennis, plages aménagées, aires de repos...
ainsi que les périodes d'ouverture et de fermeture des établissements.

Vous y trouverez aussi un choix de restaurants qui se signalent
par la qualité de leur cuisine :
repas soignés à prix modérés, étoiles de bonne table.

Olivier dans les Baronnies.

★ BEUIL

387 h. (les Beuillois)

Carte Michelin n° 195 pli 4 ou 81 Sud du pli 9 ou 245 pli 24 — Sports d'hiver.

Beuil, agrippé comme un nid d'aigle au versant Sud d'une colline à pente rapide, bénéficie d'un beau **site**★ marqué par la haute vallée du Cians et le mont Mounier (2 817 m) longtemps couvert de neige. Station de sports d'hiver, c'est aussi un séjour d'été agréable et reposant.

Les Grimaldi. — Du 14e au 17e s., Beuil appartient à la puissante famille des **Grimaldi,** qui se trouve en lutte continuelle avec les ducs de Savoie (« Je suis comte de Beuil, je fais ce que je veux » proclamait Annibal Grimaldi). Ceux-ci ont souvent recours à la trahison : on soudoie le barbier d'un seigneur de Beuil et un jour que celui-ci, le menton levé, attend la caresse du rasoir, il s'affaisse dans son fauteuil, la gorge ouverte ; ou bien c'est le valet de chambre qui poignarde son maître, alors qu'il enfile son pourpoint. Les Grimaldi cherchent tantôt l'appui de l'Espagne, tantôt celui de la France. C'est ainsi qu'en 1617, Annibal Grimaldi, le dernier comte de Beuil, obtient la protection de Louis XIII. Mais, en 1621, une trêve s'établit entre le roi de France et le duc de Savoie Charles-Emmanuel. Louis XIII oublie la protection promise à « son cher et bien-aimé Annibal » et le comte se réfugie dans sa forteresse de Tourrette-le-Château. Le duc ne se hasarde pas à donner l'assaut : la trahison, une fois de plus, lui ouvre les portes.

CURIOSITÉS

Église. — Construite au 17e s. elle a cependant gardé un clocher roman du 15e s. Elle vaut surtout par ses peintures. En bas à droite on peut voir une Adoration des Mages de l'école de Véronèse ; plus loin, fragment de retable (sainte Lucie) et partie de prédelle (mariage de la Vierge). Au Maître-autel, retable du Rosaire, primitif en 16 compartiments. Sur le côté gauche on remarque une prédelle figurant le Christ sortant du tombeau et un compartiment de retable montrant sainte Catherine de Sienne.

Chapelle des Pénitents Blancs. — De style Renaissance, elle fut construite avec les pierres du château des comtes de Beuil.
Sa belle façade peinte en trompe-l'œil a été restaurée récemment par le fresquiste Guy Ceppa.

EXCURSION

★**Route de Beuil à Guillaumes.** — *20 km à l'Ouest par la D 28. Environ 3/4 h.* Cette route passant par le col de Valberg permet de joindre les gorges du Cians *(p. 70)* au Var supérieur formant les gorges de Daluis *(p. 139).*

★**Valberg.** — *Page 134.*

La descente du col de Valberg vers Guillaumes, très régulière et très pittoresque, offre des **vues** extrêmement variées. Le contraste est frappant entre le versant Nord boisé et verdoyant et le versant Sud où croissent blé, vignes et arbres fruitiers.

Guillaumes. — *Page 139.*

Le BOCHAINE

Cartes Michelin nᵒˢ 77 pli 15 et 81 pli 5 ou 245 pli 6.

Dépression comprise entre le Diois et le Dévoluy, dans les Préalpes du Sud, le petit « pays » du Bochaine joue un rôle important dans le domaine des communications alpines, grâce à la haute vallée du Buëch qui le traverse en livrant passage à la route d'hiver des Alpes (N 75) et à la voie ferrée Grenoble-Veynes-Marseille, descendues du col de la Croix-Haute.

Cette région fait déjà partie du domaine climatique méditerranéen, mais, pour le touriste venu du Nord, les pâturages et les forêts de sapins qui règnent encore sur le paysage jusqu'à St-Julien-en-Beauchêne, enlèvent toute brutalité à la transition. C'est seulement aux abords de la Faurie que le caractère provençal de la végétation commence à s'affirmer.

VALLÉE DU BUËCH
De Lus-la-Croix-Haute à Serres *32 km — environ 1 h 1/2*

Lus-la-Croix-Haute. — 548 h. (les Lussois). Dans un spacieux bassin alpestre drainé par le Haut-Buëch, Lus-la-Croix-Haute est, à 1 030 m d'altitude, la station la plus élevée du Bochaine.

De Lus poursuivre à l'Est par la D 505 qui s'amorce sur la grande place de Lus.

★**Vallon de la Jarjatte.** — La route pénètre dans la haute vallée du Buëch, bientôt resserrée entre de belles pentes forestières.

A proximité du hameau de la Jarjatte, aménagé en station de ski, commencent à se découvrir les découpures rocheuses des « Aiguilles ». La **vue**★ s'attache alors aux silhouettes hardies des cimes dénudées comprises entre le sommet de Vachères (alt. 2 400 m) et la Tête de Garnesier (alt. 2 368 m).

Le chemin se poursuivant sous des bouquets de pins tapissant le fond plat parvient au bout de la vallée du Buëch formant un cirque. De sauvages escarpements surplombent de sombres forêts de sapins.

Revenir à la N 75.

La N 75 suit alternativement les deux rives du Buëch au large lit caillouteux que limitent, à droite, les hauteurs du Diois dont les longues crêtes décharnées, ou « serres », se succèdent à l'horizon. A gauche s'élèvent bientôt les pentes boisées de la montagne Durbonas. La route traverse le village de St-Julien-en-Beauchêne (101 h.). Au delà de St-Julien, l'aridité du paysage s'accentue. Les monts aux flancs ravinés, piquetés de pins et de chênes, se coiffent d'arêtes ou d'aiguilles rocheuses que surmonte parfois une ruine féodale comme celle de La Rochette, vestige d'un château-fort du 12ᵉ s.

Aspres-sur-Buëch. — 773 h. Situé au croisement de la N 75 et de la D 993, qui relie Die à Gap, Aspres-sur-Buëch est un bourg actif.

Son **église** montre un portail roman dont le tympan s'orne de statues (mutilées) du Christ entre Marie et saint Jean-Baptiste.

De la butte, portant le monument aux morts, **vue** intéressante sur l'agglomération et le cirque montagneux qui l'entoure.

Après Pont de la Barque où le Petit Buëch et la route de Gap rejoignent respectivement le Buëch et la N 75, la vallée s'étrangle dans le court défilé du Pas de la Ruelle, masquant l'arrivée de Serres.

Serres. — *Page 124.*

Les églises ne se visitent pas pendant les offices.

★★ BONETTE (Route de la)
Carte Michelin nᵒ 81 plis 8, 9 ou 245 plis 10, 23 et 24.

Elle établit entre la vallée de l'Ubaye et la vallée de la Tinée, une liaison directe mettant Barcelonnette à 149 km de Nice.

Cette route, la plus haute de France, a toujours été une voie stratégique. A l'origine il ne s'agissait que d'un chemin muletier qui fut élargi en 1832. La route actuelle fut réalisée en 1963-64.

Cette voie a vu passer les troupes espagnoles pendant la guerre de Succession d'Autriche (1740-1748) et plus récemment les Allemands jusqu'à la fin de la Seconde Guerre mondiale. Les constructions militaires qui jalonnent la route, fort de Restefond, camp des Fourches, rappellent ce passé.

DE BARCELONNETTE A ST-ÉTIENNE-DE-TINÉE
64 km — environ 3 h

La route, sinueuse, est obstruée par la neige de novembre à fin juin.

★**Barcelonnette.** — *Page 51.*

Quitter Barcelonnette par la D 900 en direction de l'Italie.

Jausiers. — *Page 132.*

A la sortie de Jausiers, prendre à droite la route de Nice.

La route, après avoir laissé sur la gauche le petit vallon de l'Abriès, s'élève par de nombreux lacets et réserve en passant sur les pentes du **Restefond** de jolies vues sur la vallée de l'Ubaye.

Après le site âpre et désolé du seuil de Restefond la route évite et laisse sur sa gauche le col de ce nom puis s'élève encore après le col de la Bonette (2 715 m), pour culminer à 2 802 m au pied de la cime de la Bonette, qu'elle contourne. C'est l'une des plus hautes altitudes atteintes par une route en Europe.

★★★ **Cime de la Bonette.** — Alt. 2 862 m. *Du point culminant de la route, 1/2 h à pied AR.* Table d'orientation.

Grandiose **panorama** sur le Pelvoux, les sommets du Queyras, le Viso, les Alpes méridionales et les Préalpes de Digne.

Après la Bonette, la route dévale le long des crêtes entourant le cirque où la Tinée, affluent du Var, prend naissance. La descente, en lacet, accuse 1 100 m de dénivellation aux approches du Pra. 3 km au-delà de ce hameau, on aperçoit à gauche la cascade de Vens. Au fur et à mesure que l'on descend l'herbe rase des alpages cède la place aux mélèzes.

Au Pont-Haut, prendre à droite la D 63 vers St-Dalmas.

★ **St-Dalmas-le-Selvage.** — Page 115.

Revenir à la D 2205 que l'on prend vers St-Étienne-de-Tinée.

La route suit un torrent dans un impressionnant défilé rocheux.

★ **St-Étienne-de-Tinée.** — Page 116.

BOSCODON (Abbaye de)

Carte Michelin n° 🮐🮐 pli 7 ou 🮐🮐🮐 pli 9.

Construits dans la pierre locale, de teinte blonde, les bâtiments de l'abbaye apparaissent sur un fond de prairies, de forêts et de montagnes.

Cette ancienne abbaye chalaisienne *(voir p. 33)*, première fille de la maison mère de Chalais, fut fondée en 1130 grâce à la donation des seigneurs de Montmirail. Son premier abbé fut Guigues de Revel. Elle devint très prospère et était l'abbaye la plus importante des Alpes du Sud, ce qui lui permit de survivre après la disparition de l'ordre de Chalais. En 1408, elle s'affilie à une abbaye bénédictine. En 1585 Lesdiguières et ses troupes protestantes s'en emparent et l'incendient. Boscodon connaît un nouveau sursaut de vie entre 1601 et 1769, période pendant laquelle ses bâtiments sont rénovés... puis c'est la vente comme biens nationaux et l'utilisation à but agricole de ses bâtiments jusqu'en 1972, date à laquelle la propriétaire les vend à l'Association des amis de Boscodon. Depuis, des chantiers de jeunes s'appliquent tous les étés à les restaurer.

⊘ **VISITE** *1/2 h*

Seuls l'abbatiale et les bâtiments des moines subsistent, le cloître et l'aile de convers ayant disparu.

★ **Abbatiale.** — On admirera son chevet restauré récemment. A l'intérieur, on est frappé par la pureté, la luminosité et la simplicité de ce bâtiment à nef unique au chœur plat percé de baies en plein cintre. Les bras du transept s'ouvrent par des arcs à double rouleau. A droite la porte de la sacristie donne accès à la chapelle de l'abbé sous laquelle se trouve une chapelle mortuaire, vestige d'un édifice antérieur.

Aile des moines. — *En cours de restauration.* La salle capitulaire sert de lieu d'accueil et d'exposition.

★★ **Forêt de Boscodon.** — La forêt qui s'étend au delà de l'abbaye sur 350 ha est célèbre pour ses futaies de pins, d'épicéas et de mélèzes.

Gagner la fontaine de l'Ours.

De la fontaine de l'Ours, belle esplanade en pleine forêt, le sentier des Pyramides *(1/4 h à pied AR)* permet de gagner le **belvédère des Aiguillasses** d'où la vue se révèle sur la vallée de la Durance et le lac de Serre-Ponçon.

Au retour, s'arrêter au **belvédère de Bragousse.** La vue sur le **cirque**★ raviné et coloré est très belle. Le touriste favorisé par la chance pourra apercevoir (jumelles) dans les parties supérieures du cirque des hordes de chamois dont la forêt de Boscodon est une réserve.

Afin de donner à nos lecteurs l'information la plus récente possible, les conditions de visite des curiosités décrites dans ce guide ont été groupées en fin de volume.

Les curiosités soumises à des conditions de visite y sont énumérées soit sous le nom de la localité soit sous leur nom propre si elles sont isolées.

Dans la partie descriptive du guide, p. 47 à 150, le signe ⊘ placé en regard de la curiosité les signale au visiteur.

Carte Michelin n° 77 pli 18 ou 244 plis 42 et 43 — Schéma p. 62 — Lieu de séjour.

Située au carrefour des vallées de la Guisane, de la Durance, de la Cerveyrette, de la Clarée, et à proximité du col de Montgenèvre qui mène en Italie, Briançon « la plus haute ville d'Europe » (1 321 m) a bénéficié de tout temps d'une position stratégique remarquable qui explique le nombre de places fortes qui l'entourent. Sa vieille ville ou ville haute est elle-même entourée de fortifications élevées par Vauban d'où son appellation **Briançon-Vauban.** Dominée par la citadelle elle a conservé l'aspect qu'elle avait sous Louis XIV avec ses ruelles étroites en forte pente. En contrebas, hors des fortifications, s'étend la ville neuve **Ste-Catherine** où se trouvent les commerces, la gare et les casernes des chasseurs alpins. A l'Ouest de la ville haute le quartier de **Briançon-Forville** s'est développé vers 1930 comme centre de cure climatique.

Briançon, où les militaires eurent leur école de ski dès 1904, bénéficie de la proximité des stations de ski de **Serre-Chevalier** *(p. 61)* et **Montgenèvre** *(p. 65).*

La capitale des Escartons. — Le 29 mai 1343, le dauphin Humbert II signait, au château de Beauvoir dans le Royans, la **Grande Charte** accordant privilèges et libertés à 52 communes du Briançonnais en échange du versement de 12 000 florins d'or et une rente annuelle de 4 000 ducats d'or — cette charte est toujours conservée dans l'hôtel de ville de Briançon. Lors du « transport » du Dauphiné à la couronne de France *(voir p. 26),* 6 ans plus tard, cette charte fut conservée et tous les rois de France, de Charles V à Louis XVI, la confirmèrent. Parmi les droits accordés aux Briançonnais, le plus important était celui qui leur permettait de fixer et de répartir (escarter en terme médiéval) les impôts entre les différentes communes que l'on appelait les escartons. Ces communes, formant une sorte de république dont Briançon était la capitale, se trouvaient de part et d'autre de la frontière actuelle. 32 d'entre elles furent rattachées à l'Italie lors du traité d'Utrecht en 1713. Parmi les impôts que les Briançonnais fixèrent, il y avait le 17e du vin qui servait à entretenir les remparts.

Une ville militaire. — Le rocher qui domine la Durance, bien situé au pied du col de Montgenèvre, fut fortifié par les Celtes, par les Romains, puis au Moyen Age. En 1590 Lesdiguières avait consolidé les fortifications. En 1690 une seconde enceinte fut élevée pour se protéger des assauts des Barbets (populations protestantes).

Après la destruction d'une grande partie de la ville par un incendie en 1692, alors que la France et la Savoie entraient en guerre, Louis XIV chargea Vauban de reconstruire les fortifications. Le grand ingénieur, surpris des difficultés d'une position dominée de toutes parts, fit le projet d'une enceinte bastionnée autour de la ville. Une ceinture de forts, commencée sous Vauban (redoute des Salettes), complétée sous Louis XV (forts des Têtes, du Randouillet), terminée en 1875 (forts du Granon, de Janus, du Gondran), couronne les hauteurs autour de Briançon.

Parmi les grands moments de l'histoire militaire de Briançon, citons le blocus de 1815. Après la défaite de Waterloo une armée austro-sarde avait remonté la vallée de la Durance, et vint se heurter aux trois forteresses de Château-Queyras, Mont-Dauphin et Briançon, placées sous le commandement du général Eberlé. Celui-ci ne disposait à Briançon que de 70 canonniers et de 500 fantassins. D'août à novembre 1815, les Alliés firent le blocus de la ville qu'ils ne purent enlever de vive force, malgré des effectifs vingt fois supérieurs. Quand le traité de Paris mit fin aux hostilités, la résistance de Briançon n'avait pas fléchi justifiant sa devise « Petite ville, grand renom ».

Alphand (R.)	2
Baldenberger (Av. P.)	4
Centrale (R.)	10
Col d'Isoard (Av.)	12
Daurelle (Av. A.)	13
Gaulle (Av. Gén. de)	16
Italie (Rte d')	18
Pasteur (R.)	23
159e-R.-I.-A. (Av.)	30

VILLE HAUTE

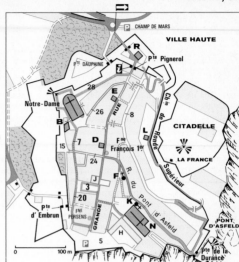

*Actualisée en permanence
la **carte Michelin**
au 200 000ᵉ
bannit l'inconnu
de votre route.
Équipez votre voiture
de **cartes Michelin** à jour.*

★★LA VILLE HAUTE *visite 1 h 1/2*

Quatre portes donnent accès à la ville fortifiée : la porte Pignerol au Nord, celle d'Embrun au Sud-Ouest, celle de la Durance à l'Est, et enfin la porte Dauphine percée récemment pour faciliter la circulation.

Deux rues en forte pente forment les axes principaux de la ville haute : ce sont les Grande et Petite Gargouilles qui doivent leurs noms au ruisseau qui coule en leur centre. L'eau de ces gargouilles était réservée exclusivement à la lutte contre l'incendie.

Quatre quartiers se répartissent de part et d'autre d'une croix composée par l'axe Nord-Sud de la Grande Gargouille et l'axe Ouest-Est des rues de la Porte Meane et du pont d'Asfeld : au Nord-Ouest, le quartier du Temple (collégiale et hôtel de ville), au Sud-Ouest le quartier de la Mercerie qui réunissait commerçants et notables (halle, palais de justice), au Nord-Est le Grand Caire, quartier résidentiel, et au Sud-Est le quartier de Roche qui regroupait les couvents (Récollets, Pénitents, Cordeliers, Ursulines…).

Laisser la voiture à l'extérieur des remparts sur le Champ de Mars.

Porte Pignerol. — Selon le plan habituel des portes de fortification, elle se compose de plusieurs systèmes défensifs. Sous la première porte une inscription remémore le siège de 1815 *(voir p. 58).*

Dans le corps de garde d'Artagnan (**R**) est installée une **exposition Vauban** évoquant le grand architecte, complétée par un spectacle audiovisuel sur les forts de Briançon. La seconde porte Pignerol, ornée d'un fronton, abrite l'Office de Tourisme.

Suivre à droite l'avenue Vauban le long des remparts, percés par la porte Dauphine, jusqu'à la hauteur de la collégiale.

★**Table d'orientation.** — De là, on découvre les trois étages de fortifications adaptés au relief, le quartier moderne de Ste-Catherine, le fort des Salettes, au-dessus la Croix de Toulouse et au delà la vallée de la Guisane et le cadre montagneux du bassin de Briançon.

Collégiale Notre-Dame. — Commencée en 1703 d'après les plans d'un certain Robelin, revus par Vauban, sa construction connut quelques vicissitudes, l'architecte ayant disparu en emportant les plans. Elle ne fut donc terminée qu'en 1726.

Sa haute façade plus large que la place du Temple sur laquelle elle donne, est cantonnée de deux hautes tours décorées chacune d'un cadran solaire. Celui de gauche réalisé en 1719 dans l'esprit baroque est l'un des plus beaux cadrans peints des Alpes. Devant le portail, les lions de pierre sont des vestiges du porche de l'ancienne église qui se trouvait à l'extérieur des remparts et fut démolie en 1692.

L'**intérieur** frappe par l'ampleur de la nef et de la croisée du transept couverte d'une coupole octogonale sur pendentifs. Un riche mobilier décore cette église : stalles et chaire en noyer, nombreux tableaux des 17ᵉ et 18ᵉ s., buffet d'orgues du 18ᵉ s., œuvre d'un Briançonnais.

A côté de la collégiale, l'**ancien hôtel de ville (B)** du 18ᵉ s. abrite toujours la Grande Charte de 1343 *(voir p. 58).*

Petite Gargouille (rue du Commandant-Carlhan (7) et rue de la Mercerie (20). — Plus étroite et moins commerçante que la Grande Gargouille, elle a gardé un cachet très pittoresque avec ses hautes façades sévères, ses escaliers donnant accès à des portes ornées de ferroneries.

Porte d'Embrun. — De là le système de fortifications de Vauban est particulièrement impressionnant : fossés et remparts sont dominés par les hautes façades des maisons qui bordent le chemin de ronde.

En passant par la place du Médecin-Général Blanchard on arrive à la Grande Gargouille.

★**Grande Gargouille (ou Grande Rue).** — Grand axe commerçant de la ville haute c'est une rue très animée en été de part et d'autre de sa gargouille où l'eau coule à vive allure.

En remontant la Grande Gargouille on passe devant la fontaine Persens et la bibliothèque. Au n° 64, la maison où logea le pape Pie VI présente un très beau portail daté de 1714, au fronton sculpté.

Plus haut à droite une rue mène à l'ancien couvent des Cordeliers, abritant aujourd'hui l'hôtel de ville, et à son **église (N)** à la façade massive décorée d'arcatures lombardes. Cette église conserve dans sa sacristie, sur la voûte en plein cintre, des peintures murales de la fin du 15e s. figurant Adam et Eve, le couronnement de la Vierge et les 4 évangélistes.

Place d'Armes (3). — Ancienne place des Halles, elle relie la Grande et la Petite Gargouille. Ses façades récemment repeintes dans de chauds coloris, ses terrasses de café lui confèrent un air méridional. Elle s'orne de deux **cadrans solaires.** Celui de gauche, peint au 18e s. porte la citation « La vie fuit comme l'ombre » alors que celui de droite du 19e s., qui se trouve sur la façade du palais de justice s'intitule « Du lever du soleil jusqu'à son coucher, cette ombre qui fuit dirige en même temps les travaux de Thémidis (dieu de la justice) et de Mars (dieu de la guerre) ». Au centre de la place, Vauban avait fait construire un puits qui permit aux Briançonnais de soutenir le blocus de 1815.

Poursuivre dans la Grande Gargouille.

Au coin d'une rue, sous une voûte, se trouve la **fontaine François 1er** ou Fontaine des soupirs. Sa première appellation viendrait du fait que François 1er, lors de son passage à Briançon, offrit les becs à tête d'éléphant dont on voit aujourd'hui des copies. La seconde appellation est due aux soupirs que poussaient les deux commerçants qui durent la payer à la suite d'un procès. En face au n° 37, la **maison Jean Prat (D)** présente une belle façade Renaissance ornée de masques et de statues représentant saint Jean l'Évangéliste et deux anges. Au n° 13 la **maison des Têtes (E)** reçut sa décoration originale au début du siècle. Le propriétaire avait fait mouler les portraits des membres de sa famille et les a fait représenter en costumes régionaux.

Revenir sur ses pas et tourner à gauche dans la rue du Pont d'Asfeld.

On pénètre dans le quartier « religieux ». On passe devant la **chapelle des Récollets (F)** qui sert de cadre à des expositions d'art en été, puis, le joli clocher restauré de la **chapelle des Pénitents (K)** se profile.

La rue du Pont d'Asfeld accède à la **porte de la Durance.**

De la terrasse belle vue sur la vallée de la Durance en contrebas et sur le pont d'Asfeld qui relie Briançon aux forts des Têtes et du Randouillet.

★**Pont d'Asfeld.** — D'une seule arche d'une portée de 40 m, cet ouvrage d'art d'une belle hardiesse surplombe la Durance de 56 m. Il fut construit entre 1729 et 1731 par des ingénieurs militaires, successeurs de Vauban.

Poursuivre par le chemin de ronde supérieur qui passe près de l'école d'infirmières.

Chemin de ronde supérieur. — Il domine les toits de la ville haute d'où émergent les tours de la collégiale. En le suivant on passe au pied des fortifications de la citadelle, ou ancien château, devant lesquelles se dresse, telle une figure de proue, la statue de Bourdelle **« La France »**★ haute de 9 m. Sur la gauche un petit clocheton abrite la cloche de **Son de Serre (L)** qui servait de tocsin. En redescendant vers l'ancien colombier militaire, on rejoint la porte Pignerol.

Briançon. — Vue depuis la Croix de Toulouse.

AUTRE CURIOSITÉ

ⓥ **Fort des Salettes.** — *Du Champ de Mars 3/4 h à pied AR par le chemin des Salettes qui monte au fort.*

Dès 1692 Vauban avait prévu une redoute sur ce contrefort de la Croix de Toulouse, mais les travaux commencèrent après sa mort en 1708. La redoute d'origine reçut quelques aménagements au 19e s.

Ce petit fort, qui garde l'accès à Briançon depuis Montgenèvre et l'Italie, se compose d'un réduit casematé, le donjon, d'une cour l'entourant, d'une galerie de feux de revers et de bastions reliés au donjon par des passages creusés dans le roc.

De la plateforme devant le fort s'offre une **vue**★ intéressante sur la ville haute, la citadelle, les forts des Têtes et du Randouillet.

EXCURSIONS

★★ **Croix de Toulouse.** — *8,5 km — environ 1 h. Quitter Briançon par ④ du plan, avenue de Grenoble et tourner à droite dans la D 232^T qui mène à la Croix de Toulouse.* Escarpée cette route étroite s'élève en lacets parmi les pins. Poursuivre la partie non goudronnée et laisser la voiture près d'une casemate.

La Croix de Toulouse, éperon terminal d'une crête séparant les vallées de la Guisane et de la Clarée domine de haut le bourg de Briançon. De la table d'orientation la **vue** très étendue se porte d'un côté au pied de la falaise sur le fort des Salettes, la vieille ville de Briançon, et la ceinture de forts qui la cerne et, au delà, sur la vallée de la Durance. De l'autre côté se déroule toute la vallée de la Guisane.

★★ **Circuit par Puy-St-André et Puy-St-Pierre.** — *15 km — environ 1 h. Quitter Briançon au Sud-Ouest par la route de Puy-St-Pierre.*

La petite route, montant en corniche, domine très vite la vallée de la Durance. Au delà du village de **Puy-St-André** se découvrent des **vues** intéressantes sur le massif de la Condamine derrière lequel pointent les sommets des Écrins.

Puy-Chalvin. — Au cœur de ce hameau la **chapelle Ste-Lucie** élevée au 16e s. est décorée de peintures murales à l'intérieur et à l'extérieur. Sa façade, bien que détériorée montre des panneaux séparés par des entrelacs. Dans celui du centre on reconnaît une Vierge de pitié, à ses côtés Marie Madeleine portant un vase d'aromates et, derrière, les larrons sur leur croix dont les âmes sont emportées par des diables. Sur le panneau de droite apparaissent sainte Barbe et sa tour, saint André et sa croix et saint Antoine. Sur le panneau de gauche subsiste le bas du corps d'un grand saint Christophe. A l'intérieur, peintures plus naïves évoquant la vie du Christ.

De Puy-Chalvin, revenir à Puy-St-André et gagner Puy-St-Pierre par la D 335.

Puy-St-Pierre. — De ce hameau, presque entièrement détruit pendant la Deuxième Guerre mondiale, subsiste une église occupant une situation à pic d'où la vue embrasse un **panorama**★★ magnifique sur la vallée de la Durance et Briançon.

Continuer la D 335 pour rejoindre la D 35 qui ramène à Briançon.

★★ Le BRIANÇONNAIS

Carte Michelin n° 𝟕𝟕 plis 7, 8 et 18 ou 𝟐𝟒𝟒 plis 42 et 43.

Le Briançonnais présente un relief original aux massifs très hauts et aux vallées larges et creuses que Vauban décrivait ainsi « Il comprend des montagnes qui touchent aux nues et des vallées qui descendent aux abîmes ». Au centre, Briançon est installé dans un bassin où convergent quatre vallées (Guisane, Clarée, Durance et Cerveyrette) dont certaines aboutissent à des passages transalpins fortement déprimés (col de Montgenèvre, alt. 1 850 m). Au Moyen Age ces hautes vallées s'étaient groupées en « escartons » *(voir p. 58)*, sorte de fédérations de communes qui se prêtaient assistance et défendaient ensemble leurs libertés. Leurs habitants étaient relativement aisés ce qui apparaît dans l'architecture *(voir p. 37)* : maisons robustes et vastes en pierre s'ornant d'arcades et de colonnes.

Le Briançonnais est renommé pour son climat méridional de montagne caractérisé par la pureté du ciel et la qualité de la lumière. Ce climat auquel s'ajoute un bon enneigement a permis très tôt le développement de stations de sports d'hiver importantes comme Montgenèvre et Serre-Chevalier.

★VALLÉE DE LA GUISANE

Cette vallée a acquis une certaine réputation comme centre de ski : ski de fond le long de la Guisane, de randonnée autour du Pic Blanc du Galibier et sur le versant menant à Névache, et, surtout, ski de piste grâce aux très importants aménagements et équipements de **Serre-Chevalier**★ (*sports d'hiver*) dont le domaine skiable s'étend sur tout le versant adret de la Guisane du Monêtier-les-Bains à St-Chaffrey. Plusieurs hameaux de communes de la Guisane font partie de la station de ski de Serre-Chevalier ; il s'agit de **Chantemerle**, sur la commune de St-Chaffrey, de **Villeneuve** et **le Bez** sur celle de la Salle-les-Alpes et de l'ensemble du Monêtier. Cela forme un curieux mélange de hameaux et de villages anciens regroupant leurs vastes maisons aux sévères façades autour de hauts et élégants clochers (le Casset, le Monêtier, la Salle, St-Chaffrey) et de centres à l'architecture moderne où se trouvent commerces et hôtels... (le Bez, Villeneuve, Chantemerle).

Le BRIANÇONNAIS★★

1 **Du col du Lautaret à Briançon** — *28 km — Environ 3/4 h*

★★**Col du Lautaret.** — *Description dans le guide Vert Alpes du Nord.*

Sur les premiers kilomètres, après le col du Lautaret, apparaît en arrière l'impressionnante masse des glaciers de la Meije. La route se déroule dans une ample vallée dont l'aridité est tempérée, vers l'aval, par la multiplication des mélèzes sur le versant « ubac ». En contrebas du col du Lautaret, la N 91 sinue au pied des flancs ravagés du **Grand Galibier** (alt. 3 229 m) dans un paysage désolé. On distingue bientôt au loin, dans l'enfilade de la vallée de la Guisane, la pyramide du Grand Pic de Rochebrune. Puis la vallée s'élargit et sur son fond plat, où sinue la Guisane, apparaissent les hameaux.

Le Casset. — L'élégant **clocher** dominant les toits pentus au pied du glacier du Casset est l'une des visions les plus typiques du Briançonnais. Le Parc national des Écrins y a ouvert un centre d'information.

★**Le Monêtier-les-Bains.** — 970 h. *Sports d'hiver.* Son nom lui vient d'un ancien prieuré bénédictin (monêtier = monastère) et de ses eaux thermales déjà connues des Romains. C'est aujourd'hui un grand centre de ski et d'alpinisme faisant partie du complexe de Serre-Chevalier. Un important club de vacances privé y est installé.

Au cœur du village ancien, se trouve l'**église** du 15ᵉ s. décorée d'arcatures lombardes qui fut fortifiée au 16ᵉ s. par Lesdiguières.

A Villeneuve, tourner à gauche dans la route qui mène à La Salle-les-Alpes.

La Salle-les-Alpes. — *Page 120.*

★★**Panorama de Serre-Chevalier.** — Un **téléphérique** au départ de Chantemerle atteint après le relais de Serre-Ratier la station supérieure de Serre-Chevalier (alt. 2 483 m) sommet qui a donné son nom à la station de ski. Monter à la table d'orientation : **panorama** sur les aiguilles d'Arve, le massif du Pelvoux-Écrins et les monts du Briançonnais.

Prendre la D 234ᵀ, de l'autre côté de la N 91, qui monte vers le col du Granon.

Tout au long de la montée, sur les pentes pelées qui dominent la rive gauche de la Guisane, des vues se dégagent sur les montagnes du Briançonnais et le haut massif des Écrins (Pelvoux, Barre des Écrins, Meije).

★★**Col de Granon.** — Après les baraquements militaires, laisser la voiture pour grimper à droite du col à une table d'orientation. De là on découvre le **panorama** reproduit p. 63.

Revenir par la D 234ᵀ. Juste avant d'atteindre la N 91, tourner à gauche pour passer par le centre ancien de St-Chaffrey puis reprendre la N 91.

★★**Briançon.** — *Page 58.*

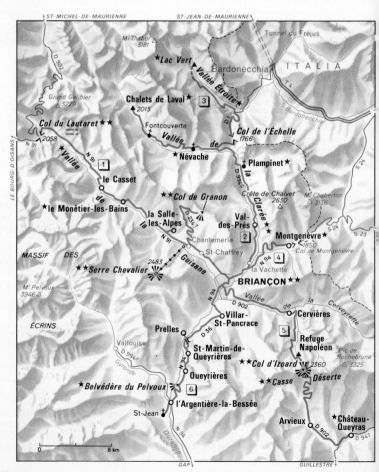

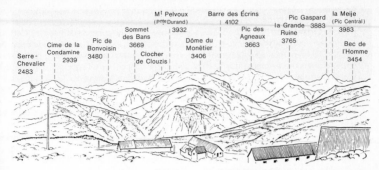

Panorama pris du col de Granon en direction des hauts massifs.

★★VALLÉE DE LA CLARÉE

Appelée aussi parfois vallée de Névache, cette vallée parcourue par la Clarée, beau torrent dont les eaux limpides justifient le nom, est la plus séduisante du Briançonnais. Ses versants ne se prêtant pas à l'aménagement de remontées mécaniques, elle a été préservée du modernisme et a conservé ses beaux villages se dispersant en hameaux, ses maisons, aux toits de bardeaux de mélèzes, qu'ornent des cadrans solaires, et ses églises et chapelles décorées de peintures murales.

Située entre la vallée de la Guisane *(p. 61)* et la frontière franco-italienne, la vallée longue et étroite présente des aspects divers dus à une géologie tourmentée. Lorsque l'on s'engage dans la vallée depuis la Vachette, elle apparaît fraîche et boisée, dominée par les arêtes calcaires aux chauds coloris.

Après Plampinet, elle fait soudain un coude et s'ouvre en un large berceau où se sont installés les hameaux de Névache.

Au-delà, la vallée se rétrécit et offre ses plus beaux paysages. La Clarée bondit en cascades parmi les bois de mélèzes sur la toile de fond d'un large cirque couronné par le Mont Thabor.

② De Briançon aux chalets de Laval — *30 km — Environ 2 h*

★★**Briançon.** — *Page 58. Visite 1 h 1/2.*

> *Quitter Briançon par ① du plan, la N 94 vers Montgenèvre.*

La route domine le lit encaissé de la Durance. On aperçoit le pont d'Asfeld. En avant, derrière les crêtes, dont celle du Chalvet, dominant la rive gauche de la Clarée, pointe un instant le sommet du Chaberton.

> *A la Vachette, prendre à gauche la D 994 G qui remonte la vallée de la Clarée.*

Après la Vachette, on arrive bientôt à hauteur du confluent de la Durance et de la Clarée, à droite à la hauteur d'un petit pont en bois. La grande rivière des Alpes du Sud fait ici bien piètre figure, en comparaison de son affluent descendu par la large vallée que l'on va longer.

Val-des-Prés. — 436 h. Joli village briançonnais à l'entrée duquel se voient de spacieuses maisons élevées sur un soubassement à arcades. L'**église,** flanquée d'un haut clocher carré à deux étages d'arcatures romanes, est précédée d'un grand portique en harmonie avec le style régional.

La route longe la Clarée au milieu des pins. C'est l'un des passages les plus attrayants de la vallée.

Plampinet. — L'**église St-Sébastien,** en haut du village, apparaît comme un robuste édifice montagnard décoré d'un beau cadran solaire. A l'intérieur on est surpris d'y découvrir une riche parure de **peintures murales★**. Exécutées en 1530, probablement par un artiste piémontais, elles frappent par leur vivacité, la chaleur des coloris : ocre, grenat, brun, et les détails plein de vie. Dans la travée précédant le chœur, 19 scènes évoquent la Passion du Christ. Sur l'arc triomphal est représentée l'Annonciation. A gauche de l'entrée on peut reconnaître le martyre de saint Mamert et sainte Marguerite triomphant d'un dragon.

La **chapelle N.-D. des Grâces** conserve un autre ensemble de **peintures★** du 15e s., plus ancien que celui de l'église, figurant les Vertus et les Vices, thème qui revient fréquemment dans la décoration des églises de la région. Les sept péchés capitaux sont enchaînés par le cou. De gauche à droite se trouvent la paresse montée sur un âne, l'envie sur un lévrier, la colère sur un léopard, la luxure sur un bouc, la gourmandise sur un renard, l'avarice sur un blaireau, l'orgueil sur un lion. Au-dessus les femmes agenouillées symbolisent les vertus. Les châtiments des vices ont été martelés. Sur le mur, en face de l'entrée, à côté d'une crucifixion d'autres peintures ont été découvertes récemment : sainte Odile portant un calice dans lequel apparaissent ses yeux, et les montrant à son père le duc d'Alsace, une Annonciation et une Maternité où l'on remarquera que l'enfant Jésus se gratte le pied.

Après Plampinet, la vallée s'infléchit et change de caractère, plus ouverte et aérée, elle est plus habitée, occupée par les différents hameaux de Névache.

Entre Plampinet et Névache s'embranche la route qui mène au col de l'Échelle et à la vallée Étroite *(voir p. 64).*

★ **Névache.** — L'**église**★ de la « ville haute » fut construite en 1490 à la suite d'un vœu ⊙fait par Charles VIII lors d'un pèlerinage à N.-D.-d'Embrun. L'emplacement choisi fut celui du château fort dont on conserva la tour du 11e s. pour servir de base au clocher. Le portail de la façade Ouest en marbre vert et rose, s'orne d'une Annonciation au tympan. Ses portes en bois sont décorées de **vantaux sculptés** remarquables. Sur certains sont représentées des scènes comme la Descente de Croix, sur d'autres des entrelacs gothiques. Un portail dans les mêmes matériaux s'ouvre sur la façade Sud.

A l'intérieur, un beau retable de style baroque en bois de mélèze, doré à la feuille, comporte 15 statues.

Un **trésor** est présenté dans le cachot de l'ancien château. Remarquer la pyxide en cuivre incrusté d'émaux du 11e s. qui fut découverte à l'intérieur de l'autel.

La tribune en bois sculpté date du 16e s.

Après Névache, la route, plus étroite, traverse les alpages animés par les cascatelles que forment la Clarée et ses affluents. Merveilleux endroit pour se promener à pied, on peut y admirer de riches tapis floraux au début de l'été.

Les chalets de Fontcouverte et la jolie **chapelle** qui se détache sur un beau cadre montagneux ont conservé ou retrouvé leurs toits de bardeaux. A proximité on ira admirer la cascade de Fontcouverte.

★ **Chalets de Laval.** — La route se termine près de ces chalets situés à 2 015 m. Le refuge qui se trouve à cet endroit est le point de départ de plusieurs excursions dont l'ascension du Mont Thabor.

★ ③ VALLÉE ÉTROITE par le Col de l'Échelle

Au départ de la vallée de la Clarée — 17 km — Environ 2 h

La route d'accès à la Vallée Étroite, non goudronnée sur le versant italien, n'est ouverte à la circulation que de mi-juin à mi-novembre et ne peut être empruntée que par les voitures de tourisme. Elle est interdite la nuit entre 20 h et 7 h.

Entre Plampinet et Névache, prendre la D 1 vers le col de l'Échelle.

La route s'élève au pied du bois de St-Hippolyte, hérissé d'une foule de rochers rougeâtres. Par l'enfilade de la basse vallée de la Clarée, on découvre bientôt au loin la pyramide du Grand Pic de Rochebrune.

Col de l'Échelle. — (Alt. 1 766 m). C'est le plus bas des passages frontières des Alpes Occidentales.

Sur le versant italien, la route descend rapidement vers la vallée de Bardonécchia, l'ancien Bardonnèche qui faisait partie de la République des Escartons avant 1713 *(voir p. 58)*. De beaux points de vue s'offrent sur la Vallée Étroite et le Mont Thabor.

Vallée Étroite. — Du traité d'Utrecht en 1713 jusqu'en 1947, cette vallée était italienne (elle a d'ailleurs conservé sa signalisation en italien et n'est accessible directement de France que quelques mois par an). Elle fait aujourd'hui partie de la commune de Névache, la plus étendue des Hautes-Alpes avec près de 20 000 ha.

Étroite, comme l'indique son nom, elle ressemble à sa voisine la vallée de la Clarée en modèle réduit. Son fond plat est tapissé de mélèzes qui gravissent les versants parmi les éboulis. Au fond de la vallée, le Mont Thabor dresse sa silhouette insolite.

★ **Lac Vert.** — *1 h à pied AR. Laisser la voiture au refuge du CAF et poursuivre la route non goudronnée jusqu'au panneau « lago verde ». Suivre le sentier.* Dans un écrin de mélèzes apparaît soudain telle une pierre précieuse, un petit lac, d'un vert phosphorescent dû à l'enchevêtrement d'algues recouvertes d'une eau glacée et limpide.

Vallée Étroite. — Lac Vert.

④ ROUTE DE MONTGENÈVRE

12 km — Environ 1/2 h — Schéma p. 62

∗∗Briançon. — *Page 58 — Visite : 1 h 1/2.*

> *Quitter Briançon par ① du plan, la N 94.*

La N 94 domine le lit encaissé de la Durance. Elle laisse sur la gauche la route qui remonte la vallée de la Clarée *(p. 63),* puis s'élève rapidement. On aperçoit alors à travers les pins, des échappées sur le bassin de Briançon et sur la vallée de la Clarée. En approchant de Montgenèvre, le pins cèdent la place aux mélèzes de la forêt de Sestrière.

Randonnée dans le Briançonnais.

∗Montgenèvre. — 459 h. *Sports d'hiver.* Poste frontière entre la France et l'Italie, Montgenèvre vit les premiers essais de ski en France. Dès 1895, les militaires essayèrent ce nouveau sport sur ses pentes et, en 1907, s'y déroula le premier concours interstations de ski en France.

Aujourd'hui cette importante station de sports d'hiver fait partie du domaine skiable franco-italien de la **Voie lactée** comprenant Clavière, Mont-de-la-Lune, Cesana et Sancario. L'obélisque qui se dresse quelques mètres au-delà de la douane française, rappelle que la route a été rendue carossable par des travaux effectués sous le Premier Empire (1807).

Le col (alt. 1 850 m) est maintenu ouvert toute l'année. Emprunté de tout temps par les armées, les marchands et les pèlerins, il reste aujourd'hui encore, un passage international d'intérêt commercial autant que touristique.

Du col, on peut gagner à pied *(4 h 1/4 AR)* la **crête du Chalvet** (alt. 2 630 m) qui offre une belle vue sur le massif de l'Oisans et le pic de Rochebrune.

∗∗ROUTE DE L'IZOARD

⑤ De Briançon à Château-Queyras
Itinéraire décrit p. 95 — Schéma p. 62

LA HAUTE DURANCE

⑥ De Briançon à l'Argentière-la-Bessée
17 km — Environ 1 h — Schéma p. 62

∗∗Briançon. — *Page 58 — Visite : 1 h 1/2.*

> *Quitter Briançon par ③ du plan, la N 94, puis tourner à droite et traverser la Durance pour rejoindre Villar-St-Pancrace.*

Villar-St-Pancrace. — 1 117 h. Ce village proche de Briançon a conservé de belles maisons caractéristiques de l'architecture briançonnaise *(p. 37).* L'**église** du 15ᵉ s. s'ouvre au Sud par deux portails dont la triple voussure ornée de tores retombe sur des colonnettes. Sur le piédroit gauche du portail de droite, une imposte sculptée porte la mention 1542 J. Ristolani. C'est la signature d'un artiste qui travailla aussi à Guillestre et à l'Argentière. Un cadran solaire rappelle, en latin, que « Toutes blessent, la dernière tue », il s'agit des heures, bien entendu.

Le clocher détruit lors de la dernière guerre a été reconstruit en 1962 sur le modèle de celui d'origine.

A côté de l'église, la **chapelle des Pénitents** du 17ᵉ s. abrite quelques objets (croix, lanternes) et tableaux évoquant les cérémonies des pénitents. Sur une colline, la **chapelle St- Pancrace,** conserve des peintures murales du 15ᵉ s. De cet endroit, belle vue sur le bassin de Briançon.

> *Traverser le vieux village de Villar-St-Pancrace et poursuivre par la D 36 jusqu'à la N 94 que l'on prend à gauche pour se trouver dans Prelles.*

Prelles. — Le long de la rue principale (N 94) la **chapelle St-Jacques** est revêtue à l'intérieur de **peintures murales∗** dont l'ensemble paraît dater de la 2ᵉ moitié du 15ᵉ s.

Dans le chœur en cul-de-four, le Christ en majesté dans une mandorle est entouré des symboles des quatre évangélistes. Au-dessous les 12 apôtres sont alignés dans des niches.

L'arc triomphal qui encadre le chœur porte une Annonciation. Sur le mur gauche de la nef se déroule un cycle contant l'histoire des pèlerins de saint Jacques-de-Compostelle. On les voit demandant de l'eau, prenant un repas, dormant dans une auberge : scènes riches en détails sur la vie quotidienne du 15ᵉ s.

Reprendre la N 94 vers le Sud.

Entre Prelles et Queyrières, la route en corniche domine les gorges au fond desquelles coule la Durance.

St-Martin-de-Queyrières. — Au bord de la N 94, l'église au haut clocher de type embrunais s'ouvre par deux portails.

Queyrières. — Ce typique village briançonnais est pittoresquement adossé à un rocher.

★**Belvédère du Pelvoux.** — A proximité de la route, une table d'orientation (signalée) permet de repérer les principaux sommets du massif des Écrins, visibles par la trouée de la Basse-Vallouise.

L'Argentière-la-Bessée. — 2 497 h. Cette agglomération industrielle qui doit son nom à d'anciennes mines de plomb argentifère marque le confluent de la Gyronde — le torrent de la Vallouise — et de la Durance.
Distant de 2 km, le quartier ancien de l'Argentière-Église a gardé son caractère rustique.

ⓥLa **chapelle St-Jean** du 12ᵉ s., l'un des rares édifices romans des Hautes-Alpes, a été élevée par une commanderie des Hospitaliers de St-Jean-de-Jérusalem, établie sur le passage de la route venant d'Italie. On notera quelques chapiteaux à motifs végétaux et géométriques.

ⓥL'**église** du 15ᵉ s. est décorée extérieurement de peintures murales assez bien conservées (1516) sur le thème des vices et des vertus *(voir p. 33)*. Les vertus se tiennent dans une galerie utilisant habilement la bande lombarde. Au dessous les vices chevauchent les montures qui leur correspondent.

BUIS-LES-BARONNIES
1 957 h. (les Buxois)

Carte Michelin nº 🔢 pli 3 ou 🔢 plis 17 et 18 — Schéma p. 54 et 55 — Lieu de séjour.

Sur la Route des Princes d'Orange *(p. 114)*, Buis-les-Baronnies groupe ses maisons sur les deux rives de l'Ouvèze, au débouché des gorges d'Ubrieux.
Abritée par les premiers contreforts des Baronnies, la cité jouit d'une situation privilégiée dans un bassin au climat très tempéré propice à la culture des oliviers, des abricotiers, des cerisiers et de la lavande ; des amandiers subsistent çà et là.
Elle fait également commerce des herbes de Provence et chaque année, le premier mercredi de juillet, Buis-les-Baronnies devient le principal marché européen du tilleul. C'est une véritable foire au tilleul, très animée, qui se tient ce matin-là, sous les platanes, sur la digue bordant l'Ouvèze, et centralise à peu près 80 % de la production nationale.

LA VIEILLE VILLE *visite 1 h*

Esplanade. — Longue allée ombragée de platanes, le long de l'Ouvèze, c'est un cours provençal typique qui suit le tracé des anciens remparts. Sur la rive gauche de l'Ouvèze se dresse le rocher St-Julien, piton calcaire de 767 m.

Place du Marché. — Cette longue place qui ressemble plus à une large rue est bordée par de belles arcades de pierre légèrement ogivales créant de chaque côté une sorte de halle couverte. Leur construction remonterait au 15ᵉ s.

Rue de la Conche. — Étroite et commerçante elle conserve quelques belles portes.

Tourner à gauche dans la rue de la commune.

Ancien couvent des Dominicains. — Ce bâtiment du 16ᵉ s., récemment restauré, abrite aujourd'hui des gîtes de vacances. Admirer l'escalier et le cloître.

A gauche du couvent, franchir la grille, emprunter le passage voûté qui s'intitule rue de la Cour-du-Roi-Dauphin.

ⓥ**Église.** — Incendiée durant les guerres de Religion, elle fut reconstruite au 17ᵉ s. Les boiseries du chœur et les stalles proviennent de l'ancienne église des Dominicains.

Longer le flanc gauche de l'église.

Ancien couvent des Ursulines. — Ce couvent fut fondé au 17ᵉ s. par les Ursulines qui l'ont occupé pendant un siècle. Seul subsiste aujourd'hui le portail Renaissance finement sculpté de la chapelle.

Passer au chevet de l'église pour gagner l'avenue Aristide-Briand qui ramène à l'Esplanade.

De l'Esplanade on peut rejoindre la promenade de la digue qui longe l'Ouvèze sur la rive droite où se dresse la **Tour de Saffre** (12ᵉ s.), seul vestige de l'ancienne enceinte.

Vous aimez les nuits tranquilles, les séjours reposants...
chaque année.

*les **guides Michelin*** **France**
Camping Caravaning France
vous proposent un choix d'hôtels et de terrains agréables,
tranquilles et bien situés.

Carte Michelin nº **81** pli 18 ou **245** pli 35 — Schémas p. 68, 113 et 145 — Lieu de séjour.

Castellane est un centre de tourisme très bien placé au carrefour de la Route Napoléon et de la route du Haut-Verdon, près du fameux canyon. La ville est redevable à son « Roc », gigantesque falaise calcaire qui la domine de 184 m, d'un **site★** qui compte parmi les plus frappants de Haute-Provence.

A l'origine un oppidum était installé sur ce roc, puis la ville de Petra Castellana, dont il reste quelques vestiges, s'édifia juste en-dessous. Au 14e s., la ville descendit complètement dans la vallée et fut entourée d'une enceinte dont subsistent la tour Pentagonale et la tour de l'Horloge.

CASTELLANE

Nationale (R.) 8
Sauvaire (Pl. M.) 14

Blondeau (R. du Lt.) 3
Liberté (Pl. de la) 4
Mazeau (R. du) 5
Mitan (R. du) 7
République
  (Bd de la) 9
Roc (Chemin du) 10
St-Michel (Bd) 12
St-Victor (R.) 13
11 Novembre (R. du) 16

Les voies de traversée et d'accès sont renforcées sur nos plans de villes.

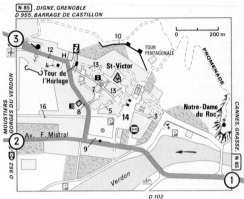

CURIOSITÉS

Place Marcel-Sauvaire (14). — Centre de l'animation locale de Castellane cette vaste place agrémentée d'une fontaine, regroupe hôtels, cafés, boutiques et bâtiments administratifs.

A proximité, au nº 34 de la rue Nationale (**E**) se trouve l'ancienne sous-préfecture où Napoléon déjeuna le 3 mars 1815.

Vieille ville. — Au Nord de la place Marcel-Sauvaire, la vieille ville comprend quelques rues tortueuses et pittoresques, et une jolie **fontaine aux lions** (**B**) que l'on atteint par la rue du Mitan. Dans la rue St-Victor, l'**église St-Victor** édifice roman construit au 12e s., présente un clocher lombard, une abside en cul-de-four et une voûte sur croisée d'ogive, témoignage de la transition du roman au gothique.

Cette rue débouche sur le boulevard St-Michel par une porte de l'ancienne enceinte dénommée **Tour de l'Horloge** : son porche gothique est surmonté d'un beffroi au campanile de fer forgé.

Chapelle N.-D. du Roc. — *1 h à pied AR.* On s'y rend par une agréable **promenade★**, d'où l'on jouit d'une vue d'ensemble sur Castellane resserrant ses toits de tuiles au pied du roc. Le sentier s'amorce derrière l'église paroissiale et débouche dans un chemin plus large que l'on prend vers la droite. Ce chemin, ponctué de stations d'un chemin de croix, s'élève assez rudement au-dessus des toits de la petite ville et de la tour Pentagonale à mâchicoulis.

On voit ensuite sur la gauche des pans de murs : ce sont les ruines de l'ancien bourg féodal de Petra Castellana parmi lesquels on reconnaît les vestiges de l'ancienne église St-André.

On accède enfin sur le sommet du roc où se trouve la chapelle N.-D. du Roc surmontée d'une grande statue de la Vierge. Lieu de pèlerinage très fréquenté, cette chapelle est tapissée d'ex-voto. L'édifice actuel date de 1703.

De la terrasse la **vue★** s'étend sur la ville et le bassin de Castellane, son cirque de montagnes et l'entrée des gorges du Verdon. On découvre au pied du roc, le pont du 17e s. jeté sur le Verdon, remarquable par son architecture audacieuse.

EXCURSIONS

★★★ Grand Canyon du Verdon. — *Circuit de 154 km — 1 journée. Description p. 144.*

★ Lacs de Castillon et Chaudanne. — *Circuit de 47 km — Environ 3 h — Description p. 68.*

Chapelle St-Thyrse. — *7 km au Sud par la D 102.* Une petite route très pittoresque s'élève à travers des gorges, qui se resserrent à un moment en une belle clue, avant d'atteindre le plateau où se dresse la chapelle.

Isolée dans un **site★** remarquable, cette chapelle romane du 12e s. est toujours entourée de son cimetière. Une restauration récente a remis en valeur le bel appareil de pierre de taille de ses murs — excepté celui du Sud qui a été remonté au 18e s. L'intérieur a reçu un décor d'arcatures appliquées contre l'abside en cul-de-four et les murs Nord et Ouest de la nef.

Le clocher à trois étages est caractéristique du premier art roman.

★ CASTILLON ET CHAUDANNE (Lacs de)

Carte Michelin n° 🮮🮮 pli 18 ou 🮮🮮🮮 pli 22.

Au Nord de Castellane, les retenues des barrages de Castillon et de Chaudanne sur le Verdon forment deux beaux lacs dans un site de montagne.

L'aménagement du Verdon. — Complétant celui de la Durance, dans laquelle le Verdon se jette, l'aménagement du Verdon a vu la mise en place de cinq barrages en trois décennies. Le premier à être édifié fut celui de Castillon, terminé en 1947, suivi par celui de Chaudanne ; ensuite furent construits ceux de Gréoux *(p. 136)* et de Quinson et enfin celui de Ste-Croix *(p. 119)*. Leurs retenues forment des réserves d'eau extrêmement précieuses pour la Provence.

CIRCUIT AU DÉPART DE CASTELLANE
47 km — Environ 3 h

★**Castellane.** — *Page 67.*

    Quitter Castellane par ③ du plan et prendre à droite la D 955.

Dans la montée au col de la Blache, la vue se dégage sur le bassin de Castellane parsemé de bastidons.

    Au col de la Blache, tourner à gauche dans la D 402, la route de Blaron.

Cette route s'élève rapidement dans un paysage désolé en offrant des échappées sur le lac de Castillon. Au cours du trajet on aperçoit les curieux monuments et statues d'un centre de méditation et de yoga.

★**Point de vue de Blaron.** — *Laisser la voiture à l'entrée du hameau de Blaron et poursuivre le sentier (1/4 h à pied AR).* On parvient à un promontoire d'où se découvre une **vue** remarquable sur le lac de Castillon, son îlot minuscule, le village de St-Julien-du-Verdon.

    Revenir à la D 955 au bord du lac.

Barrage de Castillon. — *S'arrêter au belvédère aménagé à l'extrémité de la rive droite pour avoir une bonne vue des installations. Panneaux explicatifs sur le barrage et l'aména-*

gement du Verdon. Cet élégant barrage de type voûte mince a une épaisseur à la base de 26 m seulement. Sa longueur à la crête est de 200 m, sa hauteur de 100 m. La productivité de la centrale électrique est de 82 millions de KWh pour une puissance installée de 58 000 kWh.

La route passe sur le couronnement du barrage puis suit la rive gauche du lac. A droite s'embranche l'itinéraire par le col de Toutes Aures *(p. 131)*.

St-Julien-du-Verdon. — 67 h. La majeure partie de l'ancien territoire communal a été immergée et le village perché s'est retrouvé au bord du lac. Une base nautique y est installée.

    Reprendre la route vers le barrage de Castillon et tourner à gauche dans la D 102, route de Demandolx.

La route s'élève régulièrement en lacet. A la Croix de la Mission la **vue**★★ s'étend sur le lac de Castillon. La route redescend ensuite procurant des **vues plongeantes**★★ sur la retenue de Chaudanne qui se présente comme un joli lac de montagne aux eaux d'un vert profond.

Barrage de Chaudanne. — Cet ouvrage de type voûte (hauteur totale 70 m, longueur au couronnement 95 m) ferme un défilé du Verdon immédiatement en aval du barrage de Castillon. La production de la centrale est de 67,2 millions de kWh.

    Regagner Castellane par la N 85.

Pour circuler en ville, utilisez les plans du **guide Michelin France** *:*

    - axes de pénétration ou de contournement, rues nouvelles

    - parcs de stationnement, sens interdits...

Une abondante documentation, mise à jour chaque année.

★★ CAYOLLE (Route de la)

Carte Michelin n° 81 plis 8 et 9 ou 245 plis 10 et 23.

Reliant l'Ubaye et la haute vallée du Var, cette section de la Route des Grandes Alpes fait admirer des sites encaissés et, au col de la Cayolle, un panorama remarquable.

DE BARCELONNETTE A ENTRAUNES

45 km — environ 1 h 1/2

>   *Le col de la Cayolle est généralement obstrué par la neige de novembre à juin.*

★ **Barcelonnette.** — *Page 51.*

Entre Barcelonnette et le col, la route, très étroite, quittant la vallée de l'Ubaye, suit le fond des gorges du Bachelard.

★ **Gorges du Bachelard.** — Tous les ruisseaux affluents de ce torrent ont creusé, pour le rejoindre, de sauvages ravins boisés.

La D 902 continuant à remonter la vallée du Bachelard, presque jusqu'à son origine, contourne ainsi le massif du mont Pelat (alt. 3 051 m), principal sommet des Alpes de Provence.

★★ **Col de la Cayolle.** — Alt. 2 326 m. Il offre un **panorama** étendu vers le Sud, par la trouée de la vallée du Var, jusqu'aux Préalpes de Grasse à l'horizon.

Au Sud du col, la route descend dans la vallée naissante du Var et atteint Entraunes.

Entraunes. — *Page 138.*

CERESTE   862 h.

Carte Michelin n° 81 plis 14 et 15 ou 245 pli 32.

Ancienne cité romaine sur la voie domitienne *(voir p. 125)*, ce fut ensuite un important centre chrétien avec le prieuré de Carluc.

Le village a conservé une partie de ses fortifications et forme un bel ensemble architectural. Le sol est riche en remarquables fossiles (poissons, végétaux) qui se sont formés dans les calcaires schisteux.

Pont romain. — *A la sortie de Cereste en direction de Forcalquier, puis à gauche dans l'avenue du Pont-Romain.* Sur la droite apparaît le pont dit romain, qui serait en fait médiéval, enjambant l'Encrème.

EXCURSION

Prieuré de Carluc. — *5 km par la N 100, route de Forcalquier, puis une petite route à gauche signalisée.* Au fond d'un paisible vallon se dressent les vestiges de l'ancien prieuré de Carluc édifié au 12e s. et placé sous la dépendance de l'abbaye de Montmajour. L'église de dimensions modestes présente une abside à cinq pans, ornée de colonnettes et d'une frise à billettes.

Sur le flanc gauche de l'église s'ouvre une galerie taillée dans le roc et anciennement couverte, en partie de voûtes d'arêtes. Des tombes à forme humaine sont visibles dans le sol ainsi que des banquettes. Cette galerie menait à une seconde église dont il ne subsiste que la partie creusée dans le rocher.

★ CHAMPS (Route du col des)

Carte Michelin n° 81 plis 8 et 9 ou 245 plis 22 et 23.

La route du col des Champs, qui joint la vallée du Haut Var à celle du Haut Verdon, procure un sentiment de dépaysement et d'absolue solitude.

DE ST-MARTIN-D'ENTRAUNES A COLMARS

29 km — Environ 1 h

St-Martin-d'Entraunes. — *Page 138.*

>   *Quitter St-Martin à l'Ouest par la D 78.*

Après le hameau du Monnard, la route offre une belle **vue plongeante**★ sur St-Martin d'Entraunes et le couloir du Var. Plus loin, le regard porte sur les hauts massifs qui séparent le Var de la Tinée.

Chastelonnette. — Ce lieu-dit, appelé aussi Val Pelens, fait face aux Aiguilles de Pelens (2 523 m pour la plus haute).

La route monte dans un paysage désolé de pierrailles : la forêt tient mal sur ces marnes ravinées.

★ **Col des Champs.** — La route passe tout près du col, à 2 095 m d'altitude. Le site est étrange, absolument nu et désert, gris et blanc. Là passe la limite des départements des Alpes-Maritimes et des Alpes-de-Haute-Provence. La **vue**, assez limitée, butte au Nord sur la Tête des Muletiers, au Sud sur le sommet de la Frema (2 747 m).

La D 2 descend par de multiples lacets, retrouvant bientôt la zone des pâturages et des forêts. Dans un virage à droite, **vue** en enfilade sur le vallon de la Lance et la haute vallée du Verdon. Un peu plus loin apparaît le bourg fortifié de Colmars.

★ **Colmars.** — *Page 74.*

★ CHÂTEAU-QUEYRAS

Carte Michelin n° 77 pli 19 ou 244 pli 43 — Schémas p. 62 et 109.

Château-Queyras. — Fort Queyras.

La forteresse, au pied de laquelle se groupe le bourg, couronne un verrou glaciaire dont la masse obstrue presque totalement l'entrée de la vallée du Guil, ne laissant à la route que l'encoche d'un étroit goulet.

C'est le site★ le plus classique du Queyras.

Fort Queyras. — Depuis le 14e s. des fortifications occupent cette éminence. Lesdiguières s'en empara en 1587 puis en 1692 Vauban dessina un plan d'agrandissement et d'amélioration du fort vers l'Ouest. Il le dota d'une nouvelle enceinte avec escarpe, fossé, contre-escarpe et demi-lune. D'autres travaux furent exécutés pendant la guerre de Succession d'Autriche (1740-1748), puis en 1791 et en 1840.

L'armée occupa ce fort jusqu'en 1967.

Un pont-levis permet de pénétrer dans l'enceinte du fort puis un parcours fléché mène, de casemates en bastions, jusqu'à la cour du donjon du 14e s.

EXCURSION

★★**Sommet-Bucher.** — *11 km au Sud — Environ 3/4 h.* Ombragée de pins et de mélèzes, la route s'élève en de nombreux lacets et offre de jolies échappées sur le site de Château-Queyras et de la vallée du Guil.

Au terminus de la route, de chaque côté d'un petit bâtiment militaire (tables d'orientation), la vue embrasse un magnifique **panorama,** comprenant le mont Viso qui se trouve en Italie, la pointe de la Font-Sancte, le Grand Pic de Rochebrune et le massif du Pelvoux.

★★★ CIANS (Gorges du)

Carte Michelin n° 195 plis 4 et 14 ou 81 pli 19 ou 245 pli 24.

Les gorges formées par le Cians, affluent du Var, comptent parmi les plus belles des Alpes. Sur un trajet de 25 km seulement, le Cians descend de 1 600 m. Pour atteindre le Var, il a donc taillé des gorges abruptes, aux parois superbes, dont l'aspect diffère selon les terrains dans lesquels elles sont ouvertes.

On distingue ainsi les gorges inférieures, établies dans le calcaire, des gorges supérieures creusées dans les schistes rouges.

DE TOUËT-SUR-VAR À BEUIL *38 km — Environ 2 h*

★**Touët-sur-Var.** — 320 h. Dominant la vallée du Var, ce village se compose de vieilles maisons étroites et hautes, plaquées contre le versant rocheux, qui s'échelonnent de façon pittoresque dans un dédale de ruelles en partie couvertes. Elles présentent presque toutes un grenier en forme de galerie (le soleilloir), exposé au midi, pour le séchage des figues.

L'**église** paroissiale (17e s.) récemment restaurée est décorée de nombreux tableaux et retables. Elle présente l'originalité d'être bâtie sur une arche enjambant un torrent, dont on peut voir le flot rapide par une petite lucarne ménagée dans le sol de l'allée centrale.

Du haut du village, belle vue sur la vallée.

Quitter Touët par la N 202 vers l'Ouest.

La route passe à proximité de la chapelle N.-D. du Cians (12e s.).

Tourner à droite dans la D 28.

★★**Gorges inférieures du Cians.** — L'eau suinte de partout des parois hérissées de pointes et d'étranges aiguilles. La route se glisse au fond de ce défilé sinueux dont elle épouse tous les contours.

A la sortie des gorges, prendre à droite la D 128, étroite et en forte montée, qui demande de la prudence.

Ⓨ **Lieuche.** — 23 h. Ce minuscule village montagnard est perché dans un **site**★ impressionnante de schistes noirs.

Son humble **église** abrite le **retable de l'Annonciation**★ l'une des plus anciennes œuvres de Louis Bréa. Il est enchâssé dans de belles boiseries sculptées et dorées avec statuettes dans les niches et anges porte-cierges (17e s.). Le panneau central représente avec grâce et candeur l'Annonciation ; il laisse voir par une fenêtre ouverte un paysage montagnard peint avec une grande minutie.

Dans le panneau de gauche on remarque le donateur tout petit au pied de Saint Louis qui le protège. Le registre supérieur figure, de chaque côté d'une crucifixion, saint Jean-Baptiste et saint Christophe, saint Michel et sainte Catherine. La prédelle montre le Christ entre les apôtres.

De la terrasse de l'église, **vue**★ sur le Dôme de Barrot, l'enfilade des gorges du Cians, une partie de la vallée du Var.

Revenir à la D 28, 1 km plus loin, prendre à gauche la D 228.

La route monte dans un paysage impressionnant, dominant la vallée du Cians.

Rigaud. — 141 h. Ce village est perché au-dessus de la vallée du Cians au pied des ruines de sa forteresse médiévale (ancienne commanderie des Templiers). Le **site**★ est très beau. Près de la place de la Mairie, on jouit d'un point de vue circulaire.

L'**église** paroissiale est fortifiée. L'intérieur offre un joli décor baroque et plusieurs tableaux du 17e s., notamment la Descente de croix du maître-autel ; à gauche remarquer une toile naïve à compartiments, de 1626. Vierge à l'Enfant.

Revenir à la D 28 où tourner à gauche.

★★★**Gorges supérieures du Cians.** — A l'entrée, à 1,6 km après Pra- d'Astier, jeter un coup d'œil sur le torrent dont on domine, d'une centaine de mètres, le confluent avec le ruisseau de Pierlas.

Dans cette partie des gorges, la route, s'élevant progressivement, tantôt borde, tantôt domine de très haut le lit du torrent qui descend en paliers successifs.

Les versants abrupts sont déchiquetés bizarrement ou présentent, au contraire, de grandes surfaces lisses, provenant de glissements de rochers. Leur ton rouge vif contraste avec le vert foncé des mousses qui s'y attachent.

Les passages les plus étroits, qui sont les plus beaux, portent les noms de « petite clue » et « grande clue ». La route est taillée dans la paroi même de la gorge formant voûte. En hiver, de cette voûte pendent de multiples stalactites de glace d'un effet saisissant.

Un tunnel de 230 m a permis de supprimer la circulation des véhicules dans la Grande Clue. Aussi pour la découvrir, il faut stationner dans le parking avant le tunnel, puis la parcourir à pied.

Dans un virage, on découvre le **site**★ de Beuil.

★**Beuil.** — *Page 55.*

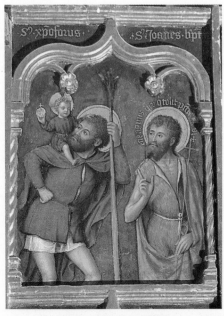

Lieuche. — Détail du retable :
saint Christophe et saint Jean-Baptiste.

CLANS

Carte Michelin n° ▨▨▨ pli 15 ou ▨▨ pli 20 ou ▨▨▨ pli 24.

Juché à 641 m d'altitude, cet agréable village domine d'un côté le vallon abrupt du Clans et la Tinée de l'autre ; il est entouré d'une belle et vaste forêt qui porte son nom (épicéas, mélèzes, sapins) et de hautes montagnes. La localité a gardé son caractère médiéval (nombreuses fontaines) ; son église et ses chapelles méritent une visite.

CURIOSITÉS

ⓥ **Église.** — Ancienne collégiale romane, elle a été transformée en monument baroque. L'entrée précédée d'un portique se fait par une belle porte sculptée en 1702. La décoration intérieure est d'un baroque assez chargé. On retiendra surtout, à gauche dans le chœur, 2 panneaux de retable de l'école niçoise entourant une statue de la Vierge à l'Enfant ; dans la chapelle à gauche du chœur : Les mystères du Rosaire, retable baroque en 17 compartiments ; enfin, derrière le maître-autel on a mis au jour des **fresques** représentant des scènes de chasse qui seraient les plus anciennes du comté de Nice (11e s.), ainsi qu'un Christ en majesté un peu plus récent.

ⓥ **Chapelle St-Antoine.** — *A 500 m du village, à gauche de la route de Pont-de-Clans (direction Stade).* C'est une petite chapelle rustique à clocher-mur, précédée d'un large porche. L'intérieur est couvert de **fresques** savoureuses (15e s.) : épisodes de la vie de saint Antoine, les Vertus (en partie effacées) et les Vices — avec commentaire en dialecte local.

ⓥ **Chapelle St-Michel.** — *En haut du village : longer l'église par la gauche et aller jusqu'au bout de la route carrossable.* Son chevet plat est décoré de **fresques** du 16e s. ; au centre saint Michel pesant les âmes. De la terrasse, la **vue** porte sur Clans, la vallée de la Tinée et, au-delà de celle-ci, sur la Pointe des Quatre-Cantons et le village perché de Bairols.

Chaque année,
*le **guide Michelin France***
indique (avec adresse et n° de téléphone)
    les réparateurs, concessionnaires, spécialistes du pneu
      et les garagistes assurant, la nuit, les réparations courantes...

Tout compte fait, le guide de l'année, c'est une économie.

★★ CLUES DE HAUTE PROVENCE

Carte Michelin n° ▨▨▨ plis 13, 14 et 23 ou ▨▨ pli 19 ou ▨▨▨ plis 23, 24, 36 et 37.

Au Sud de Puget-Théniers quelques rivières, profondément encaissées, ont coupé transversalement les chaînons montagneux, formant ces « clues » qui sont les traits originaux de cette région.

★★CLUE DU RIOLAN
① De Puget-Théniers à Roquesteron *23 km — Environ 1 h*

★**Puget-Théniers.** — *Page 105.*
  Traverser le Var et prendre la D 2211A.

La route s'élève en grands lacets au-dessus de Puget-Théniers, dominant son bassin et son arrière pays, jusqu'au col de St-Raphaël. Ensuite se déroulent des paysages verdoyants et champêtres.

La Penne. — 120 h. Légèrement perché contre une arête rocheuse, le village est dominé par un donjon carré.
  Au Pont des Miolans, poursuivre par la D 17 vers Sigale.

★★**Clue du Riolan.** — Puissante brèche formée par un torrent affluent de l'Esteron, sciant transversalement la montagne. La route, en surplomb, offre un beau **point de vue** sur la gorge et la montagne.
Un escarpement au confluent du Riolan et de l'Esteron porte le village de Sigale.

Sigale. — 145 h. Bâti dans un **site★** pittoresque au-dessus de terrasses de vergers, c'est une ancienne place-forte dont il reste deux portes, plusieurs maisons gothiques et une fontaine du 16e s. Plantée sur un rocher isolé, la tour de l'Horloge, du 19e s, est surmontée d'un campanile en fer forgé.

ⓥ **N.-D. d'Entrevignes.** — Située à droite de la route entre Sigale et Roquesteron, cette chapelle du 12e s., reconstruite au 15e s., est décorée de peintures murales du 16e s. racontant la vie de la Vierge. On remarquera la Vierge enceinte, thème très rarement représenté.

Roquesteron. — 428 h. La localité groupe ses maisons de chaque côté de l'Esteron, rivière qui servait de frontière entre la Savoie et la France jusqu'en 1860, date de rattachement de la Savoie à la France. De ce passé, subsiste la séparation administrative en deux communes. Roquesteron au Nord et Roquesteron-Grasse au Sud.
A Roquesteron-Grasse, l'**église** romane fortifiée du 12e s., couronnant le rocher, contient des vestiges lapidaires.

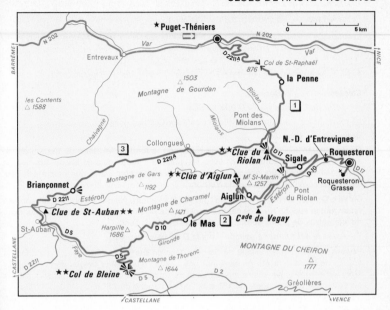

★CLUE D'AIGLUN

② **De Roquesteron au col de Bleine** *33 km — Environ 1 h*

Roquesteron. — *Page 72.*

Entre la D 17 et le Mas, la route est très accidentée et étroite (croisement souvent difficile) ; rouler avec prudence.

> *Après N.-D. d'Entrevignes, prendre la D 10 à gauche.*

Cette route passe à la sortie même de la Clue du Riolan offrant, du pont du Riolan, un bon **point de vue★** sur la gorge et son beau torrent aux eaux d'émeraude qui s'écoule entre les rochers dans des marmites de géants.

Cascade de Végay. — Elle forme une succession de très belles chutes.

Aiglun. — 94 h. Ce pittoresque village perché, chanté par Mistral, est accroché sur ce versant à pic face à la montagne du Cheiron.

★★**Clue d'Aiglun.** — Empruntée par l'Esteron, c'est « la plus mystérieuse de toutes les Clues ». La D 10, qui franchit le torrent, à la sortie de cette gorge, en donne une vue étonnante. Large de quelques mètres, haute de 200 à 400 m, longue de 2 km, cette entaille se présente comme un vrai « coup de sabre », séparant les deux montagnes de Charamel et de St-Martin.

Le Mas. — 120 h. Ce village est bâti à l'extrémité d'un éperon calcaire aux bancs rocheux étrangement redressés en forme de bec. **Église** romane du 13e s.

La route serpente ensuite à flanc de coteau, puis la montée au col de Bleine, par la D 5, s'effectue sur des pentes boisées de sapins.

★★**Col de Bleine.** — Alt. 1 440 m. La **vue** est magnifique, en avant sur le ravin de la Faye, le superbe rocher de la Harpille (alt. 1 686 m), plus à droite sur la crête allongée de la montagne de Charamel et, au-delà, sur les Grandes Alpes du Sud.

★★CLUE DE ST-AUBAN

③ **Du col de Bleine au Pont-des-Miolans**

36 km — Environ 1 h

★★**Col de Bleine.** — *Voir ci-dessus.*

> *5 km après le col de Bleine, prendre à gauche la D 5 qui, après avoir longé la Faye, rejoint la D 2211.*

★★**Clue de St-Auban.** — Empruntée par l'Esteron, affluent du Var, la grandiose Clue de St-Auban est remarquable par la verticalité de ses parois, son lit profond encombré de rochers creusés de marmites et ses falaises aux bancs rocheux étonnamment inclinés et troués d'immenses grottes.

Briançonnet. — 184 h. Ce tout petit village occupe un site curieux au pied d'un énorme rocher. C'est un ancien bourg romain dont les pierres furent réutilisées dans des constructions plus tardives comme en témoignent les inscriptions romaines scellées dans les murs des maisons.

Du cimetière jouxtant le chevet de l'église, **vue★**, sur les sommets des Alpes.

Au-delà de Briançonnet, la **vue** se porte sur la montagne de Charamel, qui borde la rive droite de l'Esteron, dont on est séparé par la montagne de Gars. Après Collongues, on aperçoit, sur la droite, la clue d'Aiglun ; plus loin apparaît l'entaille de la clue du Riolan. On arrive alors au Pont des Miolans, d'où l'on peut rejoindre Puget-Théniers.

★ COLLE ST-MICHEL (Route du col de la)

Carte Michelin n° 81 plis 8 et 18 ou 245 plis 22 et 23.

Le passage facile de la Colle St-Michel relie la vallée du Haut-Verdon à la vallée du Var, par laquelle on peut ensuite gagner Entrevaux et, de là, Nice et la Côte d'Azur.

DE COLMARS A ENTREVAUX *59 km — Environ 2 h*

★ **Colmars.** — *Voir ci-dessous.*

Sortir de Colmars par la D 908 au Sud.

La route passe à proximité du village de Villars-Colmars, jolie station estivale.

Beauvezer. — *Page 149.*

De Beauvezer au Pont de Villaron, la route suit le fond de la vallée du Verdon où les sapins et les mélèzes alternent avec les prairies. Puis jusqu'à St-Michel-Peyresq, la route, taillée dans des pentes rocailleuses ou se repliant dans des ravins calcinés, s'élève en corniche au-dessus du Verdon.

Col de la Colle St-Michel. — Alt. 1 431 m. Les frais pâturages qui s'étendent ici reposent un instant la vue. En hiver ce col est un centre de ski nordique offrant une cinquantaine de kilomètres de pistes autour de son école de ski de fond.

Après le col tourner à gauche dans la D 32 vers Peyresq.

Peyresq. — Cet ancien village de bergers dans un site★ très pittoresque, dominant la source de la Vaire, a été restauré par une colonie d'étudiants belges dans le but d'y créer un centre universitaire international de rencontres culturelles et artistiques. Il a conservé une maison noble du 15e s. et l'église romane du 13e s.

Revenir à la D 908.

Dans la descente, les versants boisés contrastent avec le banc de calcaire dénudé qui domine la vallée sur la gauche. On découvre les pittoresques villages de la vallée de la Vaire que dessert, au prix de multiples ouvrages d'art, la voie ferrée Digne-Nice. Le plus remarquable est **Méailles★**, curieux village perché qui aligne ses maisons sur une corniche calcaire dominant la rive gauche de la Vaire.

Après le Fugeret, où l'on passe près d'un vieux pont en dos d'âne avec un oratoire, les pentes de la vallée sont encombrées de blocs de grès dans un paysage de noyers, de châtaigniers et de pins coupés de champs de lavande.

★ **Annot.** — *Page 50.*

Entre Annot et Scaffarels, la route traverse les chaos des curieux rochers de grès d'Annot.

Tourner dans la N 202.

La route suit la vallée du Coulomp encaissée jusqu'à son confluent avec le Var. Elle passe à proximité du pont de la Reine Jeanne, pont médiéval à dos d'âne.

★ **Entrevaux.** — *Page 86.*

*Chaque année, le **guide Michelin Camping Caravaning France**
vous propose un choix révisé de terrains
et une documentation à jour sur leur situation,
leurs aménagements, leurs ressources, et leur agrément.*

★ COLMARS

314 h. (les Colmarsiens)

Carte Michelin n° 81 Sud du pli 8 ou 245 pli 22 — Lieu de séjour.

Cette petite ville, ceinturée par ses remparts et gardée de part et d'autre par deux forts, ne manque pas de charme. Située à 1 250 m d'altitude dans un magnifique cadre de montagnes boisées, c'est un agréable lieu de séjour en été.

De la colline de Mars à Vauban. — Le nom de Colmars vient d'un temple élevé au dieu Mars sur une colline (collis Martis).

Au 8e s. la collégiale St-Martin est construite sur cette même colline au pied de laquelle se développe le village qui est vite fortifié.

Ces fortifications s'avèrent particulièrement utiles à partir de 1381, quand Allos et la Haute Vallée du Verdon sont annexées par le duc de Savoie, faisant de Colmars une ville frontière.

A la même époque la ville est incendiée par Raymond Roger, vicomte de Turenne. Pendant 10 ans, cet ancien mercenaire du Saint-Siège, bandit dans l'âme, rançonna ecclésiastiques et paysans sous prétexte de revendications de fiefs et droits.

En 1528 François 1er entreprend de renforcer les remparts et ce sont ces fortifications, flanquées de petites tours carrées, que l'on voit encore aujourd'hui malgré les nombreux incendies dont souffrit la ville (en 1380 par Cartier, en 1592 par Mirabeau et en 1672 accidentellement).

En 1690 le duc de Savoie déclare la guerre à la France. Le marquis de Parelli fait le siège de Colmars mais ne parvient pas à y pénétrer. Afin de prévenir une nouvelle attaque, il est décidé de mieux fortifier la ville.

Sous la supervision de Vauban, Niquet puis Richerand construisent les forts de Savoie et de France reliés par des caponnières (chemins protégés) à la ville dont les défenses des portes furent aménagées. Colmars prend alors sa physionomie actuelle.

CURIOSITÉS

Vieille ville. — Ayant franchi la porte de Savoie ou la porte de France ornée d'un cadran solaire, le visiteur apprécie l'atmosphère déjà méridionale de la cité, en se promenant au hasard des rues étroites, débouchant sur des placettes animées par des fontaines.

L'**église** (16e-17e) (B) construite en gothique encore mal dégagé de l'emprise romane, comporte un seul bas-côté dont le mur s'insère dans l'enceinte de la ville ; le portail latéral est signé Mathieu Danvers (1530). Près de la mairie une **chapelle** (D) conserve un intéressant retable baroque.

⊘**Fort de Savoie.** — Il fut construit de 1693 à 1695 comme le fort de France. On pénètre dans une cour ceinturée par un chemin de ronde. Dans une seconde enceinte,

quatre salles voûtées, qui servaient à héberger la garnison, abritent aujourd'hui des expositions. Un escalier mène à une tour ronde puis à la vaste salle d'armes. Toutes deux sont coiffées de remarquables charpentes de mélèze.

EXCURSION

Cascade de la Lance. — *40 mn à pied AR. Prendre la rue en face de l'église.* Un agréable chemin mène à travers les pins odorants au pied de falaises, puis s'enfonce dans une gorge étroite se terminant par une paroi sur laquelle rebondit avec fracas la cascade.

★ DIE

4 047 h. (les Diois)

Carte Michelin n° 77 plis 13 et 14 ou 244 pli 38 — Lieu de séjour — Schéma p. 81.

Dans un des épanouissements les plus riants de la Drôme, dominée ici par les escarpements luisants de la montagne de Glandasse, au Sud du Vercors, Die s'est développée très tôt.

Grâce à sa situation de carrefour sur la voie Milan-Vienne, elle devient, dès le 2e s., une cité romaine importante, capitale du peuple gallo-romain des Voconces. Un culte à Cybèle, la mère des Dieux, y attirait de nombreux visiteurs, venant assister aux cérémonies où l'on sacrifiait un taureau et un bélier. Plusieurs autels tauroboliques retrouvés à Die *(voir le musée p. 76)* témoignent de ce culte.

Au 3e s., la ville s'entoure de remparts. Dès cette époque Die est évangélisée. Plus tard les évêques jouent un rôle important dans la vie locale et en 1217 l'un d'eux accorde une première charte municipale. Son successeur, voulant revenir sur cette mesure, est massacré par la population devant la cathédrale.

Au 16e s. les Protestants pénètrent dans la ville. La Réforme est prêchée par Guillaume Farel, toutes les églises sont démolies. En 1604 Die devient siège d'une académie protestante qui est supprimée par Louis XIV. Celui-ci rétablit alors l'évêché qui n'existait plus depuis 1276.

Aujourd'hui Die est une petite ville administrative et commerçante, sous-préfecture de la Drôme.

Sa principale activité est la production de la **« Clairette de Die »,** un blanc doux champagnisé, provenant de deux cépages nobles, la clairette et le muscat, qui fait beaucoup pour la notoriété des Diois.

CURIOSITÉS

Les remparts. — Cette enceinte de près de 2 km édifiée au 3e s. est encore très visible au Nord-Est de la ville. On peut suivre, de l'Office de Tourisme à la porte St-Marcel *(forte montée),* ces murs de 3 m d'épaisseur élevés avec des moellons, des galets et des débris de monuments. On y a retrouvé de nombreux vestiges gallo-romains exposés aujourd'hui au musée. Ces murs étaient renforcés par des tours rectangulaires, polygonales ou semi-circulaires.

Porte St-Marcel. — Elle fut incorporée aux remparts au moment de leur édification. Cet arc romain présente une voûte décorée d'entrelacs et de rosaces. Sur les frises : course de char, danses, fruits évoquent la prospérité qui régnait pendant la Paix Romaine.

DIE

*Les numéros de sorties
de villes ① - ②...
sont identiques sur les plans
et les cartes Michelin.*

*Vous cherchez un parking...
les principaux sont
indiqués sur les
plans de ce guide.*

Hôtel de ville (H). — Le bâtiment où se trouvent l'hôtel de ville et le tribunal de commerce était l'ancien palais épiscopal. De l'époque faste des évêques demeure leur oratoire privé : la **chapelle St-Nicolas** du 11e s. Elle est pavée d'une remarquable **mosaïque**★ du 12e s., inspirée de l'antiquité, qui donne une représentation symbolique de l'Univers. Autour d'un motif central, l'étoile polaire, coulent les quatre fleuves du Paradis terrestre : le Géhon, le Phison, le Tigre et l'Euphrate. Les points cardinaux aux quatre coins sont illustrés pour deux d'entre eux par des têtes de vents. Dans l'angle Nord-Est on reconnaît le monde marin, dans la partie Sud-Est la végétation et les oiseaux et dans la partie Ouest les animaux.

Sur les murs de la chapelle des fresques du Moyen Age subsistent ainsi que les papiers imprimés et peints à la gouache que firent poser les évêques au 18e s.

Cathédrale. — Cet édifice important, dont le massif clocher carré est surmonté d'un campanile en fer forgé, se voit dès les abords de Die.

Elle n'a conservé de l'église d'origine, construite de 1130 à 1250, que le mur Sud et un clocher porche roman. Les portails extérieurs de ce porche sont ornés de chapiteaux représentant au Nord des scènes bibliques (Caïn et Abel, le sacrifice d'Abraham) et à l'Ouest des combats fantastiques (hommes et griffon, ondine et crocodile). A l'intérieur du porche, un portail est surmonté d'un tympan mutilé figurant le Christ en croix.

En grande partie détruite pendant les guerres de Religion, cette église a été reconstruite et « remeublée » au 17e s. On remarquera surtout la chaire, les boiseries du chœur et les stalles du 17e s. ainsi que le maître autel.

A côté de la cathédrale, rue St-Vincent, la maison du chanoine Mollard, dite aussi maison de Diane de Poitiers, montre une façade Renaissance. Quelques mètres plus loin à gauche la chapelle des Jésuites est devenue le temple protestant.

Musée(M). — Installé dans un hôtel particulier de la fin du 18e s., ce musée possède d'intéressantes collections archéologiques provenant de la région. La préhistoire est représentée par un ensemble d'outils et d'objets découverts à Charens. La période gallo-romaine, la plus riche, s'illustre par des autels tauroboliques, des sarcophages, des inscriptions. On remarquera un sarcophage chrétien du 4e s. orné d'une tête de femme expressive. Une salle est consacrée aux arts et traditions populaires.

EXCURSIONS

Abbaye de Valcroissant. — *6 km par la D 93 vers Sisteron, puis suivre une route à gauche.* La route remonte une gorge pour arriver dans un cirque au pied des falaises du Vercors. Là, dans ce site très isolé, les cisterciens ont fondé une abbaye en 1188.
Propriété privée, exploitation agricole, on ne peut en voir que l'extérieur. On reconnaît, parmi les volumineux bâtiments qui la composent, au Nord l'église et au Sud le réfectoire éclairé par une large rose.

Pontaix. — 151 h. *10 km à l'Ouest par la D 93 vers Crest.* Ce vieux village vigneron, adossé à la butte qui porte les ruines de son château, offre le tableau le plus pittoresque de la moyenne vallée de la Drôme, le long de la « Route Annibal ». Le principal vestige du château du 13e s. est un puissant donjon bâti au sommet de l'éperon surplombant de 70 m la Drôme.

Le Claps. — *20 km par la D 93 et Luc-en-Diois.* Ce chaos naturel est dû à un gigantesque éboulement survenu au 15e s. dans un défilé de la Drôme. La coulée de blocs, séparée par un promontoire rocheux qui se trouvait sur son passage, forma deux barrages naturels derrière lesquels deux lacs — aujourd'hui vidés — s'étalèrent.
Le chaos inférieur, immédiatement en amont du viaduc ferroviaire, est le plus impressionnant. Plus haut, la route franchit une barre rocheuse percée d'un petit tunnel artificiel où la Drôme s'engouffre pour venir bondir sur les rochers, dans un nuage d'écume. C'est le **« Saut de la Drôme »** qui, en période de crues, mérite un arrêt.

Carte Michelin n° 🔢 pli 17 ou 🔢🔢🔢 pli 21 — Lieu de séjour — Schéma p. 113.

Ville étape sur la route Napoléon, située dans un bassin entouré d'un beau cadre montagneux et drainé par la Bléone, Digne est un centre de tourisme apprécié entre autres comme ville thermale d'où son appellation de Digne-les-Bains.

Elle fut la capitale des Bodiontici à l'époque gallo-romaine. Au début du Moyen Age, siège d'un évêché, la ville se développa à l'emplacement actuel du quartier de N.-D.-du-Bourg, puis au 14e s. elle se déplaça sur la butte autour d'un château fort aujourd'hui disparu et s'entoura de remparts.

Préfecture du département des Alpes-de-Haute-Provence, Digne joue un rôle administratif important. C'est aussi une ville animée et commerçante, grand centre de production de fruits et de la lavande.

Chaque année en août un Corso fleuri et en septembre une foire viennent rappeler l'importance de cette capitale des « Alpes de la Lavande ».

Le centre d'animation de la ville est le large boulevard Gassendi, ombragé de platanes, et la place Charles de Gaulle qu'il traverse. Sur cette place trône la statue de Gassendi.

La ville d'eaux. — Les eaux de Digne sont connues depuis l'antiquité mais son activité thermale avait périclité au cours des siècles. En 1975 la municipalité a pris la gestion des thermes, se lançant aussitôt dans la construction d'un établissement très moderne qui a ouvert ses portes en 1982. Depuis, chaque année le nombre des curistes augmente.

L'**établissement thermal** se trouve à 3 km au Sud-Est de la ville. Surgissant à la température de 42° de la falaise St-Pancrace, les eaux de Digne sont sulfurées, calciques, fortement minéralisées et légèrement radio-actives. Elles sont recommandées pour les affections rhumatismales et les voies respiratoires.

Quelques personnages illustres. — Le philosophe mathématicien et physicien **Pierre Gassendi** (1592-1655) naquit à Champcetier près de Digne et vécut longtemps dans cette ville. Célèbre pour ses démêlés avec Descartes, il fréquenta les plus grands savants de son temps et fut l'ami de Molière et de Cyrano de Bergerac.

L'un des évêques de Digne, **Mgr de Miollis** (1753-1843) est resté aussi dans les annales de la ville après s'être opposé à Napoléon lors du concile de Paris en 1811. Victor Hugo le prit pour modèle pour son personnage Mgr Bienvenu Myriel dans Les Misérables.

Alphonse Beau de Rochas (1815-1893), natif de Digne, fut l'inventeur du cycle à quatre temps qui porte son nom.

Enfin parmi les personnalités qui marquèrent l'histoire de Digne, citons l'exploratrice-écrivain, spécialiste du Tibet, **Alexandra David-Neel,** qui s'y installa en 1927, à l'âge de 59 ans, et y mourut... 42 ans plus tard à 101 ans, léguant sa maison et ses collections à la ville de Digne *(voir p. 78).*

La réserve géologique des Alpes-de-Haute-Provence. — Digne se trouve au cœur d'une vaste réserve géologique reconnue d'intérêt national dont le but est la protection et la mise en valeur des richesses géologiques et paléontologiques, remarquables et nombreuses dans cette région.

La réserve créée en 1979 couvre le territoire de 23 communes autour de Digne représentant une superficie de 75 000 ha et comprend le centre de géologie *(voir p. 79).* Sur ce territoire plusieurs sites sont classés formant une sorte de musée en plein air de la géologie.

CURIOSITÉS

Vieux quartiers. — Au Sud du boulevard Gassendi, autour de la butte que domine la cathédrale St-Jérôme et son campanile, se déroule un réseau de ruelles tortueuses coupées d'escaliers. Les rues piétonnes et commerçantes au bas de la butte, dont la rue de l'Hubac, ont été rénovées et peintes d'agréables teintes pastel.

ⓥ **Musée municipal** (B M). — Installé dans l'ancien hospice, il fut fondé en 1889 par l'aquarelliste Paul Martin et modernisé en 1970. Il possède d'intéressantes collections. Le sous-sol est consacré à l'archéologie régionale : préhistoire, époque gallo-romaine, tombes, bornes milliaires de la route Castellane-Digne.

Au 1er étage quelques vitrines évoquent les personnages illustres de Digne : Gassendi, Beau de Rochas, Alexandra David-Neel. Parmi les collections de peintures (1er et 2e étages) on remarquera les œuvres de Paul Martin, fondateur du musée, et celles de son fils Étienne, mais aussi quelques œuvres remarquables des écoles française, flamande, hollandaise et italienne ; tout particulièrement deux portraits réalisés par Frans Pourbus (1569-1612) et de belles statues en bois du 18e s.

Signalons aussi une intéressante collection de papillons et quelques vitrines consacrées à la paléontologie ; noter les étoiles de St-Vincent, curieux petits fossiles d'échinodermes découverts en grand nombre dans la colline St-Vincent qui domine Digne.

Grande Fontaine (B B). — Construite au 19e s., cette fontaine qui se situe au bout du boulevard Gassendi, comprend deux portiques de style dorique se recoupant à angle droit. Son originalité réside dans ses concrétions calcaires recouvertes de mousse.

ⓥ **Ancienne cathédrale N.-D.-du-Bourg.** — *Accès par* ① *du plan.* Bâti de 1200 à 1330, l'édifice en calcaire schisteux bleuté, de dimensions exceptionnelles pour une église romane provençale, s'ouvre par un élégant portail de type lombard précédé de lions accroupis et surmonté d'une grande rose.

Notre-Dame-du-Bourg

D 900, BARCELONNETTE

Centre de géologie

Établt. Thermal

SISTERON, GRENOBLE — NICE   Fondation A. David-Neel

Le majestueux vaisseau est voûté en berceau légèrement brisé ; le chœur, constitué par une travée beaucoup plus basse, est fermé par un chevet plat. Au revers de la façade une peinture murale du 14ᵉ s., très effacée, représente la Trinité.

De part et d'autre de ce motif et ailleurs dans l'église se trouvent de grands médaillons peints.

Plus tardifs (15ᵉ et 16ᵉ s.) sont les fragments de peintures murales de la nef, où l'on reconnaît le jugement Dernier, le Paradis, l'Enfer, les Vertus, belles dames du Moyen Age, les Vices chevauchant leurs montures et, au-dessous, les châtiments leur correspondant.

A gauche de la nef, dans une niche, on remarque un autel d'époque mérovingienne en marbre blanc.

Fondation Alexandra David-Neel. — *Accès par ② du plan. Sur la route de Nice après les stations d'essence Shell et Total.* En 1927, Alexandra David-Neel séduite par la région des Alpes de Haute Provence, achète une maison à Digne et la baptise Samten-Dzong (Forteresse de la méditation). Ce sera son pied-à-terre entre deux voyages en Asie et l'endroit où elle peut entreposer ce qu'elle rapporte dans ses malles après des périples qui durent parfois plus de 10 ans.

Elle y vécut jusqu'à sa mort, y écrivit de nombreux ouvrages et légua sa maison et ses collections à la ville de Digne.

Dans le hall, les bottes tibétaines, la petite table de camping, les appareils de photo évoquent cette grande exploratrice qui n'hésita pas à passer des mois sous le déguisement d'une vieille mendiante tibétaine, le visage enduit de suie, pour traverser l'Himalaya dans les pires conditions afin d'atteindre le Tibet interdit et sa capitale, Lhassa, affrontant des dangers de toutes sortes. C'était en 1924, elle avait alors 56 ans, et fit le récit de ce périple dans son ouvrage le plus célèbre « Voyage d'une Parisienne à Lhassa ».

Dans le petit temple tibétain ont été rassemblées des tankhas (peintures religieuses tibétaines), des statues en bois, des lampes à beurre etc. recréant le cadre des temples bouddhistes himalayens. Dans le bureau d'Alexandra David-Neel le fauteuil en osier fait face à une modeste table de camping sur laquelle elle écrivit grand nombre de ses ouvrages et de ses articles.

A côté de la maison a été élevé un bâtiment moderne qui sert de lieu de réunion et d'exposition au centre culturel tibétain.

Alexandra David-Neel.

ⓥ **Centre de géologie.** — *Prendre l'avenue Demontzey et le quai St-Benoît puis traverser la Bléone. Juste après le pont tourner à gauche et suivre les panneaux de signalisation pour le centre de géologie.*

Le centre de géologie est installé dans le domaine St-Benoît qui domine Digne et son bassin. Cœur de la réserve géologique de Haute-Provence *(p. 77)*, ouvert aux chercheurs mais aussi au grand public, il a la vocation de regrouper le plus grand nombre d'informations concernant la géologie régionale et de fournir des moyens d'investigation (laboratoires). Son rôle d'information se fait par l'intermédiaire de salles d'exposition sur la géologie et par des visites guidées sur les sites classés de la réserve.

Salles d'exposition. — Les roches et les fossiles sont présentés par période géologique. On voit l'importance des phénomènes de sédimentation et de fossilisation qui ont eu lieu dans cette région pendant les ères secondaire et tertiaire. La présentation très agréable permet une compréhension aisée. Le squelette fossile géant d'un ichtyosaurien mesurant 4,20 m a été reconstitué. L'original se trouve à quelques kilomètres de Digne *(se renseigner auprès du centre)*. C'est l'un des 18 sites classés de la réserve géologique.

Dalle à ammonites géantes. — *Du centre géologique, prendre la route de Barles.* 1 km plus loin on peut apercevoir sur la gauche une dalle de calcaire-marneux noir, fortement inclinée, sur laquelle sont fossilisées plus de 600 ammonites dont certaines de taille remarquable. C'est un site classé de la réserve.

EXCURSIONS

★**Courbons.** — *Sortir de Digne par ③ du plan, direction Sisteron, puis prendre bientôt à droite.*
La route, étroite et sinueuse, s'élève rapidement à travers les amandiers, offrant des **vues**★ bien dégagées sur le bassin de Digne et son cadre de montagnes dénudées.
Le village de Courbons, plus qu'à demi-ruiné, se presse sur une échine rocheuse ; auprès du cimetière, à l'ombre des cyprès, s'élève une belle église du 14ᵉ s. dont la nef est romane et l'abside gothique. De l'église, **vue**★ sur le bassin de Digne.

Relais de Télévision. — *8 km. Même accès que pour Courbons jusqu'au km 4 où l'on prend à droite.* La route offre en montant de belles **vues** sur la vallée de la Bléone. Une petite forêt de cèdres fait place à une végétation fleurie de garrigue puis à des croupes dénudées, silencieuses et solitaires. Des abords du relais (1 166 m), **vue**★ étendue : au Nord sur les Préalpes de Digne, à l'Est vers les montagnes de Grasse et de Nice ; au Sud, vues plongeantes sur Digne et la vallée de la Bléone.

DIGNE (Préalpes de)

Carte Michelin n° **81** plis 7 et 17 ou **245** plis 8, 9 et 21.

Les Préalpes provençales de Digne, qui s'étendent entre la Durance et le Verdon, sont les montagnes les plus pauvres, les moins peuplées et les plus désolées des Alpes.
Les sommets sont dénudés et blanchâtres. Parfois, de petits bassins cultivés et boisés s'ouvrent dans les vallées et leur aspect contraste fortement avec l'aridité environnante. Les chaînons calcaires sont coupés transversalement par les torrents qui ont scié des « clues » surprenantes, gorges étroites et sauvages qui révèlent l'extraordinaire complexité géologique des Préalpes du Sud.

★LA VALLÉE DU BÈS
Circuit au départ de Digne *85 km — Environ 2 h 1/2*

★**Digne.** — *Page 77.*
　Quitter Digne au Nord par la D 900ᴬ qui remonte les vallées de la Bléone puis du Bès.

★**Clues de Barles.** — Au passage de ces deux clues, la route dispute la place au torrent. La deuxième surtout est impressionnante : après un boyau étroit où s'engouffrent les eaux tumultueuses du Bès, un verrou rocheux fortement indenté se découpe sur le ciel, barrant la vallée (on en a un bel aperçu après l'avoir dépassé).

Clue de Verdaches. — Elle est revêtue d'une abondante et fraîche végétation.

★**Col de Maure.** — Alt. 1 346 m. Le col fait communiquer les vallées de la Blanche et du Bès. En été, ces torrents, affluents de la Durance, sont de simples filets d'eau. Leurs vallées, désertiques sur de longs parcours, produisent une impression saisissante.
A proximité immédiate du col, dans une zone de mélèzes et d'alpages, la petite station du **Grand Puy** sert d'annexe hivernale à Seyne.

Seyne. — *Page 124.*
　Quitter Seyne au Sud par la D 7.

La route traverse un bassin verdoyant puis un petit massif forestier avant de déboucher sur un col

★**Col du Fanget.** — Alt. 1 459 m. On y jouit d'un bon **point de vue** vers le Nord : au premier plan la vallée de la Blanche avec les bassins de Seyne et de Selonnet ; à droite la montagne de la Blanche et le sommet de Dormillouse (2 505 m) ; à l'horizon le massif du Parpaillon et les montagnes du Gapençais.

La route, étroite, rejoint l'itinéraire de l'aller à proximité de la clue de Verdaches.

★ Le DIOIS

Carte Michelin n° **77** plis 13, 14 et 15 ou **244** plis 37, 38 et 39.

Au Sud du Vercors, qui le domine de ses escarpements de calcaire urgonien, le Diois, formation de marnes et de calcaires marneux, se présente comme un doux pays de combes et de plateaux dans lequel la Drôme a creusé une large vallée s'évasant en bassins.

Sous un ciel méridional qui avive les contrastes, cette région est le domaine des vignes (pour la fameuse Clairette de Die), des arbres fruitiers, de la lavande auxquels s'ajoutent l'élevage des chèvres et des agneaux.

Ces bourgs, aux esplanades ombragées de platanes, aux maisons décorées de lauriers blancs et roses, sont accueillants et invitent les touristes à une villégiature reposante entre deux excursions dans des paysages parfois impressionnants comme le cirque d'Archiane.

★ROUTE DU COL DE ROUSSET
① Du col de Rousset à Die *22 km — 1 h*

L'une des façons les plus spectaculaires d'aborder le Diois est d'y arriver par le col de Rousset depuis le Vercors *(description dans le Guide Vert Alpes du Nord)*.

★★**Col de Rousset.** — Alt. 1 411 m. Soudain à la sortie du tunnel qui franchit le passage à 1 234 m d'alt. on découvre un paysage totalement différent de celui que l'on vient de quitter. En effet, le col de Rousset, qui marque la limite climatique des Alpes du Nord et du Sud, fait passer des vallonnements frais du Vercors à la dépression du bassin de Die, empreinte d'aridité méridionale. Le contraste est particulièrement perceptible, de part et d'autre du tunnel, lorsque les caprices du temps — brume côté Vercors, ciel éclatant côté Diois — participent à ce coup de théâtre.

La **vue** plonge sur la dépression du bassin de Die, entourée d'un fouillis de croupes arides se répétant sur une infinité de plans. Les escarpements de Roche-Courbe (massif de la forêt de Saoû) se découpent franchement à l'horizon. Les lacets de la route, en contrebas, accentuent l'impression de profondeur. L'âpreté générale du **paysage**★★ est saisissante pour le voyageur débouchant du Vercors. Aux abords du col, des pistes de ski sont aménagées sur les pentes de la Montagne de Beurre *(télésiège)*.

Après le tunnel du Rousset, la route se replie en immenses lacets au-dessus du vallon supérieur de la Comane, sur des pentes couvertes de taillis, au pied des rochers déchiquetés de Chironne. Au loin apparaissent les longues falaises blanchâtres de la montagne de Glandasse, annonciatrices du Diois.

Chamaloc. — 85 h. Ses maisons de pierres claires patinées couvertes de tuiles romaines lui donnent déjà une allure provençale. Entre Chamaloc et Die, la **ferme de Baise** a été aménagée en maison du parc naturel régional du Vercors avec un sentier botanique.
La route débouche dans le chaud bassin de Die.

★**Die.** — *Page 75.*

★★ROUTE DE MENÉE
② De Die au col de Menée *45 km — Environ 2 h*

Le col de Menée est généralement obstrué par la neige de décembre à mars.

★**Die.** — *Page 75.*

Quitter Die par la D 93 vers Gap.

La route traverse le bassin de Die parmi les vignobles dominés par les falaises calcaires de la montagne de Glandasse.

A Pont-de-Quart prendre la D 539 à gauche.

Châtillon-en-Diois. — 562 h. Édifié autour d'une forteresse qui a disparu et à laquelle il doit son nom, ce village a conservé son allure médiévale.

De la place Reviron, dominée par la tour de l'Horloge, s'ouvre un réseau de rues ramifiées entre elles par des ruelles et des passages couverts appelés « viols » dans le langage régional. De fraîches fontaines, des fleurs, les toits de tuiles égaient cette architecture en moellons de calcaire gris.

Après Châtillon, tourner à gauche dans la D 120 vers le col de Menée.

Entre Mensac et Menée, la route remonte un vallon abondamment boisé. En avant apparaissent les ruines du château de Menée.

A Menée, prendre la D 224 vers Archiane.

★★ Cirque d'Archiane. — De magnifiques escarpements en amphithéâtre ferment la vallée du ruisseau d'Archiane, entaillée dans la montagne de Glandasse. Les chaudes colorations de ces parois sont bien mises en valeur par la lumière d'une belle fin d'après-midi. Le gigantesque promontoire du **« jardin du Roi »** qui partage en deux le fond du cirque, apparaît tout d'abord ; puis les falaises de l'hémicycle Nord se dégagent à leur tour.

Ce cirque est un terrain de prédilection pour les alpinistes, ainsi qu'un point de départ pour les randonnées sur les hauts plateaux du Vercors (GR 93). Au pied se niche le petit hameau d'Archiane.

Entre les Nonières et le col de Menée, la route développe ses lacets d'abord sur des flancs pelés, piquetés de touffes de lavande, au pied des falaises qui s'achèvent par la superbe tour du Rocher de Combau, puis au milieu de bois de pins et de prairies.

★ Col de Menée. — La route passe en tunnel (alt. 1 402 m) sous le col (alt. 1 457 m). De l'entrée Sud, les abrupts de la montagne de Glandasse se découvrent à l'horizon. A la sortie Nord, belle **vue** sur le Mont Aiguille, cet extraordinaire sommet tabulaire isolé formant un bastion avancé du Vercors.

★ROUTE DE GRIMONE

③ De Châtillon-en-Diois à Lus-la-Croix-Haute

32 km — Environ 1 h

Châtillon-en-Diois. — *Page 80.*

De Châtillon-en-Diois, prendre la D 539.

★ Gorges des Gats. — Avant que la route soit réalisée en 1865, il fallait passer plusieurs gués pour remonter ce défilé. Son nom vient d'ailleurs du mot « gayer » (passer un gué). La gorge affluente du Rio Sourd, est un véritable coup de sabre de quelques mètres à peine. Les parois des gorges compactes et lisses, dépassent 100 m de hauteur… puis l'on traverse le beau **défilé du Charan** où quatre tunnels percent la roche.

Glandage. — 121 h. Ce village qui avait quasiment été abandonné, reprend vie depuis que des jeunes sont venus s'y installer.

Après Glandage, le paysage se modifie. La végétation méridionale (lavande, thym, génevrier) cède peu à peu la place aux chênes et aux pins noirs d'Autriche.

Grimone. — Ce hameau bien serré présente des maisons volumineuses aux grands toits à forte pente adaptés à l'altitude.

Après avoir passé le **col de Grimone** (alt. 1 318 m) se détachent au Sud-Est les élégantes découpures de la montagne de Garnesier et de la crête des Aiguilles.

Prendre la N 75 vers le Sud.

Lus-la-Croix-Haute. — *Page 56.*

ROUTE DU COL DE LA CROIX

④ De Die à Plan de Baix *37 km — 1 h*

★ Die. — *Page 75.*

Quitter Die par la D 93 vers Crest, puis tourner à droite dans la D 129 vers Ste-Croix.

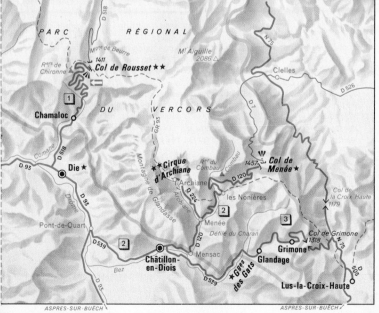

Ste-Croix. — 92 h. Bâti sur une étroite arête entre la Drôme et la Suse, le village est dominé par un promontoire portant les ruines des Tours du Quint (13ᵉ s.). L'**église** ancienne a été divisée en deux pour recevoir le culte catholique (transept et abside) et le culte protestant (nef).

La route remonte la vallée du Quint et traverse l'étroit passage des Tourettes (tunnels).

Tourner à gauche dans la D 172.

Cette route étroite et en lacet mène à travers les pins et les chênes jusqu'au **col de la Croix** (alt. 745 m) puis descend rapidement jusqu'à Escoulin dans la vallée de la Sépie. Les ruines d'un château, de solides demeures en calcaire clair couvertes de toits de tuiles romaines occupent ses versants.

Beaufort-sur-Gervanne. — 253 h. L'arrivée sur Beaufort est assez spectaculaire. Les restes de fortifications, aménagés en promenade, sont bien visibles. L'**église** récente conserve un clocher arcade surmonté d'une vieille tour.

Prendre la D 70 vers Plan-de-Baix.

Plan-de-Baix. — 139 h. Le village s'est installé sur un plan incliné entre le col de Bacchus et la vallée de la Gervanne. Il est dominé par la haute falaise calcaire de la montagne de Vellan plantée d'une croix. Sur cette montagne ont été trouvés les vestiges d'un oppidum.

L'**église** romane du 12ᵉ s. a conservé sa coupole sur trompes.

Le **château de Montrond** construit aux 13ᵉ et 14ᵉ s. a subi de nombreux remaniements ; on aperçoit ses tours rondes dominant la vallée de la Gervanne.

De Plan-de-Baix, l'excursion la plus spectaculaire est celle des gorges d'Omblèze *(voir ci-dessous)*. On peut aussi rejoindre Léoncel et le col de la Bataille par le col de Bacchus *(voir description dans le guide Vert Alpes du Nord)*.

★GORGES D'OMBLÈZE

⑤ Au départ de Plan-de-Baix

9,5 km — Environ 1 h 1/2 — Schéma p. 80

Plan-de-Baix. — *Voir ci-dessus.*

Au départ de Plan-de-Baix, la D 578 domine d'abord de très haut la profonde vallée de la Gervanne, puis, descendant le long de pentes maigrement boisées de pins et de buis, se rapproche de l'entrée des gorges que signale une tour rocheuse détachée.

Chute de la Druise. — Au lieu-dit Moulin de la Pipe, au fond d'un frais bassin, on peut prendre à droite, sur 1 km, la route d'Ansage *(parc de stationnement)*. De là un chemin *(signalé)* conduit en haut de la chute de la Druise dont on peut atteindre le bas par un sentier rocailleux en forte pente *(1 h à pied AR ; s'équiper de chaussures solides)*.

Après le Moulin de la Pipe, on pénètre dans les gorges, imposantes murailles calcaires surplombantes. A côté de la route tombent les cascades de la Petite et de la Grande Pissoire (cette dernière souvent à sec en été).

Quand les parois s'écartent, le regard découvre le haut bassin d'Omblèze, encore méridional par ses fonds plantés de vignes et de peupliers, mais bien alpin par son cadre de hauts sommets gazonnés (Roc de Toulau) entre lesquels on distingue le col de la Bataille.

★ DURANCE (Vallée de la Moyenne)

Carte Michelin n° 🖪🗋 plis 5, 6, 15 et 16 ou 🖪🖪🖫 plis 20 et 33.

Dernier affluent important sur la rive gauche du Rhône, la Durance prend sa source au Montgenèvre, près de Briançon, et suit un cours irrégulier de 324 km. Grande rivière fantasque des Alpes du Sud, elle ouvre une large brèche lumineuse dans les montagnes de Haute-Provence. Après avoir longuement défié les tentatives des ingénieurs soucieux de la dompter, l'ancien « fléau de la Provence » se voit attribuer aujourd'hui un rôle économique considérable.

A Sisteron la Durance pénètre dans le monde méditerranéen par son cours moyen ; la pente de son lit, moins accentuée, atteint encore 3 pour 1000 entre les Mées et Manosque ; la vallée s'élargit et la rivière coule au milieu de grèves caillouteuses que les crues ne recouvrent que rarement. L'irrégularité de son régime est tempérée par les barrages installés sur son cours ou sur ses affluents.

① DE SISTERON A MANOSQUE

74 km — Environ 3 h

★★**Sisteron.** — *Page 125.*

Quitter Sisteron par ② du plan, la N 85.

La route longe la Durance, endiguée sur quelques kilomètres par le barrage de Salignac. Après avoir traversé le Jabron à son confluent, elle s'insinue entre la Durance et l'abrupte extrémité de la montagne de Lure. Elle longe ensuite le barrage du lac de l'Escale et pénètre dans Château-Arnoux.

Château-Arnoux. — 5 662 h. *Lieu de séjour*. Cette ville bénéficie du voisinage du Centre national de vol à voile de St-Auban. Elle est le cadre de manifestations culturelles dont le festival de jazz des Alpes de Haute-Provence.

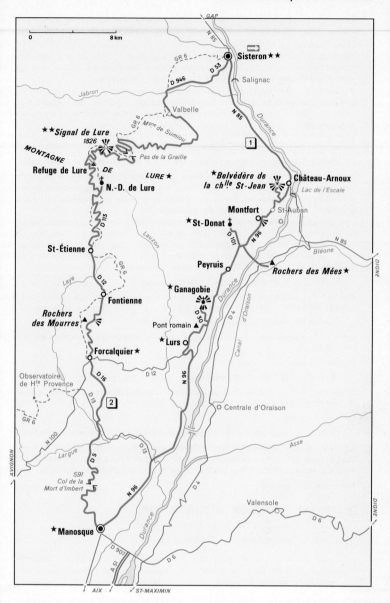

Son **château** fut construit par Pierre de Glandèves au début du 16e s. De plan carré il est flanqué de quatre tours, rondes à l'Ouest, carrées à l'Est, et d'une cage d'escalier hexagonale. Il a reçu une décoration du goût de la Renaissance : fenêtres à meneaux, gargouilles de la toiture. La commune l'a racheté en 1947 pour y installer la mairie. Le parc du château a été aménagé en un bel arboretum comprenant plus de 150 essences.

2 km après Château-Arnoux centre, sur la N 96, prendre à droite une route signalée « route touristique de St-Jean, aire de pique-nique. Vue panoramique ».

★ **Belvédère de la chapelle St-Jean.** — *1/4 h à pied AR. Laisser la voiture en haut de la côte (parking aménagé près de la chapelle) et gravir le sentier qui escalade un rocher jusqu'à une table d'orientation au pied d'un pylône.*
Le **panorama** se développe sur la montagne de Lure à l'Ouest, la vallée de la Durance et Sisteron au Nord ; à l'Est on domine le barrage de l'Escale, derrière lequel s'élèvent les Préalpes de Digne ; au Sud s'alignent les rochers des Mées.

Revenir à la N 96 et poursuivre vers le Sud.

En vue de St-Auban, la route s'éloigne quelque peu de la Durance pour faire place à l'important complexe chimique d'ATOCHEM et au Centre national de vol à voile. Au-delà on aperçoit le confluent de la Bléone.

Montfort. — Perché au-dessus de la vallée de la Durance, ce village ancien frappe par son **site**★. Les rues en escaliers, bordées de maisons anciennes, montant vers le château du 16e s. restauré, lui confèrent un charme certain. Belle vue sur la vallée de la Durance et le plateau de Valensole.

2 km après Montfort, prendre à droite la D 101.

La route remonte un vallon boisé où passait autrefois la voie domitienne *(voir p. 125)* ; soudain apparaît, au sommet d'une butte la robuste silhouette de St-Donat.

★**Église St-Donat.** — Construite à l'endroit où s'était retiré l'anachorète saint Donat au début du 6ᵉ s., cette grande église du 14ᵉ s. a retenu l'attention des archéologues comme l'un des rares témoins du premier art roman en Provence. Laissée à l'abandon, prête à s'effondrer, elle fait l'objet d'une importante restauration.

A l'extérieur, elle frappe par l'équilibre de ses volumes d'une extrême simplicité. L'intérieur, de plan basilical, est formé d'une haute et grande nef flanquée d'étroits collatéraux séparés par de grandes arcades en plein cintre reposant sur de puissantes piles rondes.

Cette vaste église prieurale était conçue comme une basilique de pèlerinage avec trois portes pour faciliter la circulation des fidèles.

Revenir à la N 96 et la traverser pour prendre la D 4ᴬ qui franchit la Durance.

★**Rochers des Mées.** — Le bourg des Mées est dominé par des rochers de poudingue (conglomérat de galets unis par un ciment naturel). Hauts d'une centaine de mètres, curieusement découpés par l'érosion, ils sont dénommés, en raison de leur silhouette et de leur alignement, les « Pénitents des Mées ».

Les rochers des Mées ont leur légende. Au temps des invasions sarrasines, les moines de la montagne de Lure s'étaient épris de belles mauresques qu'un seigneur du lieu avait ramenées d'une campagne contre les infidèles. Pour punir ses moines de leur désir coupable, saint Donat les pétrifia alors qu'ils sortaient en procession, la tête couverte de leur cagoule pointue, au bord de la Durance.

Revenir à la N 96 que l'on prend vers Manosque.

Peyruis. — 1 702 h. Le village a gardé un vieux quartier jadis isolé par un pont-levis. L'église, du 16ᵉ s., a un clocher en tuf à 6 pans, avec gargouilles à tête de lion.

6 km après Peyruis, tourner à droite dans la D 30.

Cette route s'élève, étroite et sinueuse, offrant quelques belles échappées sur la vallée de la Durance.

★**Prieuré de Ganagobie.** — *Page 92.*

Revenir vers la N 96, juste avant celle-ci prendre une petite route vers Lurs.

Cette route boisée suit le tracé de l'ancienne voie domitienne et franchit le Buès sur un **pont romain** d'une seule arche, datant du 2ᵉ s.

★**Lurs.** — *Page 96.*

Par la petite route au Sud du village, rejoindre la N 96 en direction de Manosque.

De l'autre côté de la Durance, un important canal amène les eaux de la Bléone et de la Durance à la centrale d'Oraison. Passé le confluent de l'Asse et de la Durance, la route s'éloigne de la vallée pour filer sur Manosque le long des dernières pentes du Lubéron.

★**Manosque.** — *Page 98.*

② DE MANOSQUE A SISTERON
par la montagne de Lure

87 km — Environ 2 h 1/2 — Schéma p. 83

Quitter Manosque au Nord par la D 5 — route du col de la Mort d'Imbert — qui dégage de belles vues sur le site de Manosque. Tourner à droite dans la D 16. (A partir de Forcalquier la route est décrite p. 96.)

★ EMBRUN   5 813 h. (les Embrunais)

Carte Michelin nº **77** plis 17 et 18 ou **245** pli 9 — Schéma p. 123 — Lieu de séjour.

Située sur une terrasse escarpée, le « Roc », qui domine de 80 m la Durance et le lac de Serre-Ponçon, Embrun offre à l'automobiliste, arrivant de Gap ou du Sud, un coup d'œil attachant.

Son rôle de métropole ecclésiastique lui conférait une importance dont son église, la plus belle des Alpes du Dauphiné, reste le principal témoignage.

C'est aujourd'hui une petite ville tournée essentiellement vers le tourisme. Le voisinage du lac de Serre-Ponçon, endigué à cette extrémité, de manière à constituer un plan d'eau fermé propre aux sports nautiques, la pratique du kayak sur la Durance, les randonnées à pied en font un agréable séjour estival. En hiver c'est un centre de ski de fond et de piste grâce à la station satellite des Orres et au domaine skiable de Crévoux.

La métropole ecclésiastique. — Sous l'Empire romain, Embrun est une ville importante sur la voie de Briançon à Arles. Au 4ᵉ s., saint Marcellin fonde l'évêché d'Embrun et un siècle plus tard la ville devient métropole ecclésiastique des Alpes Maritimes, une région s'étendant jusqu'à la Méditerranée. Elle est ainsi le siège de sept conciles entre 588 et 1727, le dernier concernant la déposition de l'évêque janséniste de Senez, Jean Soanen *(voir p. 122)*.

En 804 l'évêque d'Embrun devient archevêque. Plus tard Embrun est rattaché au Saint Empire romain germanique. Les empereurs octroient aux archevêques le titre de Princes d'Embrun. Ils ont droit de battre monnaie et plein pouvoir sur l'Embrunais. Ils sont les seigneurs temporels de la ville conjointement aux Dauphins.

A partir du 14e s., le pèlerinage à N.-D. du Réal attire des foules immenses. Louis XI et plus tard Louis XIII s'y rendent. La dignité de chanoine conferrée à Louis XI lors de sa visite s'est transmise à tous ses successeurs et aujourd'hui au président de la République.

Du fait de sa situation, Embrun souffrit de nombreuses invasions : les Sarrazins, les huguenots menés par Lesdiguières pendant les guerres de Religion, les troupes du duc de Savoie en 1692.

Après la Révolution, l'archevêché devint évêché suffrageant d'Aix et disparut en 1802.

★CATHÉDRALE NOTRE-DAME DU RÉAL *visite : 3/4 h*

Le terme réal est une déformation du mot royal. A l'origine, cette cathédrale s'appelait Notre-Dame-des-Bois. Siège de l'archevêché, l'édifice a été construit à la fin du 12e s. et au début du 13e s. en pleine transition du roman au gothique. Il doit sa physionomie originale à l'alternance d'assises de schistes noirs et de calcaires blancs que l'on retrouve à l'intérieur jusque dans les arcs de la voûte.

Le clocher à flèche a été reconstruit au 19e s. sur le plan de celui du 14e s.

★**Portail « le Réal ».** — C'est un remarquable spécimen de l'art lombard. La voûte s'appuie sur des colonnes en marbre rose qui reposent en avant sur des lions couchés tenant dans leurs pattes l'un un enfant, l'autre un animal. A l'arrière, de part et d'autre, deux colonnettes sont soutenues par des atlantes assis. Entre celles de gauche un petit personnage est emprisonné ; la légende raconte qu'il s'agit du prévôt du châpitre de la cathédrale qui refusait de payer les ouvriers.

Au tympan figure le Christ entouré des symboles des quatre évangélistes. Autrefois ce bas relief était recouvert d'une peinture représentant « l'Adoration des rois mages » devant laquelle les pèlerins venaient prier. Une mosaïque à l'intérieur de la cathédrale en donne la reproduction.

Embrun. — Lion du « Réal ».

Intérieur. — Le plan simple sans transept dénote l'influence byzantine. La construction a commencé par le chœur qui est de pur style roman et était autrefois couvert de fresques. La nef gothique à quatre travées voûtées sur croisée d'ogive est entourée de bas-côtés romans.

La grande rosace au-dessus du portail Sud-Ouest est ornée de vitraux du début du 15e s. Don de Louis XI, les orgues de la fin du 15e s. comptent parmi les plus anciennes de France. Elles sont suspendues au-dessus d'un encorbellement en palmier soutenu par un chapiteau où de petits personnages ploient sous l'effort.

En face, se trouve un beau monument aux Morts, autel comportant des panneaux anciens, au-dessus duquel un tableau du début du 16e s. représente une mise au tombeau.

En remontant le bas-côté droit, on verra l'autel de la Vierge, surmonté de la mosaïque reproduisant l'Adoration des mages qui était au tympan, puis le retable de l'autel de la chapelle de sainte Anne (17e s.). La cuve baptismale carolingienne date du 9e s.

★**Trésor.** — C'était l'un des plus riches de France mais il fut pillé au 16e s. par les protestants du duc de Lesdiguières. Il conserve une importante collection d'ornements sacerdotaux, des peintures, des vases sacrés, des ostensoirs, le Missel d'Embrun et des antiphonaires à enluminures du 14e s.

AUTRES CURIOSITÉS

Place de l'Archevêché. — En saillie sur le parapet de cette terrasse-jardin, le belvédère du Roc (tables d'orientation) commande une belle **vue** sur la vallée de la Durance et la montagne de Grand Morgon.

Tour Brune. — Cette tour de quatre étages, ancien donjon du palais des archevêques, date du 12e s.

Rue de la Liberté et rue C. Hugues. — Formant l'artère commerçante de la ville, ces rues piétonnes sont très animées en été. Sur la place Font Guers, une fontaine porte les armoiries de France et du Dauphiné ainsi que celles du chapitre de la cathédrale. Un peu plus haut dans la rue de la Liberté, à droite s'ouvre le beau portail en bois Renaissance du palais des gouverneurs, surmonté d'un lion en ronde bosse. Place Mazelière une vieille tour fait le guet, puis l'on remonte la rue Clovis Hugues, au n° 15 (qui se trouve entre les n°s 29 et 31) la façade présente, au premier étage, sept arcatures et un lion sculpté (12e s.).

Ⓥ **Chapelles des Cordeliers.** — *Siège de l'Office de Tourisme.* De l'église construite par les moines franciscains au 15e s., ne subsistent que les chapelles latérales décorées de **peintures murales★** des 15e et 16e s., restaurées récemment. Certaines de ces peintures sont attribuées à Giacomo Jaquerio et à son atelier : dans la première chapelle : vie de saint Jean, la légende de sainte Catherine et la messe de saint Grégoire. On remarquera tout particulièrement, dans la deuxième chapelle, la vie de saint Antoine de Padoue, le franciscain le plus célèbre après saint François.

EXCURSIONS

Les Orres. — *24 km au Sud-Est. Quitter Embrun par la N 94 route de Gap, et à 2 km, prendre à gauche la D 40.*
La route, large et sinueuse, remonte la vallée de l'Eyssalette, offrant de bonnes vues sur la partie Nord du lac de Serre-Ponçon.

Prendre à gauche la D 39 A qui mène à St-Sauveur.

St-Sauveur. — 270 h. Ce village, d'où l'on a un beau panorama sur Embrun et le lac de Serre-Ponçon, possède une église du 15e s. dominée par un clocher surmonté d'une flèche et de pyramidions. Elle s'ouvre à l'Ouest par un portail en arc brisé.

Revenir à la route des Orres par la petite route qui traverse les Gaillards.

Les Orres. — 429 h. *Sports d'hiver.* Empruntant son nom au village ancien situé sur le versant opposé de la vallée de Vachères, la station des Orres créée en 1970 s'est développée très rapidement, formant avec son annexe du Pramouton l'une des grandes stations des Alpes du Sud. Elle étage à mi-pente ses chalets-résidence et ses hôtels face à la trouée de l'Eyssalette au fond de laquelle s'aperçoivent la vallée d'Embrun et les contreforts Sud du massif des Écrins. La station est aussi équipée pour l'été : piscine, tennis, ball-trap.

Crévoux. — 115 h. *13 km. Quitter Embrun à l'Est, devant une usine, par la route du Coin (pour rejoindre celle du col de Parpaillon).* La route après avoir franchi la Durance, s'élève au-dessus de la vallée sauvage du Crévoux, procurant des vues sur la partie Nord-Est de la retenue de Serre-Ponçon.
Le village montagnard de Crévoux, petit centre de sports d'hiver et de ski de fond, apparaît serré entre les pentes de la montagne du Méale et la formidable paroi rocheuse, striée des cascatelles, du pic St-André.

*Les **cartes Michelin** sont constamment tenues à jour.*
Ne voyagez pas aujourd'hui avec une carte d'hier.

★ ENTREVAUX

698 h. (les Entrevalais)

Carte Michelin n° ▨▨▨ pli 13 ou ▨▨ pli 19 ou ▨▨▨ pli 23.

Dans un **site★★** caractéristique des paysages de la haute vallée du Var, Entrevaux apparaît massée sur la rive gauche du fleuve, au pied de la curieuse échine rocailleuse qui porte la citadelle.
La ville fut créée au 11e s. par les habitants de Glandèves, cité romaine puis épiscopale disparue aujourd'hui.
En 1542, François 1er nantit Entrevaux d'une charte de franchise à la suite de la belle défense qu'elle avait montrée devant les Impériaux de Charles-Quint.
En 1690, alors que la guerre est déclarée entre la Savoie et la France, Louis XIV décide d'en faire une position-clé et confie à Vauban l'élaboration de nouvelles fortifications. Celui-ci relie le château, qui se trouvait au sommet de la montagne, à la ville, fait construire les tours bastionnées et les portes fortifiées.
La ville, enfermée dans les remparts, et la citadelle ont conservé leur aspect du 17e s.

★VILLE FORTE visite : 1/2 h

Les remparts. — On pénètre dans la ville par le pont-levis de la porte Royale cantonnée de deux tours rondes. Sous cette porte se trouve la salle des gardes, siège de l'Association culturelle d'Entrevaux *(centre d'information),* d'où l'on a accès à une partie du chemin de ronde qui relie les trois portes fortifiées : la porte de France, la porte Royale et la porte d'Italie.

La ville. — Trois rues principales : la Haute rue, la Basse rue et la rue du Marché relient le quartier St-Martin, où se trouve la vaste place du même nom, et le quartier de la Cathédrale. Entre les rues se dessine un réseau de ruelles sombres et fraîches. La plupart des maisons datent des 17e s. et 18e s.

Ⓥ **Cathédrale.** – Le très ancien évêché de Glandèves s'installa à Entrevaux au 12ᵉ s. et s'y maintint jusqu'à la Révolution. L'église actuelle fut construite entre 1610 et 1627 et fut englobée à la fin du siècle dans les remparts de Vauban.

On y pénètre par une porte monumentale classique dotée de vantaux sculptés.

L'intérieur est remarquable par la richesse de sa décoration tantôt classique, tantôt franchement baroque. Le maître-autel forme un retable monumental traité à la feuille d'or, enchâssant une belle toile du 17ᵉ s. : l'Assomption de la Vierge par Mimault. Il est entouré de cinquante stalles de la même époque sculptées par des artisans locaux. Sur le mur de gauche une Descente de croix est attribuée à Jouvenet, en face, un tableau traitant le même sujet serait l'œuvre de Philippe de Champaigne et aurait été offert par Louis XIV.

On remarque encore, à gauche de l'entrée, le riche retable de saint Jean-Baptiste près duquel se trouve un buste-reliquaire, en argent, du même saint. Saint Jean est le patron d'Entrevaux et chaque samedi le plus proche du 24 juin, ce buste est porté en procession jusqu'à St-Jean-du-Désert (à 12 km d'Entrevaux) par la corporation des saints Jeannistes *(voir p. 42)*.

L'orgue (1717) de Jean Eustache a été récemment restauré.

Dans la sacristie, ancienne salle d'armes du 13ᵉ s., est exposé un beau mobilier des 15ᵉ et 17ᵉ s. ainsi que de magnifiques chasubles du 17ᵉ s. tissées en fil de soie.

Ⓥ **CITADELLE** *visite : 1 h*

Juché à 135 m au-dessus de la ville, le château peut être atteint par une rampe fortifiée en zigzag comportant une vingtaine de portes bastionnées. Ces ouvrages furent réalisés à l'initiative de Vauban qui voulait relier le château déjà existant à la ville.

La rampe commence devant la poudrière, et à l'issue de la montée on trouve l'entrée du château gardé par une redoute avec un pont-levis datant de 1693.

On pénètre ensuite dans les bâtiments du château en mauvais état.

De la maison du commandant, de la « cuisine », s'offrent des **points de vue**★ remarquables sur la vallée du Var à l'amont et à l'aval, et surtout sur les toits d'Entrevaux dessinant une poire lovée dans une boucle du Var, avec en arrière plan la brèche des gorges de la Chalvagne.

AUTRES CURIOSITÉS

Ⓥ **Musée de la Moto.** — Installé dans une maison ancienne de la ville forte, ce petit musée réunit une intéressante collection de motocyclettes dont la plus ancienne date de 1901. Toutes sont en état de marche.

★ **Point de vue sur Entrevaux.** — *A la sortie du parking qui se trouve sur l'autre rive du Var, prendre la route du col de Felines signalisée « col de Buis ». Cette route s'élève rapidement offrant des* **vues**★ *intéressantes sur la ville forte, la citadelle et son remarquable site.*

Entrevaux. — La ville et la citadelle.

★ **FORCALQUIER**   3 790 h. (les Forcalquériens)

Carte Michelin n° **81** pli 15 ou **245** pli 19 — Schémas p. 83 et 90 — Lieu de séjour.

Cette petite ville provençale commande un bassin ondulé qui s'étend entre la montagne de Lure, la Durance et le Luberon. Bâtie en amphithéâtre autour d'une colline que coiffait autrefois une citadelle, elle occupe un **site★** pittoresque. Elle tirerait son nom d'un ancien four à chaux (Furnus calcarius en latin, Fourcauquié en provençal). Elle fut au Moyen Age la capitale d'un comté de Haute-Provence.

Un puissant comté. — Au 10ᵉ s., Forcalquier possède déjà une citadelle où l'on met à l'abri les reliques de saint Mary, compagnon de saint Donat *(voir p. 84)*. A la fin du 11ᵉ s., une famille issue des comtes de Provence crée le comté de Forcalquier qui vit désormais de façon souveraine : son territoire s'étend le long de la Durance avec Forcalquier, Manosque, Sisteron, Gap et Embrun comme places principales. Les comtes frappent leur propre monnaie. La ville de Forcalquier se retrouve capitale de ce territoire et son église reçoit le curieux titre de con-cathédrale. En effet, ne pouvant supprimer son rôle d'évêché à Sisteron, on décide en 1065 de le couper en deux, créant ainsi une situation unique dans l'histoire de l'église : un évêché sans évêque. Au 12ᵉ s., les comtes de Forcalquier représentent une puissance dans le Midi, défiant les comtes de Provence.

Cette rivalité s'éteint en 1195 avec le mariage de la comtesse de Forcalquier, Gersende de Sabran, et du comte de Provence, Alphonse II, de souche catalane. Leur fils **Raimond Bérenger V** hérite des deux comtés. Il se marie avec Beatrix de Savoie dont il a quatre filles qui devinrent toutes reines. L'aînée Marguerite épousa Saint Louis, la seconde Éléonore se maria avec Henri III, roi d'Angleterre, la troisième Sanche avec Richard de Cornouailles, empereur d'Allemagne, et la quatrième, Beatrix, héritière de la Provence, avec Charles d'Anjou, roi des deux Siciles. Après avoir été sous l'autorité de la Maison d'Anjou, le comté de Forcalquier fut légué, avec le comté de Provence, à la couronne de France en 1481. Désormais les rois de France portèrent le titre de comte de Provence et de Forcalquier.

Forcalquier aujourd'hui. — C'est une petite ville animée, siège d'une coopérative agricole et de petites industries, dont le marché, le lundi, est célèbre.

Centre touristique, point de départ de plusieurs excursions, Forcalquier attire de nombreux visiteurs en saison. Tous les étés elle est le cadre du « Festival de Haute-Provence » pendant lequel sont programmés des concerts (jazz, musique classique, orgue dans la cathédrale) et une foire artisanale *(voir chapitre des Renseignements pratiques en fin de guide)*.

CURIOSITÉS

Église Notre-Dame (E). — Cette ancienne « concathédral » *(voir ci-dessus)* ne manque pas d'agrément. Sa curieuse silhouette blanche oppose le caractère massif de sa haute tour rectangulaire d'allure très romane, bien qu'achevée au 17ᵉ s., à la minceur du clocher couronné par un lanternon à baies. Un élégant portail gothique surmonté d'une rosace s'ouvre sur une haute nef en berceau brisé, d'un roman provençal classique quoique contemporain du transept et du chœur gothiques. Ces derniers, bâtis avant 1217, représentent d'ailleurs le plus ancien exemple connu d'art gothique en pays d'oc. Au 17ᵉ s., on ajouta des bas-côtés s'harmonisant de façon originale avec les différentes parties antérieures.

Dans la tribune, les grandes orgues du 17ᵉ s., plusieurs fois restaurées, sont parmi les meilleures de Provence.

Ⓥ**Couvent des Cordeliers.** — C'est sans doute sur l'initiative du comte Raimond Bérenger V que les Cordeliers — nom donné aux Franciscains à cause de leur ceinture de corde — vinrent s'installer à Forcalquier en 1236. Ce couvent fut l'une des premières fondations franciscaines en Provence et les moines l'occupèrent jusqu'à la fin du 18ᵉ s. Les bâtiments construits aux 13ᵉ et 14ᵉ s. ont beaucoup souffert des guerres de Religion et pendant la Révolution. Vendus alors comme biens nationaux, ils étaient devenus exploitation agricole. Ils firent l'objet d'une remarquable restauration de 1960 à 1970 ce qui nous permet aujourd'hui de redécouvrir cet intéressant monument.

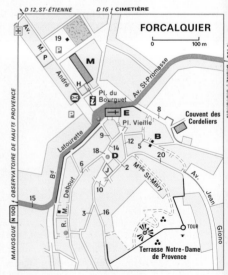

Visite. — Le cloître, dont on voit bien le carré, était au centre même du couvent. Sur le côté Sud-Ouest qui jouxtait le mur de l'église, se trouvent huit arcades-tombeaux ainsi que deux autres sur le côté Sud-Est. Ces enfeus gothiques servaient de sépulture aux seigneurs de Forcalquier. Du côté de la salle capitulaire, de gracieuses baies géminées encadrent une porte romane.

Les parties réaménagées des bâtiments conventuels se visitent : la bibliothèque (qui a conservé son plafond d'origine), le scriptorium, l'oratoire (émouvante Vierge à l'Enfant du 15ᵉ s.), le réfectoire partagé en trois salles.

Porte des Cordeliers (B). — On l'aperçoit en sortant du couvent. Fermée de deux arcs brisés moulurés d'une tore, c'est le seul vestige subsistant de l'ancienne enceinte fortifiée.

La cité comtale. — Passant sous la porte des Cordeliers on pénètre dans les vieux quartiers où les rues très étroites bordées de hautes maisons ont été conçues pour protéger du mistral. Beaucoup de maisons sont délabrées mais on rencontrera, chemin faisant, quelques belles façades à baies géminées, quelques portes et portails gothiques, Renaissance ou classiques. Par la rue des Cordeliers, accéder à la rue Passère et la rue Béranger ; traverser la place du Palais, et rejoindre la Rue Grande.

Place St-Michel, une belle **fontaine gothique** (D) du 15ᵉ s. affecte la forme d'une pyramide, sculptée avec verve ; elle est couronnée par un Saint Michel terrassant le dragon.

Par la rue Mercière gagner la place du Bourguet, centre de Forcalquier.

Terrasse N.-D.-de-Provence. — Par la montée St-Mary, au début de laquelle se trouve l'hôtel de Castellane-Adhémar (porte à arcature), on escalade les pentes de la citadelle autrefois occupée par le château des comtes dont on aperçoit les restes d'une tour ; à côté, vestiges de la première cathédrale de Forcalquier, St-Mary.

Au sommet une chapelle octogonale dédiée à N.-D.-de-Provence a été érigée en 1875. De ses abords s'offre un **panorama**★ sur le bassin de Forcalquier et les chaînes de montagnes voisines (table d'orientation) avec vue plongeante sur la ville.

★**Cimetière.** — *Quitter le centre de la ville par la D 16 au Nord et prendre à gauche au bout à 200 m.* Un majestueux escalier central mène à la partie basse du cimetière, remarquable par la décoration architecturale de ses ifs taillés formant de hautes cloisons de verdure dans lesquelles s'ouvrent des arcades.

⊘**Musée** (M). — Installé dans l'ancien couvent de la Visitation (17ᵉ s.) devenu par la suite collège des jésuites, il abrite des ustensiles et des objets d'art régionaux (vieux outils, meubles anciens, faïences de Moustiers, d'Apt et de Mane). Belle collection de monnaies allant d'Auguste à Louis-Philippe. Archéologie locale.

EXCURSION

★**Montagne de Lure.** — *Circuit de 64 km — Environ 2 h — Schéma p. 83. Description p. 96.*

Dans les pages en fin de volume,
figurent d'indispensables renseignements pratiques :
— Conditions de visite des sites et des monuments ;
— Organismes habilités à fournir toutes informations...

FORCALQUIER (Pays de)

Carte Michelin nº 🔲🔲 pli 15 ou 🔲🔲🔲 pli 19.

Riche terroir, qui contraste avec la sévérité des plateaux qui l'entourent et la montagne de Lure, le pays de Forcalquier est parsemé de villages perchés au charme indéniable qu'il faut découvrir en venant de l'Est ou du Sud à cause de leur position à l'abri du vent dominant, le Mistral.

DE FORCALQUIER A BANON

77 km — Environ 3 h — Schéma p. 90

★**Forcalquier.** — *Page 88.*

Quitter Forcalquier par la N 100 vers Manosque.

Mane. — *Page 97.*

A Mane prendre la D 13 puis tourner à gauche vers St-Maime.

St-Maime. — 417 h. Au-dessus du village, quelques ruines et la chapelle castrale permettent d'imaginer ce que fut le château des comtes de Provence où furent élevées, selon la tradition, les quatre reines, filles de Raimond Bérenger V *(voir p. 88)*.

Revenir à la D 13 que l'on traverse pour atteindre Dauphin.

Dauphin. — 469 h. Faisant face à St-Maime sur une autre butte, Dauphin a conservé une partie de ses fortifications du 14ᵉ s., ses ruelles médiévales et son donjon, couronné d'une statue de la Vierge et d'une balustrade, d'où s'offre un vaste **panorama** sur la région.

Prendre la D 5 et traverser la N 100.

★**St-Michel-l'Observatoire.** — *Page 116.*

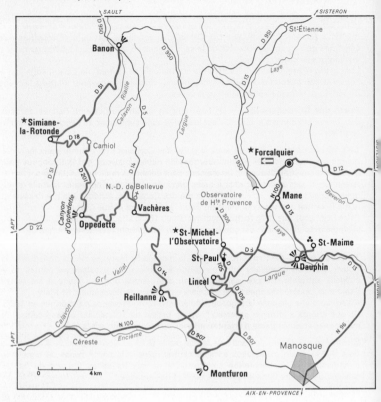

Suivre la D 105 vers le Sud.

Chapelle St-Paul. — *Page 117.*

Prendre la D 205 à gauche.

Lincel. — Niché dans un repli de colline, ce village conserve une petite église romane et un château qui montre quelques vestiges du 16e s.

Après avoir traversé la N 100, poursuivre par la D 105 puis tourner à droite dans la D 907 et à gauche vers Montfuron.

Montfuron. — 156 h. Un beau **moulin à vent** a été restauré. Du village **vue** sur les montagnes de Haute Provence au Nord-Est et sur la Ste-Victoire au Sud-Ouest.

Revenir à la D 907, traverser la N 100 et poursuivre par la D 14.

Reillanne. — 892 h. C'est un pittoresque village dont les maisons montent à l'assaut d'une colline couronnée par la chapelle St-Denis construite au 18e s. sur l'emplacement du château.
Pour accéder à la table d'orientation de St-Denis, emprunter l'avenue Long-Barri qui contourne la colline et passe près du portail des Forges, seul vestige du château. De la terrasse, on découvre une **vue** panoramique sur le vieux village de Reillanne, la montagne Ste-Victoire au Sud et le Luberon à l'Ouest.

Poursuivre la D 14 et faire un crochet par Vachères.

Vachères. — 171 h. Ce village ancien, perché sur un éperon, est célèbre depuis la découverte sur son territoire d'une statue d'un guerrier gaulois conservée au musée Calvet à Avignon.

De la D 14, en face de la chapelle N.-D. de Bellevue, prendre une petite route vers Oppedette.

Oppedette. — 62 h. Ce pittoresque hameau perché au-dessus de gorges a été bien restauré.
Il domine le canyon d'Oppedette, étroite clue rocheuse large de 2,5 km, dont les parois atteignent par endroits 120 m de hauteur, creusée par le Calavon. On en a une très belle **vue**★ depuis le belvédère près du cimetière. Pour les sportifs, un sentier balisé, dont le départ se trouve sous le belvédère à gauche, mène au fond des gorges.

Continuer par la D 201 et tourner à gauche dans la D 18.

★**Simiane-la-Rotonde.** — *Page 124.*

Poursuivre par la D 51 jusqu'à Banon.

Banon. — 973 h. Le vieux bourg bâti sur un éperon domine le village plus moderne. Dans le haut du village subsistent une belle porte fortifiée du 14e s. et l'hôtel Dieu restauré. Au chevet de l'église s'offre une **vue** agréable sur la montagne de Lure et la ville aux toits de tuiles.
La localité a donné son nom à un fromage de chèvre réputé, le Banon, enrobé de feuilles de châtaigniers.

★ FREISSINIÈRES (Vallée de)

Carte Michelin n° 77 pli 18 ou 244 pli 42.

Vallon suspendu 200 m au-dessus de la Durance, la vallée de Freissinières se cache derrière une muraille, aux chauds coloris ocre et grenat, piquetée de génévriers thurifères et de lavande. Derrière cette barrière quasi méditerranéenne par ses paysages, on découvre une vraie vallée alpine sculptée dans le flanc Sud-Est du massif cristallin des Écrins. Typique vallée glaciaire avec son fond plat cultivé elle présente des versants bien contrastés : l'adret, domaine des habitations et des cultures, et l'ubac, boisé de mélèzes et de pins.

La commune de Freissinières se compose de 13 hameaux où l'architecture a conservé son aspect traditionnel lié à l'activité pastorale : grosses maisons dont le sous-sol est occupé par la bergerie voûtée et les étages supérieurs par l'habitation et la grange à foin.

Un refuge. — Du fait de son isolement la vallée de Freissinières fut un refuge pour de nombreux renégats ou marginaux durant les persécutions religieuses. Dès le 13e s. plusieurs vaudois s'y installent comme dans la vallée voisine de la Vallouise *(voir p. 136)*. Au 16e s. les vaudois se confondent avec les huguenots et après la révocation de l'Édit de Nantes les protestants se retirent à Dormillouse. L'église du Désert fait de nombreux adeptes dans la vallée, et le col de Freissinières devient un lieu de passage fréquenté. Au 19e s. la vallée a son apôtre, Félix Neff, un jeune pasteur genevois. Il se fixe à Freissinières en 1823 pour aider la population et crée en 1825 à Dormillouse une école normale dans le but de former des instituteurs modèles.

ACCÈS A FREISSINIÈRES
De St-Crépin à Pallon *7,5 km — Environ 1 h*

St-Crépin. — 507 h. Ce village est perché sur un rocher de marbre rose qui barre la vallée de la Durance. Son **église** possède un beau portail dont les chapiteaux forment une frise continue. Le clocher percé de baies est couronné d'une flèche et de quatre pinacles d'angle.

> *Traverser la Durance pour prendre la D 38.*

La route longe l'aérodrome de St-Crépin puis s'élève sur un versant pierreux où poussent les génévriers thurifères et la lavande. Les murets de pierre rappellent l'époque où ces versants étaient cultivés. On découvre en arrière le bassin de Guillestre, l'éperon du Mont-Dauphin et à l'horizon, au Sud-Est, les sommets du massif de la Font-Sancte.

★ **Gouffre de Gourfouran.** — *1/2 h à pied AR. Accès difficile, prudence recommandée. Laisser la voiture 500 m après le hameau du Chambon (300 m après le pont sur la Biaisse dans le sens l'Argentière-Guillestre). Suivre à droite le chemin d'accès au gouffre jusqu'à une sorte d'enceinte délimitée par des tas de pierrailles. De là, gagner à travers champs le promontoire rocheux qui domine le « gouffre » et forme belvédère sur la vallée de la Durance.* Le gouffre, gorge profonde d'une centaine de mètres par laquelle la Biaisse, rivière de la vallée de Freissinières, raccorde son lit avec la vallée de la Durance, présente des parois abruptes aux extraordinaires colorations rougeâtres.

★VALLÉE DE FREISSINIÈRES
De Pallon à Dormillouse *18 km — Environ 2 h*

De Pallon au chef-lieu de Freissinières, la D 238 est bordée à droite par les champs irrigués qui occupent le fond plat de la vallée et, tout de suite à gauche, par la Biaisse sur laquelle sont jetés quelques ponts donnant accès à la forêt et à ses sentiers.

> *A Freissinières prendre la route qui monte vers les hameaux du versant adret. Aller jusqu'aux Roberts.*

Des Roberts on voit très bien la physionomie de la vallée barrée par le verrou rocheux de Pallon.

> *Revenir à la D 238 que l'on poursuit vers le fond de la vallée.*

Après Freissinières, la vallée se rétrécit. La route passe par le hameau des **Viollins** qui conserve un temple protestant puis s'arrête au fond de la vallée. Sur le versant plusieurs cascades rebondissent pour aller former la Biaisse.

★ **Dormillouse.** — *1 h 1/2 à pied AR.* Le sentier mène aux maisons de Dormillouse dont certaines sont habitées en été. On verra le petit temple protestant et le moulin à eau restauré. Le cadre montagneux est superbe *(le sentier se poursuit vers le col de Freissinières).*

Pour organiser vous-même vos itinéraires :
Tout d'abord consultez la carte des p. 4 et 5. Elle indique les parcours
décrits, les régions touristiques, les principales villes et curiosités.
Reportez-vous ensuite aux descriptions, à partir de la p. 47.
Au départ des principaux centres,
des buts de promenades sont proposés sous le titre « Excursion ».
*En outre les **cartes Michelin** n° 77, 81, 84, 195, 244 et 245 signalent*
les routes pittoresques, les sites et les monuments intéressants,
les points de vue, les rivières, les forêts...

★ GANAGOBIE (Prieuré de)

Carte Michelin nº 🮰🮰 plis 15 et 16 ou 🮰🮰🮰 pli 20 — Schéma p. 83.

Le prieuré de Ganagobie occupe un site remarquable sur le plateau du même nom.

Plateau de Ganagobie. — Lambeau de terrain quaternaire dominant la Durance de 350 m, le plateau de Ganagobie est couvert de pins, de chênes verts, de genêts et de lavande.

Peuplé dès la préhistoire il laisse voir des monuments mégalithiques. De son habitat médiéval il a gardé les ruines d'un modeste oratoire carolingien, les restes des remparts et du village de Villevieille, lui-même bâti sur un oppidum antique et abandonné depuis le 15e s., et surtout le prieuré.

Les flancs du plateau sont percés de grottes qui servirent souvent de refuge et furent utilisées par les maquisards de la dernière guerre.

Points de vue depuis le plateau. — Du rebord du plateau un belvédère offre une **vue**★★ quasi aérienne sur la vallée de la Durance, le plateau de Valensole et les Préalpes de Digne ; au loin les grandes Alpes sont visibles par temps clair, du massif du Pelvoux au mont Viso.

Presque à l'opposé, longeant un mur de pierre, l'**allée de Forcalquier** mène au rebord Ouest du plateau d'où s'offre une **vue**★ étendue sur le bassin de Forcalquier, le Luberon et la montagne de Lure toute proche. Sur la gauche du chemin, on remarque des pierres levées et, à droite, des meules et des bassins creusés dans le roc, il s'agit de vestiges d'un habitat très ancien.

Un prieuré clunisien. — Un premier monastère carolingien fut fondé vers le milieu du 10e s. par l'évêque de Sisteron Jean III qui en fit la donation en 965 à l'abbaye de Cluny. L'abbé de Cluny était alors saint Mayeul, originaire de Valensole.

Les moines clunisiens bâtirent le monastère actuel au 12e s. Pendant la période la plus faste, le 14e s., y vivaient 12 à 15 moines qui travaillaient la terre et exploitaient la forêt. Laissés pratiquement à l'abandon au 16e s., les bâtiments furent remis en état au 17e s. Juste après la Révolution, la démolition de l'église fut ordonnée. Le clocher et les absides avaient déjà été démantelés quand les habitants du hameau demandèrent à la conserver comme église paroissiale. Au 19e s. l'ensemble devint propriété des Malijai qui cédèrent le prieuré aux bénédictins. Restaurés, l'église et les bâtiments conventuels ont aujourd'hui retrouvé le rythme de la vie monastique.

Ganagobie. — Portail de l'église.

Ⓥ **VISITE** *1/2 h*

Église. — La décoration du **portail**★ est originale. Ses archivoltes en arc brisé se trouvent séparées par de curieux festons de pierre qui entourent également la porte : ce décor plaqué tardivement est fait d'éléments à piliers à colonnettes engagées disposés de chant. Le tympan, sculpté de façon quelque peu archaïsante, oppose l'attitude hiératique d'un Christ en majesté aux formes mouvementées des symboles des Évangélistes et d'anges adorants. Au linteau figurent les douze apôtres.

A nef unique, voûtée en berceau brisé, l'église est dotée d'un transept double. L'abside centrale est décorée d'une arcature reposant sur un haut mur et portant une demi-coupole à bandeaux plats. Le décor sculpté de l'intérieur est d'une extrême sobriété car il était accompagné de draperies, de fresques dont on a retrouvé des traces, et surtout par un admirable pavement de **mosaïques**★★ polychromes qui ornent le chœur et le transept. Ici l'influence orientale est évidente : datées du milieu du 12ᵉ s., elles trouvent leur inspiration dans les somptueux tissus rapportés par les Croisés. Les animaux fabuleux y abondent, cernés d'entrelacs ; on voit en particulier (abside gauche) un chevalier au galop pourchassant des monstres et (bras droit du transept) un saint Georges terrassant le dragon *(voir photo p. 33)*.

*Pour voyager en Italie voici les **publications Michelin** qu'il vous faut :*
— *La **carte** nᵒ 𝟗𝟖𝟖 **Italie-Suisse** à 1/1 000 000 ;*
— *Le **guide Vert Italie** : Routes touristiques et curiosités ;*
— *Le **guide Vert Rome** : 29 promenades dans la ville éternelle ;*
— *Le **guide Rouge Italia** : hôtels, restaurants et mécaniciens.*

★ GAP

32 097 h. (les Gapençais)

Cartes Michelin nᵒˢ 𝟕𝟕 pli 16 et 𝟖𝟏 pli 6 ou 𝟐𝟒𝟓 pli 7.
Plan dans le guide Michelin France.

Gap, la ville la plus commerçante et la plus animée des Alpes du Sud, est une étape importante au croisement de la route Napoléon (Grasse-Grenoble) et du D 994 (Valence-Briançon). Elle se présente enfouie dans un agréable bassin bocager que l'on découvre en descendant du col Bayard ou du seuil de Freissinouse.

Malgré une histoire très ancienne, Gap présente très peu de vestiges architecturaux. La ville fut en effet détruite à plusieurs reprises entre autres pendant les guerres de Religion et en 1692 lorsque les troupes d'Amédée de Savoie s'en emparèrent. Gap a cependant conservé son tracé médiéval avec ses ruelles étroites et tortueuses (la plupart piétonnières) et il est fort agréable de flâner dans le centre.

Préfecture des Hautes-Alpes et siège d'un évêché, Gap a de nombreuses fonctions administratives. Profitant de la proximité du lac de Serre-Ponçon en été, elle est aussi fréquentée en hiver pour le ski de fond du côté du col Bayard et pour les stations proches de Ceüze, de Reallon, d'Orcières-Merlette et de St-Michel-de-Chaillol.

CURIOSITÉS

Ⓥ **Musée départemental.** — Situé dans le jardin public de la Pépinière, ce musée possède de belles collections d'archéologie et de faïences anciennes.

Sa pièce capitale est le **mausolée de François de Bonne, duc de Lesdiguières,** sculpté du vivant du connétable (16ᵉ-17ᵉ s.) par Jacob Richier (1585-1640) — petit-fils du célèbre sculpteur lorrain Ligier Richier —, qui réalisa aussi la statue du connétable (au château de Vizille) et son buste (musée de Grenoble). Ce mausolée, en marbre noir du Champsaur, portant la statue en albâtre du connétable revêtu de son armure, est orné de bas-reliefs figurant la prise de Grenoble, la défaite de Pontcharra, la rencontre des Moulettes et la prise de Barraux.

Dans les collections archéologiques on remarquera les parures en bronze, datant de l'âge de bronze (13ᵉ s. av. J.-C.), provenant de Bénévent-et-Charbillac et du Réallon.

On verra en outre une collection de « Moustiers », de beaux meubles sculptés du Queyras, des œuvres d'artistes locaux, des souvenirs régionaux et des collections de sciences naturelles (oiseaux).

Cathédrale. — Plusieurs édifices se sont succédé à son emplacement. Celui-ci fut élevé à la fin du 19ᵉ s. et reprend les grandes lignes du roman et les voûtes du gothique. Surmontée d'une flèche haute de 77 m, cette cathédrale est remarquable par l'utilisation des différentes pierres de la région, blanches, rouges et grises, dont la disposition rappelle la cathédrale d'Embrun.

Hôtel de ville. — Il a conservé une jolie façade du 18ᵉ s. s'ouvrant par une porte élégante, portant sur son fronton l'écu aux armes de la ville de Gap.

EXCURSIONS

★ **Circuit de Pelleautier.** — *21 km. Environ 1 h. Quitter Gap par la D 994 vers l'Ouest.*

★ **Table d'orientation du bassin de Gap.** — *A 1,5 km, en contre-haut d'un virage prononcé à droite au-delà de la montée.* **Vue**★ *étendue sur le bassin de Gap. Le regard porte jusqu'aux sommets de la chaîne frontière (Bec de Chambeyron) et du massif au Sud de l'Oisans (Vieux Chaillol, Sirac).*

A la Freissinouse (Maison-Neuve) tourner à gauche dans la D 47.

Après avoir traversé la voie ferrée et laissé à droite le village de Freissinouse, on prend à droite la D 19, qui longe sur plus de 600 m un lac artificiel de 27 ha où se reflète la montagne de Ceüze.

2 km plus loin tourner à gauche vers Pelleautier.

Au-delà de Pelleautier, dans un virage à gauche on découvre une **vue**★ sur le bassin de Gap, la vallée de la Durance et leur cadre montagneux.

Rentrer à Gap, en suivant, tout droit la D 47 puis la N 85.

N.-D. de Laus. — *23 km* — *Environ 1 h. Quitter Gap par la route de Valserres au Sud puis prendre la D 11 à gauche et de nouveau à gauche la D 211.*
Depuis 1664, date à laquelle la Vierge Marie apparut à plusieurs reprises à la jeune bergère **Benoîte Rencurel** (1647-1718), le petit hameau de Laus est devenu un centre de pèlerinage. Dès 1666 on édifia un sanctuaire contenant à l'intérieur la petite chapelle où la Vierge apparaissait à Benoîte Rencurel.

★ GRÉOUX-LES-BAINS
1 637 h. (les Gryséliens)

Carte Michelin n° 🎲 pli 15 ou 🎲 pli 33 — Lieu de séjour.

Les eaux de cette station thermale étaient déjà célèbres dans l'Antiquité comme en témoigne la stèle, retrouvée au siècle dernier, dédiée aux nymphes de Gréoux et datée de 176 ap. J.-C. Elles furent redécouvertes au Moyen Age par les Templiers, puis au 17e s et au 19e s., période pendant laquelle la station connut un grand succès.
En 1962 les thermes furent rachetés par la compagnie française du Thermalisme qui anime la Chaîne Thermale du Soleil et en 1968 un nouvel **établissement thermal** troglodytique, aux installations très modernes, fut construit sous le parc. Il se trouve à l'Est de la ville, le long de la D 952.
Aujourd'hui, la station en plein essor, très appréciée pour son cadre et son ensoleillement, a considérablement développé sa capacité hôtelière, ses luxueuses résidences, ses commerces et ses activités de loisirs.

La source de Gréoux. — L'unique source débite à raison de 2,5 millions de litres par jour, une eau chaude (37°) sulfureuse employée pour traiter les rhumatismes, l'arthritisme et les affections des voies respiratoires.

CURIOSITÉS

Vieux village. — Rénové, il se presse en arc de cercle au pied du château.
La petite **église** restaurée présente une nef romane et une abside carrée gothique. Le bas-côté et les chapelles ont été ajoutés aux 16e et 17e s.

Château. — Cet ancien château des Templiers est aujourd'hui en ruines. Ses tours et ses murs n'en gardent pas moins un aspect imposant.
De la plate-forme une **vue** étendue s'offre sur la vallée.

EXCURSIONS

Retenue du barrage de Gréoux. — *10 km* — *Environ 1/2 h. Sortir de Gréoux vers le Sud et après avoir traversé le Verdon, prendre la route à gauche signalée « Notre-Dame-des-Œufs ». Cette petite route s'élève en lacet parmi la forêt. En arrivant en haut de la colline, très belle* **vue**★ *sur la retenue d'eau et en face Esparron-de-Verdon et le château des Castellane (p. 136). La route se termine au bord du lac.*

Plateau de Valensole. — *89 km* — *Environ 5 h. Voir description p. 135.*

GUILLESTRE
2 009 h. (les Guillestrins)

Carte Michelin n° 🎲 pli 18 ou 🎲 pli 43 — Schéma p. 108 — Lieu de séjour.

Située aux portes du Queyras *(p. 107)*, dont elle constitue le principal marché, Guillestre est une étape sur la Route des Grandes Alpes entre les cols d'Izoard et de Vars.
Quelques vestiges subsistent de l'enceinte médiévale. Le centre de la ville est la place Albert, ornée d'une fontaine monumentale.

Église. — Bâtie au début du 16e s., elle présente un porche ou **« real »**★ inspiré de celui d'Embrun. Il repose sur quatre colonnes dont deux en marbre rose ont pour base des lions accroupis. Les vantaux de la porte sont ornés de panneaux Renaissance.

EXCURSIONS

★**Mont-Dauphin.** — *Page 101.*

Risoul 1850. — *14 km par la D 186. Sports d'hiver.* La large route en lacet procure des vues panoramiques sur Mont-Dauphin et son site.
La station moderne de Risoul bien équipée pour le ski est aussi un agréable centre d'excursions en été.
Une route non goudronnée mène au col de Cherine puis au **belvédère de l'homme de Pierre** (alt. 2 374). De là se révèle un superbe **panorama**★★ (Table d'orientation) s'étendant au Nord jusqu'au massif de la Vanoise et au Sud jusqu'au Mont Ventoux. La vaste nappe du lac de Serre-Ponçon s'étend au Sud-Ouest.

★★ IZOARD (Route de l')

Carte Michelin n° 77 plis 18 et 19 et 244 pli 43.

Le col d'Izoard fait passer du Briançonnais en Queyras.
De part et d'autre du col, tandis que les basses pentes restent très verdoyantes, les sommets se différencient nettement dans leur aspect : largement gazonnés dans le Briançonnais, ils se dégarnissent dans le Queyras où la roche paraît souvent à vif.

DE BRIANÇON A CHÂTEAU-QUEYRAS

38 km — Environ 1 h 3/4 — Schéma p. 62

Le col d'Izoard est généralement obstrué par la neige d'octobre à juin.

★★ **Briançon.** — *Page 58. Visite 1 h 1/2.*

Entre Briançon et Cervières, la route est tracée en corniche, dans les gorges de la Cerveyrette.

Cervières. — 105 h. En partie détruit pendant la dernière guerre, ce village a cependant conservé quelques témoignages d'habitat traditionnel et une église de la fin du 15ᵉ s.
Comprise dans le territoire de cette commune, la charmante **vallée de la Cerveyrette** est parcourue par une route (en partie goudronnée) sur 10 km. Parmi les alpages et les bois de mélèzes se succèdent des hameaux aux vastes châlets de pierre et de bois couverts de bardeaux de mélèze.
A la sortie de Cervières, se retourner pour découvrir le sommet de la Barre des Écrins (alt. 4 102 m) par la trouée de la Basse Cerveyrette.
Entre Cervières et le col, la route sine dans le vallon de l'Izoard. Aux abords du Laus, le Grand Pic de Rochebrune, sommet pyramidal inséparable de tout panorama briançonnais, apparaît, très proche, au fond du vallon affluent du Blétonnet.

Refuge Napoléon. — Il fut érigé en 1858, grâce au legs de Napoléon Iᵉʳ ratifié par Napoléon III. *Sur le souvenir de Napoléon dans les Alpes, voir p. 113.*

★★ **Col d'Izoard.** — Alt. 2 360 m. C'est le passage le plus élevé de la Route des Grandes Alpes au Sud du col du Galibier. Un monument témoigne la reconnaissance du Tourisme à l'armée des Alpes, qui a contribué à la construction de nombreuses routes.

Monter (1/4 h à pied AR) aux pupitres d'orientation, placés légèrement au-dessus de la route. Le **panorama** est magnifique, au Nord sur les montagnes du Briançonnais, au Sud sur les sommets du Queyras.

★★ **Casse Déserte.** — La route traverse, en corniche, ce site étrange et parfaitement désolé, sujet inépuisable de photos de presse lors du passage du Tour de France cycliste : roches déchiquetées, pentes ravinées, éboulis composent tout le paysage.
Deux plaques commémoratives ont été érigées à la mémoire de deux héros du tour de France : Fausto Coppi et Louison Bobet, vainqueur du tour en 1953-54 et 55.

Arvieux. — *Page 110.*

On découvre le site de Château-Queyras, dès l'arrivée dans l'étroite vallée du Guil.

★ **Château-Queyras.** — *Page 70.*

La Casse Deserte.

★ LURE (Montagne de)

Carte Michelin n° 81 plis 5, 6, 15 et 16 ou 245 plis 7, 8 et 20.

Prolongement oriental du mont Ventoux, « l'échine monstrueuse du taureau de Dionysos » (Giono) impose partout dans la région de la moyenne Durance sa silhouette impressionnante. Elle se présente comme une arête continue d'une trentaine de kilomètres qui s'enfuit en pente douce sous le bassin de Forcalquier alors que ses versants Nord et Est tombent abruptement sur les vallées du Jabron et de la Durance. C'est une montagne rude, quasi-déserte ; à mesure qu'on s'élève, chênes verts, garrigue, champs de lavande et cèdres font place aux pacages parfumés d'herbes aromatiques des sommets. Le versant Nord accueille des forêts plus denses où dominent les sapins en altitude puis les hêtres, les mélèzes, les chênes et, dans le bas du versant, les pins noirs d'Autriche aux fûts rectilignes, introduits sur 1 000 ha à la fin du 19ᵉ s. La végétation offre donc le même contraste que le relief entre les deux versants.

LURE (Montagne de)★

DE FORCALQUIER A SISTERON

64 km — Environ 2 h — Schéma p. 83

Entre le refuge de Lure et Valbelle, la route est fermée du 15 novembre au 31 mai.

★**Forcalquier.** — *Page 38.*

Quitter Forcalquier par la D 12, au Nord-Ouest du plan.

La petite route serpente sur les rebords de la montagne de Lure, parmi la garrigue.

Rochers des Mourres. — Curieusement sculptés par l'érosion, ils s'élèvent à gauche de la route, affectant des formes bizarres.

La **vue** s'étend, à droite, en direction de la Durance, avant d'atteindre Fontienne.

Fontienne. — 52 h. Juché sur un épaulement de la montagne, ce minuscule village possède une petite chapelle romane à clocher-mur à 2 baies et un château dont la partie inférieure remonte au 13ᵉ s.

Le paysage devient plus vert en approchant de St-Étienne.

St-Étienne. — 679 h. *Lieu de séjour.* Ce village commande la route d'accès à la montagne de Lure. Il avait acquis, dans les siècles passés, une prospérité qu'il devait aux nombreuses « drogues » fabriquées à partir des plantes aromatiques et médicinales de la montagne voisine ; ces produits étaient vendus par des colporteurs jusqu'en Auvergne et en Bourgogne. On y voit des maisons du 16ᵉ s. avec fenêtres à meneaux et portes à archivoltes. **L'église** offre un chœur polygonal à nervures rayonnantes. Sur la place voisine, l'ancien **château** (13ᵉ s.) est agrémenté de tours rondes du 18ᵉ s.

La D 113, en montée, traverse des champs de lavande avec quelques bouquets de cèdres et de sapins. Puis les arbres, clairsemés au début, font place à la forêt de plus en plus robuste et dense à mesure qu'on s'élève. Peu après l'oratoire St-Joseph, une petite route se détache, à droite, vers N.-D. de Lure.

N.-D. de Lure. — La vocation montagnarde, forestière et pastorale de l'ordre de Chalais *(p. 33)* est bien illustrée par le modeste monastère qui fut construit vers 1165, au fond de cette combe sauvage, par les moines de Boscodon.

Des bâtiments conventuels il ne subsiste qu'une grande pièce voûtée en plein cintre. Actuellement souterraine, elle se trouve sous le petit ermitage plus récent.

L'abbatiale, devenue chapelle de pèlerinage, avait été défigurée par la décoration intérieure (peintures, trompe l'œil...) et retrouve aujourd'hui son aspect initial grâce à la restauration dont elle fait l'objet. Dans le chœur, remarquer l'ouverture cruciforme (rare pour l'architecture romane) et le siège abbatial.

Revenir à la D 113.

Après les bâtiments d'une colonie de vacances, la forêt disparaît et la vue se dégage.

Refuge de Lure. — Petit centre de sports d'hiver doté de quelques remontées mécaniques. De la plate-forme de stationnement la **vue** atteint toute son ampleur.

1,5 km plus loin se dresse, au bord de la route, une stèle à la mémoire de l'astronome belge Wendelin (17ᵉ s.) qui édifia ici le premier observatoire de France.

Laisser la voiture à une seconde plate-forme, 2,5 km plus loin.

★★**Signal de Lure.** — *1/2 h à pied AR (montée assez raide).* Au point culminant de la montagne (1 826 m), un immense **panorama** permet d'apercevoir la côte méditerranéenne, le mont Viso, le Pelvoux, le Vercors, les Cévennes, le Ventoux.

Peu après, sur la gauche, par une échancrure dans la montagne, **vue** sur la vallée du Jabron avec les Baronnies au loin. Au-delà du Pas de Graille s'amorce la descente dans la magnifique hêtraie de la Fayée.

Contournant la montagne de Sumiou, la route s'engage au pied des calcaires rubanés du beau cirque de Valbelle. Le parcours continue en forêt jusqu'à la vallée du Jabron, dominée par le versant abrupt de la montagne de Lure ; on la suit jusqu'à la D 53 qui, à droite, mène à Sisteron.

★★**Sisteron.** — *Page 125.*

★ # LURS
284 h. (les Lursiens)

Carte Michelin nº 🔲🔲 Est du pli 15 ou 🔲🔲🔲 pli 20 — Schéma p. 83

L'admirable **site**★ de ce village qui, baignant dans un ciel lumineux, occupe un éperon dominant la Durance et tout le pays de Forcalquier, apparaît de loin.

Une forteresse épiscopale. — Lurs était au Moyen Age une puissante place forte qui compta jusqu'à 3 000 habitants. Elle appartenait aux évêques de Sisteron, qui portaient le titre de princes de Lurs ; ils en firent, jusqu'au 18ᵉ s., leur résidence préférée et y fondèrent un séminaire dont le bâtiment subsiste sur la route de Forcalquier.

Capitale des Arts graphiques. — Livré à l'abandon au début du siècle, tombé en ruine, déserté par ses derniers habitants, assombri par le crime avec l'affaire Dominici, sans eau ni électricité, le village, au lendemain de la dernière guerre, semblait voué à la disparition. C'est alors qu'il fut « découvert » — en compagnie de Giono — par un groupe de graphistes qui, autour de Maximilien Vox (auteur d'une Classification des caractères d'imprimerie universellement adoptée), entreprirent de le reconstruire et de l'animer. Depuis 1955, les **Rencontres internationales de Lure** — du nom de la montagne voisine — réunissent chaque été des professionnels de tout ce qui touche à l'imprimerie ; elles ont fait de ce village ressuscité la capitale des Arts graphiques.

CURIOSITÉS

Le village. — Pénétrer dans Lurs par la place des Feignants. En passant sous la porte de l'Horloge au léger campanile, le visiteur découvre l'église avec son clocher-mur à trois baies, des ruelles tortueuses fleuries de roses trémières entre des maisons à encorbellements et à portes anciennes, les restes des remparts médiévaux.

Partant de l'église, une ruelle à gauche conduit à une maison rénovée, la **chancellerie des compagnons de Lure,** et au rustique théâtre de plein air qui a été aménagé près d'elle ; une ruelle à droite mène au **prieuré** restauré dont on a fait le centre culturel, et au château des princes-évêques qui a été en partie relevé de ses ruines.

Promenade des Évêques. — Au Nord, après avoir contourné le château, la curieuse « promenade des Évêques », bordée de 15 oratoires, érigés en 1864, mène à la chapelle N.-D. de Vie. Des abords de cette chapelle on a de jolis **points de vue**★, d'un côté sur la vallée de la Durance, le plateau de Valensole et les Préalpes de Digne, de l'autre sur la montagne de Lure et le bassin de Forcalquier.

MALAUCÈNE   2 096 h. (les Malaucéniens)

Carte Michelin n° 🎗 Sud du pli 3 ou 🎗🎗🎗 pli 17 — Schéma p. 141 — Lieu de séjour.

Gros bourg provençal au pied du Mont Ventoux, Malaucène est entouré en grande partie d'un cours planté d'énormes platanes.

CURIOSITÉS

Église. — Rebâtie au début du 14e s., à l'emplacement d'un ancien édifice roman, elle faisait partie de l'enceinte de la ville d'où son aspect fortifié et sa façade surmontée de mâchicoulis sur consoles.

A l'intérieur la nef, encore de style roman provençal, est couverte d'une belle voûte en berceau brisé sur doubleaux à ressauts. Les chapelles latérales du bas-côté droit sont voûtées d'ogives, une coupole hémisphérique à nervures plates recouvre l'abside. Remarquer le buffet d'orgues du 18e s. aux belles boiseries ornées d'instruments de musique et la chaire en chêne sculptée. Un chemin à gauche de l'église mène au calvaire d'où l'on jouit d'une belle **vue** sur les montagnes de la Drôme et le Ventoux.

Vieille ville. — On y pénètre par la porte Soubeyran qui se trouve à côté de l'église. C'est un dédale de ruelles où l'on découvre, au hasard d'une promenade, des maisons anciennes, des fontaines, des lavoirs, des oratoires et au centre un vieux beffroi.

⊙ **N.-D.-du-Groseau.** — *2 km par la D 938, route du Mont Ventoux.*
Située près de la source vauclusienne du Groseau *(p. 141)*, cette chapelle reste le seul témoin d'une abbaye bénédictine qui dépendait de St-Victor-de-Marseille.
Cet édifice carré est l'ancien chœur de l'église abbatiale du 12e s. dont la nef a disparu. A l'intérieur une belle coupole octogonale retombe sur les trompes décorées des symboles des quatre évangélistes. Le décor antiquisant montre l'influence de la Provence rhodanienne.
Au début du 14e s., le pape avignonnais Clément V aimait à séjourner dans ce lieu charmant, véritable nid de verdure et d'ombrages dans un cadre de falaises.

MANE   943 h.

Carte Michelin n° 🎗 pli 15 ou 🎗🎗🎗 Sud du pli 19 — Schéma p. 90.

Construit sur un piton au milieu de la plaine de Mane, le village se resserre autour de sa citadelle médiévale.
La pierre de Mane exploitée dans des carrières près de Porchères a servi à l'édification de nombreux monuments de la région dont le prieuré de N.-D.-de-Salagon et le château de Sauvan qui se trouvent sur le territoire de la commune.
Mane a vu naître **Jacques Gaffarel** (1601-1681), théologien et homme de lettres, qui fut le bibliothécaire de Richelieu.

La citadelle. — Datant du 12e s., c'est l'unique fortification féodale de Haute-Provence demeurée presque intacte avec ses deux enceintes qui forment des rampes superposées s'élevant en hélice le long de la butte qui domine le bourg.

Église St-André. — Construite au 16e s., elle présente un portail florentin. A l'intérieur bel autel en marbre polychrome.

EXCURSIONS

Le Pays de Mane. — Sur la N 100 au Sud de Mane s'égrènent sur 3 km plusieurs monuments témoins de la riche histoire de cette commune.

★ **N.-D.-de-Salagon.** — *Page 120.*

Pont médiéval sur la Laye. — *A droite de la N 100 en suivant la signalisation pour l'auberge de la Laye.* Pont à becs dont l'arche la plus élevée est romane.

★ **Château de Sauvan.** — *Page 121.*

Tour de Porchères. — *Après le château de Sauvan, prendre un chemin au niveau de l'allée menant au château du Plan.*
Cette robuste tour romane, érigée au 12e s., est un bel édifice rectangulaire dont l'entrée est constituée par une large ouverture à longs claveaux.

Carte Michelin n⁰ 🎱 pli 15 ou 🎱🎱🎱 plis 32 et 33 — Schéma p. 83 — Lieu de séjour.

A deux pas de la Durance, Manosque fut longtemps un bourg endormi, couché sur les derniers côteaux du Luberon. De nos jours, la ville, en pleine expansion — en 20 ans sa population est passée de 5 000 habitants à près de 20 000 — a su tirer parti de sa situation sur la voie durancienne, de la richesse agricole de la vallée, d'une petite industrie, et de la proximité du centre nucléaire de Cadarache.

Cette modernisation a modifié quelque peu un site cher à **Jean Giono** (1895-1970) dont une bonne partie de l'œuvre a pour cadre Manosque et sa région. Dans Jean le Bleu, plus particulièrement, il évoque la figure de son père, cordonnier, les rues de Manosque, son enfance sur les bords de la Durance et ses séjours auprès des bergers de la montagne.

« Manosque la pudique ». — En dépit des dénégations de Giono qui prétendait que François 1ᵉʳ n'avait jamais mis les pieds à Manosque, une tradition tenace veut que le souverain ait été reçu à la Porte Saunerie par Péronne de Voland, la fille du consul, qui lui présenta les clefs sur le traditionnel coussin de velours. La jeune fille était fort belle et le roi fut galant. Plutôt que de céder aux avances d'un prince trop empressé, la charmante Péronne préféra se défigurer en exposant son visage aux vapeurs du soufre. Manosque y gagna le surnom de « la Pudique ».

MANOSQUE

LE VIEUX MANOSQUE *visite 1 h*

La vieille ville cernée par les boulevards qui ont remplacé les anciens remparts dont il ne reste que des vestiges, abrite des rues typiquement provençales, étroites et bordées de hautes maisons masquant des patios, des jardins secrets, de magnifiques caves, des galeries. Ses rues sont reliées entre elles par un réseau de passages couverts et d'andrones (nom donné à des passages particulièrement étroits).

★**Porte Saunerie.** — Elle doit son nom aux entrepôts de sel qui se trouvaient jadis au voisinage. Élevée au 12ᵉ s. en même temps que les remparts, elle fut reconstruite au 14ᵉ s. Son corps central est défendu par deux assommoirs. Les deux tourelles latérales sont couronnées de beaux mâchicoulis.

Rue Grande (10). — Artère principale de la vieille ville, elle en a gardé le pittoresque et l'animation.

Elle abonde en portes anciennes, remarquables cages d'escaliers, cours intérieures, balcons.

Au n⁰ **14** se trouvait l'atelier où Giono a passé une partie de son enfance entre un père cordonnier et une mère repasseuse.

Au n⁰ **23** un hôtel particulier (16ᵉ-17ᵉ s.) présente une façade agrémentée de balconnets de fer forgé.

Église St-Sauveur (B). — La sobre façade donne sur une place agrémentée d'une fontaine. On pénètre, par un portail gothique, dans une nef romane revoûtée d'ogives au 17ᵉ s. L'église a conservé son transept roman à berceaux transversaux dont la croisée est couronnée d'une coupole sur trompes. L'abside est couverte d'un cul-de-four nervé. Le beau buffet d'orgues en bois sculpté et doré date de 1625. L'église est flanquée d'un clocher-tour carré surmonté d'un **campanile** de ferronnerie, chef-d'œuvre d'un forgeron de Rians (1725).

Au n⁰ **5** de la rue Voland, le long de l'église St-Sauveur, très belle porte.

Le n⁰ **31** de la rue Grande fut la demeure du consul Voland, une élégante porte en pierre et menuiserie donne sur une cour formant patio. Les nᵒˢ **39 et 42** présentent aussi des portes intéressantes.

Place de l'Hôtel-de-Ville (13). — Un marché coloré s'y tient trois fois par semaine.

L'hôtel-de-ville (H), l'un des plus beaux immeubles de Manosque, dresse une élégante façade du 17ᵉ s. agrémentée de ferronneries et de fenêtres à petits carreaux.

Église N.-D. de Romigier (D). — Elle possède un portail Renaissance. La nef, d'origine romane, a été remontée au 17e s. tandis qu'on lui adjoignait les bas-côtés.

Dans une chapelle, à l'extrémité du bas-côté gauche, l'autel est un magnifique **sarcophage**★ en marbre de Carrare du 4e ou du 5e s., représentant les apôtres la main levée en signe de serment vers la croix surmontée du chrisme. On y voit également une belle Vierge noire (12e s.) : N.-D.-de-Romigier.

Porte Soubeyran. — Cette porte du 12e s., remaniée au 14e s., a été décorée tardivement d'une jolie balustrade de pierre et d'une tour couronnée par un bulbe de fer forgé particulièrement gracieux.

Revenir en arrière et tourner à gauche dans la rue Soubeyran.

Place des Observantins (19). — Sur cette place se dresse l'ancien couvent des Observantins qui abrite le Conservatoire de Musique et de Danse. Jolie fontaine ancienne.

En face se trouve l'**hôtel d'Herbès (E)**, devenu bibliothèque municipale (entrée rue du Mont d'Or). A l'intérieur on peut admirer un bel escalier du 17e s.

Par la rue Jean-Jacques Rousseau (porte au no 12), la rue des Ormeaux (porte au no 2), la place des Ormeaux et la rue de la Saunerie (porte au no 4) on revient à la porte Saunerie.

EXCURSIONS

Chapelle St-Pancrace (ou de Toutes Aures). — *2 km au Sud-Ouest. Quitter Manosque par ③ du plan et suivre la route signalisée.*
Près de cette chapelle, au sommet de la colline, une **vue**★ presque circulaire embrasse le Luberon, Manosque et, au-delà de la vallée de la Durance et du plateau de Valensole, les Préalpes de Digne.

Mont d'Or. — *1,5 km au Nord-Est.* La montée des Vraies-Richesses qui s'embranche sur la rue Dauphine présente au départ une rampe assez forte. A hauteur de la « Résidence Jean Giono », une impasse à droite conduit à la Paraïsse, au bout de l'allée — maison enfouie dans la verdure où Giono a écrit l'essentiel de son œuvre. La **vue**★ qui se dégage à mesure que l'on s'élève atteint toute son ampleur au sommet que couronne une tour en ruine. Le regard porte sur les toitures du vieux Manosque « agencées les unes aux autres comme les plaques d'une armure » (Giono), la vallée de la Durance, le Luberon, au loin la montagne Ste-Victoire et la Ste-Baume.

Le code de la route requiert, sur les chemins difficiles de montagne, de laisser la priorité de passage à la voiture montante sauf si celle-ci se trouve à proximité d'une place d'évitement.

★ MONTBRUN-LES-BAINS
523 h. (les Montbrunois)

Carte Michelin no 81 pli 4 ou 245 pli 18 (12 km au Nord de Sault) — Schéma p. 141.

Au confluent de l'Anary et du Toulourenc, le vieux village de Montbrun étage ses hautes maisons dominées par les ruines de son château sur le versant méridional d'une colline, tandis que le nouveau quartier ou Bourgade s'étale dans la vallée, hâvre de verdure qui contraste avec les paysages arides de la région.

Les principales activités du bourg sont la distillerie de la lavande, une petite industrie de cagettes et le conditionnement de plantes aromatiques. En été son village de vacances procure une certaine animation ainsi que l'établissement thermal qui a rouvert ses portes récemment.

Un fervent calviniste. — En 1530 naissait au château de Montbrun, **Charles Dupuy-Montbrun,** connu comme l'un des grands chefs du parti calviniste. Cet homme courageux et rude, revenant d'une campagne militaire, apprit que sa sœur avait abjuré la religion catholique et était partie à Genève pratiquer la religion réformée. Aussitôt il partit la rechercher, décidé à la faire revenir sur le droit chemin, mais il fut à son tour séduit par les idées nouvelles et se convertit au calvinisme pour en devenir l'un des plus grands défenseurs. Il combattit d'abord sous les ordres de redoutable baron des Adrets, puis sa vie ne fut qu'une suite de combats entrecoupée de quelques trêves. En 1564, au moment de la paix d'Amboise, il revint chez lui et retrouva son château démantelé par les catholiques. Il le fit alors reconstruire. Après le massacre de la Saint-Barthélémy (1572) les guerres de Religion reprirent de plus belle, et Charles Dupuy-Montbrun se mit à sillonner les Baronnies et y imposa sa loi massacrant les villageois qui n'étaient pas calvinistes.

Finalement en 1575, au cours d'une campagne très meurtrière, il finit par se faire capturer par les troupes royales et son procès eut lieu à Grenoble. Sa vie se termina quelques jours plus tard sous la main du bourreau.

Une ville d'eaux. — Probablement déjà exploitées par les Romains, les sources sulfureuses de Montbrun sont excellentes pour le traitement des rhumatismes, des affections des bronches, des maladies de peau.

Montbrun fut une station thermale recherchée à la fin du 19e s. Le marquis d'Aulan avait fait construire en 1865 un établissement thermal, comptant plus de 200 chambres, dont l'architecture s'inspirait des thermes de Baden Baden. Son activité prit fin au début de la première Guerre Mondiale et elle a repris en 1987.

Montbrun-les-Bains.

CURIOSITÉS

Place du Beffroi. — Son nom lui vient du beffroi ou **Tour de l'Horloge** (14ᵉ s.), haute tour crénelée avec mâchicoulis, qui était l'une des quatre portes fortifiées de la ville.
Elle s'ouvre sur la rue principale du vieux village.
De la terrasse qui la précède, s'offre une **vue** étendue avec au premier plan la vallée de l'Anary, le village perché de Reilhannette et derrière la longue silhouette blanche du mont Ventoux.

Église. — L'extérieur très sobre, dont une partie date du 12ᵉ s., ne laisse pas présager de la richesse de l'intérieur. La décoration du 17ᵉ s. est particulièrement luxuriante et une restauration récente ne fait qu'ajouter à l'éclat des couleurs et des dorures.
Les murs de la nef sont plaqués de panneaux de bois traités en faux marbre rose et gris. On admirera surtout le remarquable **retable★**, œuvre de l'un des membres de la célèbre famille d'artisans des Bernus. Quatre colonnes torsadées ornées de motifs végétaux encadrent des niches où se trouvent les statues de saint Benoît et de saint Laurent, et, au centre, une toile de Pierre Parrocel représentant une Vierge à l'Enfant.
Au-dessus une balustrade porte des pots flammés en bois doré.
Dans les embrasures des fenêtres, remarquer quelques peintures murales plus anciennes dont l'une représentant la Fuite en Égypte.

Château. — Situé en haut du village, il n'en reste malheureusement que des ruines et les quatre tours rondes. Ces vestiges permettent cependant d'imaginer la taille de ce château qui pouvait loger plus de 200 hommes et leurs chevaux.
Élevé au 14ᵉ s., il fut démantelé par les catholiques lors des guerres de Religion et en grande partie reconstruit par Charles Dupuy-Montbrun en 1564, ce qui explique la décoration Renaissance de la porte d'entrée.

EXCURSIONS

Haute vallée du Toulourenc. — *Circuit de 38 km. Environ 1 h 1/2. Quitter Montbrun par le haut et rejoindre la D 159.* La route traverse d'abord une fertile vallée où abondent les vergers.

★**Gorges du Toulourenc.** — Entre les montagnes de l'Ubac et du Buc, le Toulourenc a taillé des gorges profondes que surplombe la route tracée en corniche. Le torrent bondit de roche en roche formant un bel escalier d'eau.
Soudain au débouché des gorges apparaît la majestueuse silhouette du château d'Aulan perchée sur un éperon rocheux.

Château d'Aulan. — Il y avait déjà un château à cet emplacement au 12ᵉ s., défendant le territoire des Mévouillon *(voir p. 101)*, mais les bâtiments ont été détruits à diverses reprises, entre autres pendant la Révolution. Depuis le 17ᵉ s., ce château est la propriété des Suarez d'Aulan qui le remontèrent complètement au 19ᵉ s. avec son corps de logis flanqué d'un puissant donjon auquel est accolée une tour ronde.
A l'intérieur, outre un beau mobilier, on voit de nombreux souvenirs de la famille Suarez d'Aulan. On remarquera une « Adoration des mages » peinte par Léonard Bramer (école flamande du 17ᵉ s.).

L'église, à côté, conserve son abside du 12ᵉ s. mais a été très remaniée aux 17ᵉ s. et 19ᵉ s. A l'intérieur autel baroque du 18ᵉ s.
Après Aulan, la route traverse un paysage rude et sec où les champs de lavande suivent le mouvement des courbes du niveau.

Tourner à droite dans la D 546.

La route suit la vallée de la Chapuis jusqu'à Mévouillon.

Mévouillon. — 233 h. Ce village porte le nom d'une famille qui détenait toutes les Baronnies. Le fort de Mévouillon, forteresse réputée imprenable, qui était construite sur l'entablement aux lignes dures que l'on voit à gauche de la route, fut très disputé pendant les guerres de Religion. Il n'en reste plus une pierre.

Aujourd'hui Mévouillon abrite le Centre national de vol libre des Baronnies qui se trouve au lieu dit le Col.

Poursuivre la D 546 puis tourner à droite dans la D 542.

La route longe la vallée de la Méouge.

Séderon. — 298 h. Ce paisible bourg à l'allure montagnarde est dominé par la montagne de Bergiès (1 367 m).

Au croisement avec la D 546 prendre vers Montbrun-les-Bains.

En arrivant au col de Macuègne (alt. 1 068 m) prendre la route à gauche vers Ferras-sières sur 50 m : de jolies **vues** s'offrent sur le versant raviné de la montagne d'Albion et le mont Ventoux.

Revenir au col de Macuègne.

La route redescend le vallon de l'Anary, hérissé de pitons, avant d'arriver sur Montbrun.

★ MONT-DAUPHIN (83 h.)

Carte Michelin nº 77 pli 18 ou 244 plis 42 et 43.

Couronnant un promontoire au-dessus de la vallée de la Durance, Mont-Dauphin (alt. 1 030 m) apparaît telle une citadelle imprenable.

UN PEU D'HISTOIRE

En 1692, le Duc de Savoie passe par le col de Vars et s'empare de Gap, d'Embrun et de Guillestre. Aussitôt Louis XIV fait appel à Vauban et lui demande de concevoir des fortifications. Après une visite des lieux, Vauban choisit ce promontoire dominant le confluent du Guil et de la Durance pour construire l'une de ses neuf villes créées ex-nihilo. Sa situation permet de surveiller le Queyras, la route du col de Vars et la vallée de la Durance. Dès 1693, les artisans arrivent de toutes les Alpes et les travaux commencent. Les fossés sont creusés du côté d'Eygliers, les fortifications s'élèvent, les travaux dureront près de 100 ans.

Vauban avait prévu une petite ville à l'intérieur des fortifications, mais la population n'a jamais afflué laissant la place aux militaires. Depuis que l'armée a complètement quitté les lieux en 1980, des efforts de réhabilitation ont été effectués pour inciter de nouveaux habitants à venir s'installer. Ainsi la caserne Campana a été en partie aménagée pour servir de locaux à des artisans.

⊙VISITE *1 h*

Pénétrer dans Mont-Dauphin par la porte de Briançon que l'on atteint à partir de la N 94 en prenant la D 37.

Fossés. — Du pont reliant le corps de garde à la porte de Briançon s'offre une **vue** intéressante sur les fossés, les escarpes et contrescarpes, précédant les bastions, et la lunette d'Arçon qui ne communique avec l'extérieur que par des souterrains.

La ville. — La **porte de Briançon** donne accès à la Place Vauban. A droite le **pavillon des officiers (B)** abrite l'office de tourisme. De cette place part la rue Catinat parcourue par une gargouille. C'est la « grand rue » d'un ensemble de quatre blocs d'habitations. Le pavillon accolé à la porte de Briançon abritait une partie de l'État-major. Ces bâtiments sont construits dans le marbre rose de Guillestre qui prend de jolies tonalités au soleil.

Poudrière. — De l'extérieur on ne voit qu'une butte de terre d'où émergent des che-minées d'aération. Ce recou-vrement de terre date de 1882. A l'intérieur on découvre un beau bâtiment, qui sert de lieu d'exposition en été : la salle supérieure est voûtée en ogive et la salle inférieure recouverte d'une robuste charpente en mélèze. Une galerie fait le tour de ces salles, en permettant l'aération.

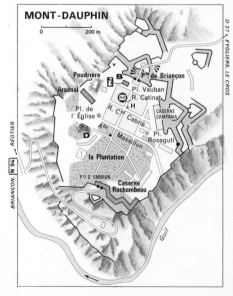

MONT-DAUPHIN

101

Arsenal. — Construit au milieu du 18ᵉ s., il comprenait deux bâtiments en équerre. L'une des ailes fut démolie par une bombe lachée par un avion italien en 1940. Ce bâtiment décoré de jolis œils-de-bœuf abrite le **Musée Vauban**. Dans les salles voûtées, où étaient conservés les matériels d'artillerie, sont aujourd'hui présentées les expositions retraçant la vie de Vauban et ses réalisations. Au 1ᵉʳ étage : plans-reliefs.

Église (D). — De l'église dessinée par Vauban, seul le chœur subsiste, ce qui explique ses curieuses proportions. Les murs du transept et les premières travées de la nef avaient été élevés mais leurs pierres servirent à construire les soutes à munitions en 1873. A l'intérieur on est frappé par la clarté que procurent les grandes ouvertures. Un portrait est censé représenter Saint Louis, à qui l'église est dédiée, mais celui-ci porte le costume et la perruque de Louis XIV.

La plantation. — Ce vaste espace ne fut jamais construit, faute de population. Divers essais de plantation d'arbres y furent tentés.

Caserne Rochambeau. — Cette vaste caserne forme rempart vers l'extérieur dominant la porte d'Embrun et les 20 mètres talutés de remparts donnant sur les gorges du Guil.
A l'intérieur une remarquable **charpente★** à la Philibert Delorme date de 1820. Philibert Delorme (1512-1570), architecte de Henri II, avait imaginé une charpente faite d'une succession d'arceaux de bois, le tout complètement chevillé, qui pouvait être démonté rapidement. Ici cette charpente en arrondi, longue de 260 m, fut construite par les artisans des chantiers navals de Toulon.

EXCURSIONS

Le Cros. — *6 km par la D 37, sortir par la porte de Briançon, traverser Eygliers et poursuivre vers le Cros.*
Cette route offre des **vues★** très intéressantes sur Mont-Dauphin et son site. D'un côté, la place forte domine à pic les gorges de Guil, de l'autre la « plaine » est protégée par les fortifications à la Vauban.
En poursuivant un peu au-delà du hameau de Cros, **vue** sur les gorges du Guil s'enfonçant dans le Queyras.

Réotier. — *6 km en sortant par la porte d'Embrun et en suivant la rampe directe qui rejoint la N 94. Franchir la Durance par la D 37.* On passe près d'un plan d'eau aménagé. Puis prendre un chemin de terre signalé **Fontaine pétrifiante du Réotier**. L'eau minéralisée, captée sur le versant schisteux de la rive droite, a formé des draperies de concrétions où se creuse une vasque surmontée d'une stalactite en forme de gargouille.

MONTMAUR   282 h.

Carte Michelin nº 77 pli 15 ou 245 pli 7.

Située à la jonction du Bochaine et du Dévoluy, au pied du Pic de Bure, Montmaur était l'une des quatre baronnies du Dauphiné. Dès le 11ᵉ s. c'était une place forte dont on aperçoit encore les ruines au-dessus du village.
Le château du Terrail, manoir du 18ᵉ s. (entre le château de Montmaur et la route de Gap), a vu naître le romancier **Ponson du Terrail** (1829-1871) dont le principal héros était le fameux Rocambole.

Château. — Le château actuel fut élevé par les Montauban au 14ᵉ s. C'était alors une forteresse médiévale flanquée de quatre tours. Au 16ᵉ s., la famille de Flotte agrandit le château et le décore dans le style Renaissance. A l'époque il était nettement plus imposant puisqu'un étage a été enterré et que les deux étages supérieurs ont disparu dans un incendie.
Sévère de l'extérieur avec son aspect de forteresse cantonnée de deux tours rondes, percée de quelques fenêtres à meneaux et d'une belle porte à bossages du 17ᵉ s., il est surtout intéressant pour sa décoration intérieure. Les quatre salles d'apparat sont ornées de cheminées monumentales aux sculptures insolites représentant des chimères, de plafonds à la française aux poutres décorées, de fresques et de frises aux motifs guerriers ou moralisateurs. Des portes sculptées de représentations symboliques, des gypseries, des trompe l'œil ajoutent au charme de cette demeure.
Des plaques commémoratives évoquent le séjour dans ce château en 1942-44 du réseau de la Résistance « La Chaîne » dirigé par le commandant Mauduit.

EXCURSION

Col du Festre. — *10 km par la D 937.* La route remonte la vallée de la Béoux au milieu d'un paysage désertique, passe par le défilé de Potrachon et parvient au col du Festre (alt. 1 441 m). De là, **vue** sur le Trièves, le Devoluy et les impressionnants escarpements de la montagne d'Aurouze.

---

*Dans le **guide Michelin France** de l'année*
vous trouverez un choix d'hôtels agréables, tranquilles, bien situés
avec l'indication de leur équipement :
piscines, tennis, plages aménagées, aires de repos...
ainsi que les périodes d'ouverture et de fermeture des établissements.

★★ **MOUSTIERS-STE-MARIE** 575 h. (les Moustierains)

Carte Michelin n° 🔲 pli 17 ou 🔲 pli 34 — Schéma p. 144 — Lieu de séjour.

La petite ville se présente dans un **site★★** étonnant au pied d'une brèche taillée dans la falaise calcaire qui domine la ville. Elle doit son nom au monastère qui fut fondé au 5ᵉ s. par saint Maxime, évêque de Riez, venu de l'abbaye de Lérins avec quelques moines. Ceux-ci avaient d'abord occupé des grottes dans la brèche.

Une chaîne de 227 m, à laquelle est accrochée une étoile dorée au-dessus de la chapelle de N.-D. de Beauvoir, complète la vision de Moustiers. Elle avait été scellée dans le roc en exécution d'un vœu fait par un chevalier de Blacas, revenu de croisade après une longue captivité.

Moustiers est célèbre par sa faïence qui fit sa fortune aux 17ᵉ et 18ᵉ s. Cette activité connaît une renaissance de nos jours comme en témoigne le nombre de boutiques et d'ateliers.

Bâtie à la sortie aval du Grand Canyon du Verdon (p. 144) et à proximité du lac de Ste-Croix (p. 119) elle constitue un centre d'excursions très fréquenté. Pour ceux qui y séjournent, une base de loisirs a été aménagée autour du plan d'eau à niveau constant qui se trouve au bout du lac de Ste-Croix. Chaque année la fête traditionnelle (fête de la Nativité de Notre-Dame) a lieu le 8 septembre. Pendant la neuvaine précédant cette journée, la « Diane » (voir p. 42) réveille les Moustierains au son des fifres et des tambourins puis, le grand jour arrivant, une montée aux flambeaux à la chapelle N.-D. de Beauvoir est suivie d'une messe puis de la fête populaire : bal, illuminations, jeux, etc.

La faïence de Moustiers. — Pour plus de détails, voir p. 36. Selon la tradition, un religieux venu de Faenza en Italie aurait apporté le secret de fabrication du bel émail que suivit Pierre Iᵉʳ Clérissy pour fabriquer, en 1679, les premières faïences de Moustiers, décorées alors d'un bleu clair et lumineux. A la manière italienne, elles représentèrent d'abord des scènes à personnages copiées des estampes — souvent des scènes de chasse. Suivirent des motifs mythologiques, et le décor à la Bérain, fait d'arabesques géométriques et de draperies.

En 1738, Joseph Olérys introduisit à Moustiers le procédé espagnol de la polychromie au grand feu. Appliquée à de petits objets de la vie quotidienne, la peinture d'oiseaux et de fleurs, parfois de personnages fabuleux (décor dit « aux grotesques »), remporta un grand succès. De Moustiers partait chaque année une immense caravane de mulets chargés de vaisselle et se rendant à la foire de Beaucaire.

Avec les frères Ferrat et Féraud, les chinoiseries, les thèmes exotiques, parfois des sujets d'actualité, firent leur apparition après 1770. A la fin du 18ᵉ s., douze ateliers fonctionnaient à Moustiers. Puis les fours s'éteignirent, le dernier en 1874.

C'est en 1925 que Marcel Provence entreprit de faire renaître cet art. Grâce à son effort, la faïence de Moustiers est à nouveau très appréciée.

CURIOSITÉS

★**Église** (B). — Son puissant clocher, caractéristique de l'art roman lombard, est taillé dans le tuf d'un brun doré et chaud. Il présente trois étages percés de fenêtres géminées et décorés d'arcatures aveugles retombant sur des piliers ou de fines colonnettes.

A l'intérieur le chœur roman fut remplacé par le chœur gothique au 14ᵉ s. et la nef qui aurait dû être construite dans le même alignement ne fut jamais réalisée. On conserva donc la nef romane du 12ᵉ s. qui forme avec le chœur un angle prononcée.

Le chœur gothique réunit trois nefs par un grand chevet plat. A sa base court une série d'arcatures géminées s'ouvrant sur des arcs en plein cintre à l'effet très décoratif. De belles stalles ouvragées du 16ᵉ s. (celle du prieur) et du 18ᵉ s. ornent ce chœur. Parmi le mobilier, remarquez aussi dans la nef une toile anonyme du 15ᵉ s. sur le thème de la communion des saints (le paysage représente le site de Moustiers à cette époque ; la fameuse étoile n'y figure pas).

La salle à la base du clocher a été aménagée pour recevoir des collections d'art sacré : plusieurs ex-voto dont l'un est daté de 1702, des plats de quête en cuivre du 15ᵉ s. ; ainsi qu'une belle collection de vases de Moustiers.

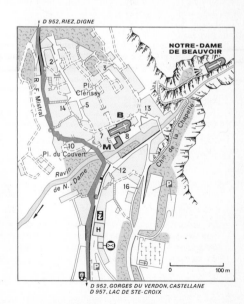

D 952, GORGES DU VERDON, CASTELLANE
D 957, LAC DE STE-CROIX

**MOUSTIERS-
SAINTE-MARIE**

Moustiers-Ste-Marie.

★**Musée de la Faïence (M).** — Il est installé près de l'église, sous le presbytère, dans
⊙ une vaste crypte médiévale bâtie pas les moines de Lérins.
Les vitrines sont consacrées aux grands faïenciers qui firent la gloire de Moustiers :
les Clerissy (1679-1783) dont les faïences présentent des motifs bleus sur fond
blanc ; les Olérys, Laugier et Chaix (1738-1790) : motifs de différentes couleurs,
inspiration chinoise ; les Fouque et Pelloquin (1749-1783) qui utilisent souvent le fond
jaune ; les frères Ferrat (1761-1794) qui s'inspirent de la technique et des décors de
Strasbourg. Intéressante collection de moules et d'outillage d'époque.

★**Chapelle N.-D. de Beauvoir.** — *1 h à pied AR.* Dès le haut Moyen Age la chapelle
appelée alors Notre-Dame d'Entreroches, fut l'objet d'un important pèlerinage. La
protection des évêques et même de certains papes, lui permirent d'étendre son
rayonnement au cours des siècles. Le pèlerinage se perpétue encore.
La chapelle est perchée au-dessus de la ville, sur un replat des hautes falaises. Le
large chemin qui y accède est formé de marches pavées de pierrailles. Tout le long il
offre des aperçus renouvelés du village et du ravin de Notre-Dame. La promenade est
jalonnée de 14 stations de chemin de croix décorées de tableaux de faïence réalisés
par Simone Garnier. On aboutit à une terrasse enclose de murs (restes d'enceinte
médiévale) et abondamment plantée d'arbres méditerranéens ; de là belle **vue** sur les
toits de Moustiers, la vallée de la Maire et le rebord rectiligne du plateau de Valensole.
Une première chapelle aurait été élevée là dès le 5e s. Sidoine Appolinaire, écrivain
gallo-romain et évêque de Clermont, y aurait fait un pèlerinage en 470. Reconstruite
au 12e s., elle fut remaniée au 16e s. Protégé par un auvent de tuiles vernissées
soutenu par de fines colonnettes, le porche roman est dominé par un clocher de la
même époque. La porte, aux très beaux vantaux de bois sculpté, date de la Renaissance.
A l'intérieur les deux premières travées sont romanes, les autres sont gothiques ainsi
que l'abside à cinq pans dont les nervures retombent sur des colonnes engagées.
Le retable baroque de l'autel met en valeur la statue de N.-D. de Beauvoir.

EXCURSIONS

★★★**Grand Canyon du Verdon.** — *Circuit de 154 km — 1 journée. Description p. 144.*

★**Lac de Ste-Croix.** — *Circuit de 70 km au départ de Moustiers — Environ 3 h —
Description p. 119.*

★★ NESQUE (Gorges de la)

Carte Michelin n° 🔠 plis 13 et 14 ou 🔠 plis 17 et 18.

La Nesque, longue de 70 km, prend sa source sur le versant Est du mont Ventoux et
se jette dans la Sorgue de Velleron au-delà de Pernes-les-Fontaines. Avant de pénétrer
dans la plaine comtadine, elle se fraye un passage dans les assises calcaires du plateau
de Vaucluse ; ces gorges représentent la partie la plus pittoresque de son cours.

DE SAULT A FLASSAN *52 km — Environ 2 h*

*Pour découvrir pleinement les gorges, il est recommandé de profiter de tous les
élargissements offerts pour garer son véhicule.*
Sault. — *Page 121.*

Quitter Sault par la D 942 au Sud-Est.

Cette route est tracée en corniche sur la rive droite de la Nesque.

Monieux. — 171 h. Ce vieux village pittoresque, en balcon au-dessus de la Nesque, est dominé par une haute tour du 12ᵉ s. reliée au village par des vestiges d'enceinte. De belles maisons médiévales ont conservé des portes anciennes.

Les gorges commencent à bien se dessiner quelques kilomètres après Monieux. Les parois abruptes frappent par leurs beaux coloris ocre et gris.

★★Belvédère. — Alt. 734 m. Situé à gauche de la route, il est signalé par une stèle portant un poème de Mistral tiré de Calendal. La **vue** remarquable fait découvrir l'enfilade des gorges et le pittoresque rocher du Cire très escarpé (872 m).

La descente s'amorce, la route franchit trois tunnels. Entre chaque ouvrage de belles vues s'offrent sur le site. A cet endroit, la Nesque coule au creux d'une entaille profonde enfoncée sous une abondante végétation et seul un murmure cristallin signale son rapide passage sur les galets.

La D 942 s'éloigne un peu des gorges et traverse la combe de Coste Chaude. A la sortie du quatrième tunnel, une belle **vue** se révèle en arrière sur les gorges profondes et le rocher du Cire. La route passe au pied du hameau ruiné de Fayol noyé dans la végétation provençale. Sur la rive gauche s'observe un important reboisement. Puis le paysage change brusquement, aux gorges succède la plaine comtadine ; jolie **vue** sur le mont Ventoux, Carpentras et sa campagne environnante. La très belle combe de l'Hermitage mène à Villes-sur-Auzon.

Villes-sur-Auzon. — 767 h. Les trois quarts de la superficie de la commune de Villes-sur-Auzon sont occupés par les pentes boisées du mont Ventoux. Le village même, gros bourg agricole, s'ordonne autour d'une vaste place et d'un noyau ancien. Un boulevard, bordé de platanes et agrémenté de fontaines, le ceinture.

Prendre la D 1 en direction de la Gabelle.

Cette route court sur le plateau et offre un large tour d'horizon qui permet de découvrir le mont Ventoux, les Dentelles de Montmirail, le bassin de Carpentras.

A l'entrée de la Gabelle, la **vue** se porte sur l'autre versant avec au premier plan l'entaille de la Nesque et, à l'horizon, la montagne du Luberon.

De la Gabelle prendre la route au Nord, traverser la D 1 et continuer vers Flassan.

La route descend dans un frais vallon boisé de conifères : pins, épicéas.

Flassan. — 295 h. Le bourg est égayé par le revêtement ocre des maisons et sa pittoresque place au cachet provençal.

★ PUGET-THÉNIERS 1 532 h. (les Pugetois)

Carte Michelin nº 195 plis 13 et 14 ou 245 pli 23 — Schémas p. 73 et p. 106.

Cette petite ville méridionale, très animée l'été, est ramassée au confluent de la Roudoule et du Var, au pied d'un éperon rocheux qui porte les ruines d'un château des Grimaldi. Son environnement montagneux en fait un centre d'excursions.

Louis-Auguste Blanqui (1805-1881) y naquit alors que son père était sous-préfet napoléonien à Puget-Théniers. Ce révolutionnaire, qui participa activement aux journées d'insurrection de 1848, passa plus de 36 ans de sa vie en prison.

CURIOSITÉS

★Vieille ville. — Elle s'étend surtout sur la rive droite de la Roudoule. On l'aborde par la place A.-Conil agrémentée d'une jolie fontaine : nombre de maisons anciennes conservent de belles portes et des enseignes gravées dans la pierre.

Église (B). — Construite au 13ᵉ s. par les Templiers, cette église romane fut rhabillée au 17ᵉ s. et reçut alors un riche décor tant sur les parois (voûte du chœur) qu'en matière de mobilier. Elle renferme de nombreuses œuvres d'art *(minuterie à gauche dans le sas d'entrée).*

Un étonnant **groupe sculpté★** en bois formant calvaire retient l'attention. Sur trois niveaux il représente la Crucifixion, la Mise au tombeau et la Résurrection. Les visages sont très expressifs et l'on admirera la représentation des corps des larrons sur leur croix et du Christ porté par ses disciples ployant sous l'effort.

PUGET-THÉNIERS

Adjudant-Chef Remond (R.)	2
Boyer (Bd F.)	4
Conil (R. A.)	5
Docteur A. Barety (Av.)	7
Docteur Gente (R.)	8
Hôpital (R. de l')	9
Jausserandy (R.)	12
Judaïque (R.)	13
Maurin (Promenade R.)	15
Miss Pell (Av.)	16
Papon (R.)	18
Verdun (R. de)	19
4 Septembre (R. du)	20

Les voies de traversée et d'accès sont renforcées sur nos plans de villes.

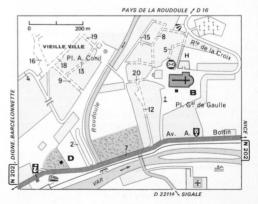

Au maître-autel, au-dessus d'une Vierge de l'Assomption polychrome taillée dans un tronc d'olivier, se trouve une œuvre datée de 1525, attribuée à Antoine Rouzen et appelée retable de **N.-D. de Secours★**. Le sujet en est la chaîne de supplication qui monte du donateur à Marie, d'elle au Christ, pour être offerte au Père. On remarquera la beauté des personnages de la Vierge et de saint Jacques.

★ **« L'Action enchaînée »** (D). — Cette statue de Maillol représentant une femme nue aux formes puissantes, les mains liées derrière le dos, est dédiée à la mémoire d'Auguste Blanqui. Elle s'élève sur une charmante place plantée de platanes centenaires en bordure de la N 202.

ⓥ **Train touristique entre Puget-Théniers et Annot.** — La ligne Nice-Digne (151 km) fut réalisée entre 1890 et 1911 et les chemins de fer de la Provence continuent à assurer des rotations quotidiennes entre ces deux villes. Entre Puget-Théniers et Annot, un train à vapeur touristique a été remis en service empruntant la voie Nice-Digne. Il remonte la vallée du Var, passe par Entrevaux puis suit les vallées des Coulomp et de la Vaire.

EXCURSIONS

★ **Pays de la Roudoule.** — *Circuit de 45 km — Environ 3 h.*

Au Nord de Puget-Théniers s'étend une région au relief tourmenté dans laquelle la Roudoule a creusé ses gorges et où se nichent d'agréables villages. Succession de bancs de calcaire, de marnes noires et de grès rouges, les paysages sont insolites.

ⓥ Les habitants des différents villages ont créé un **Écomusée du Pays de la Roudoule** dans le but de préserver et de mettre en valeur les tradi-

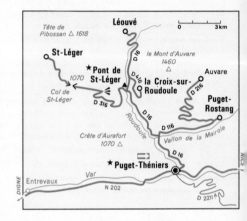

tions (activités agricoles, architecture rurale) et le patrimoine culturel de cette région.

Quitter Puget-Théniers par la D 16.

En montant, cette route offre un joli point de vue sur la vieille ville puis s'enfonce dans les gorges de la Roudoule.

Prendre à droite la D 116 vers Puget-Rostang.

La route suit le vallon de la Mairole. En approchant de Puget-Rostang on se trouve dans un de ces curieux paysages de marnes noires appelées les « robines ».

Puget-Rostang. — 85 h. Ce village perché est dominé par la tour carrée d'un château restauré.
La **maison de l'Écomusée du Pays de la Roudoule** y présente des expositions.

De Puget-Rostang on peut se rendre par une route en lacet à **Auvare** *(13 km AR)*, véritable nid d'aigle épaulé à un rocher, qui fut de nombreuses fois au cours de son histoire un refuge pour les fugitifs.

Revenir à la D 16 et poursuivre la remontée des gorges de la Roudoule.

★ **Pont de St-Léger.** — Il s'encadre dans un site étonnant. En contrebas on aperçoit le pont romain et, de part et d'autre, l'ancienne voie romaine pavée.

Poursuivre vers Léouvé et tourner à droite dans la D 416 vers la Croix-sur-Roudoule.

La Croix-sur-Roudoule. — 69 h. Village perché, plaqué contre le rocher, dont on peut admirer le **site★** au cours de la montée.
On y pénètre par une vieille porte fortifiée.
La petite **église** romane, à clocher-mur à 2 baies, renferme trois panneaux de retable de François Bréa représentant : à droite de l'autel saint Jean-Baptiste, à gauche saint Michel, sur un pilier à droite sainte Catherine.
Du sommet du village **vue** intéressante sur la haute Roudoule.

Revenir à la D 16 et tourner à droite.

Léouvé. — Le cirque de Léouvé est évidé dans les grès rouges primaires du Dôme de Barrot (2 137 m). De 1861 à 1929 des mines de cuivre y étaient exploitées et l'on voit encore les cheminées des fonderies.

Revenir jusqu'au pont St-Léger et le traverser.

La route s'élève jusqu'au col St-Léger puis l'on découvre un paysage très différent de celui des gorges de la Roudoule. Dans un cirque montagneux et verdoyant s'étend le village de St-Léger.

St-Léger. — 40 h. La petite **église** romane se coiffe d'un clocheton à arcatures.

Revenir vers Puget-Théniers.

Avant d'atteindre le pont St-Léger, **point de vue** sur la voie et le pont romain et le village de la Croix-sur-Roudoule.

Carte Michelin n° 77 plis 18 et 19 et 244 plis 43 et 44.

En partie inséré dans les territoire italien, accessible toute l'année uniquement par la combe du Queyras et en été par le col d'Izoard et le col Agnel (vers l'Italie), le Queyras forme un bastion isolé, véritable entité géographique, historique et humaine. Le bassin du Guil qui en est le cœur est l'une des régions les plus originales des Alpes du Sud. Grandiose dans son cirque supérieur dominé par le Mont Viso (alt. 3 841 m), charmant et reposant dans sa section intermédiaire d'Abriès à Château-Queyras, sévère dans son canyon inférieur « la Combe du Queyras », ce sillon est le point de convergence de vallées affluentes généreusement ouvertes dont la plus célèbre est la vallée de St-Véran.

Un relief original. — On distingue deux Queyras : à l'Est le Haut-Queyras est composé de schistes lustrés dans lesquels se sont infiltrées des nappes de roches éruptives (serpentine et porphyre aux si jolies teintes vertes) ; sculptées par les glaciers les vallées y ont pris des formes douces en faisant un pays aimable et accueillant. A l'Ouest le bas Queyras taillé dans les masses calcaires est un pays âpre et rude donnant des paysages impressionnants et inhospitaliers : la Casse déserte près du col d'Izoard et la combe du Queyras.

Un climat exceptionnel. — Les brouillards sont inconnus au Queyras, il y pleut rarement l'été et l'ensoleillement y est un des plus importants en France. Ce climat privilégié, qui unit à la luminosité d'un ciel méridional la fraîcheur de la haute montagne, donne beaucoup d'agrément au séjour aussi bien estival qu'hivernal. L'enneigement y est excellent sept mois par an ce qui a favorisé le développement de petites stations de ski.

La flore, d'une extrême variété (2 000 espèces), bénéficie de ce climat. Elle offre une particularité très intéressante pour les botanistes : du pied des pentes aux sommets elle présente un étagement d'espèces, des plantes méditerranéennes aux plantes alpines, des plus instructifs.

Un peu d'histoire. — Peuplé dès la préhistoire, le Queyras était le pays des Quariates, tribu d'origine ligure et celte.

Au Moyen Age les sept communes du canton d'Aiguilles forment l'un des 5 « escartons » institués par la charte de 1343 *(voir p. 58)*. Dans cette sorte de petite république, les habitants s'administrent librement. Ils conserveront cette indépendance jusqu'à la Révolution.

Les autres communes du Queyras se trouvent sous la suzeraineté de l'archevêque d'Embrun.

A partir du 16e s. la région est marquée par les guerres de Religion. Le protestantisme pénètre dans le Queyras vers 1560 et en 1587 une armée de huguenots, sous les ordres de Lesdiguières, s'empare de Fort Queyras. Les protestants sont alors en majorité. Après la révocation de l'Édit de Nantes (1685) de nombreuses familles émigrent en Suisse et en Allemagne.

Au 19e s., le Queyras reste à l'écart de l'industrialisation mais se nantit d'une première route carossable entre Guillestre et Château-Queyras en 1856.

Puis c'est le début d'une émigration qui voit passer la population de 8 500 habitants en 1836 à moins de 2 000 en 1968.

L'art populaire. — Le Queyras est particulièrement riche en réalisations d'art populaire, œuvres des paysans bloqués lors des longues soirées d'hiver dans leurs maisons à l'architecture originale *(voir p. 37)*.

Les **meubles** exécutés dans le bois de mélèze ou de pin cembro sont particulièrement réputés (belles collections aux musées de Grenoble, de Gap et le musée des Arts et Traditions Populaires à Paris). Traditionnellement les meubles les plus courants étaient les lits clos, les coffres de mariage, les rouets, les berceaux. Ils sont décorés de motifs géométriques (rosaces, étoiles, cercles…) taillés au couteau dans le bois *(voir photo p. 23)*.

Cette tradition se perpétue aujourd'hui avec le Syndicat des Artisans d'Art en meubles et objets sculptés du Queyras créé en 1968. Une exposition-vente de leurs réalisations a lieu tous les étés à Aiguilles.

Les **cadrans solaires** sont nombreux dans ce pays où le soleil brille 300 jours par an. Les gracieux motifs qui les ornent ont souvent été réalisés par des peintres itinérants venant d'Italie. Des maximes ou des sentences religieuses, témoignant de la sagesse populaire, les complètent *(voir p. 38)*.

Les croix de mission appelées aussi **croix de la Passion,** parce qu'elles portent les instruments de la Passion du Christ, sont caractéristiques de la région. On peut en voir plusieurs à St-Véran et à Ceillac.

Enfin les nombreuses **fontaines** en bois, avec le bassin rectangulaire, la cuve ronde et le chéneau en bois, sont des exemples supplémentaires de l'habileté des artisans queyrassins.

Le renouveau économique. — L'avenir du Queyras isolé et dépeuplé s'annonçait assez sombre quand vers 1960 des dispositions ont été prises pour redonner de l'allant à son économie : modernisation de l'agriculture, développement de l'artisanat et surtout tourisme.

La mise en place d'un syndicat intercommunal en 1966 suivi par la création du **Parc naturel régional du Queyras** en 1977 *(voir p. 18)* ont permis d'appuyer ces efforts. La capacité d'hébergement s'est développée rapidement : St-Véran, Abriès, Ceillac se sont équipées en remontées mécaniques mais la région se prête surtout au ski de fond et à la randonnée à ski ou à pied.

★★ COMBE DU QUEYRAS

① De Guillestre à Château-Queyras

17 km — Environ 1 h

Guillestre. — *Page 94.*

Quitter Guillestre par la D 902.

★ Table d'Orientation de Pied-la-Viste. — Elle est située sur une butte, en contre-haut de la route. Par la vallée de la Durance et la trouée de la Vallouise se découvrent, lointaines mais majestueuses, les cimes du massif Pelvoux-Écrins.

De Pied-la-Viste à la Maison du Roy la vallée se rétrécit, la route passe sous plusieurs tunnels. Dans ce passage, les roches noirâtres, violemment tranchées, prennent localement de vives et curieuses colorations tirant sur le mauve.

Maison du Roy. — Louis XIII, se rendant en Italie en 1629, se serait arrêté dans cette auberge, d'où son nom. Un tableau conservé à l'intérieur marqué des armes de France serait un don du roi.

A la Maison du Roy s'embranche la route vers la vallée de Ceillac (p. 110). On poursuit la D 902.

On pénètre dans la **combe du Queyras★★** proprement dite, étroit défilé aux pentes abruptes.

De la Maison du Roy à la chapelle, la combe est encore épanouie et son versant ubac est tapissé de pins. Entre la chapelle et le rocher de l'Ange Gardien la route taillée à mi-pente dispute la place au Guil dont on admire l'abondance et la limpidité. Au pied du roc de l'Ange Gardien a été érigé un sobre monument aux morts de la vallée du Queyras.

On découvre ensuite le site remarquable de Château-Queyras avec son fort surmontant le verrou rocheux.

★ Château-Queyras. — *Page 70.*

★★ ROUTE DE ST-VÉRAN

② De Château-Queyras à St-Véran

15 km — Environ 1/2 h

★ Château-Queyras. — *Page 70.*

Quitter Château-Queyras par la D 947 vers l'Est puis à Ville-Vieille tourner à droite dans la D 5.

Ville-Vieille. — Ce village fait partie de la commune Château-Ville-Vieille. L'**église** présente un portail, dont les voussures reposent sur des têtes sculptées, et s'orne d'un beau cadran solaire sur le clocher.

La route grimpe à travers les mélèzes de l'ubac, elle offre une jolie vue sur la vallée du Guil, vers l'aval : on aperçoit Château-Queyras et, en arrière, le piton de l'Aiguille du Ratier. Après un lacet, on pénètre dans la vallée de l'Aigue Blanche, dominée par les sommets très boisés du Sommet Bucher *(p. 70).* En sortant du ravin de Prats, remarquer, émergeant des mélèzes du versant opposé, une **demoiselle coiffée** *(voir p. 14).*

Bientôt en avant, la vue se dégage sur la vallée de l'Aigue Blanche qui semble fermée par la Tête de Longet.

La Rua. — Passer à l'intérieur du village *(traversée étroite)* pour voir l'architecture de ce premier hameau typique de la vallée de St-Véran. Quelques « mayes », granges bâties entièrement, à la mode des 17e et 18e s., de madriers grossièrement assemblés, et couvertes de « bardeaux » (lattes), subsistent encore. A l'entrée du village à droite une maison d'habitation ancienne a gardé une fenêtre géminée.

Molines-en-Queyras. — 375 h. (les Molinards) — *Lieu de séjour.* Dans le vieux village pittoresque commencent à apparaître, se superposant aux habitations, les vastes greniers à auvents appelés « fustes » : les récoltes sont mises là pour mûrir après la moisson que la rigueur du climat force à faire prématurément.

La route continue à s'élever dans un beau paysage de prés-bois. On aperçoit soudain les maisons de St-Véran échelonnées sur leur « adret » ensoleillé. Au fond apparaissent les crêtes frontière, ébouleuses et noirâtres (Tête des Toillies).

★★ St-Véran. — *Page 118.*

LE HAUT QUEYRAS
③ De Château-Queyras au belvédère du Mont Viso

30 km — Environ 1 h

Ce trajet dans le Haut Queyras fait goûter le charme de la section la plus ouverte et la plus agréable de la vallée du Guil, de Château-Queyras à Abriès, puis fait découvrir, au-delà, de beaux panoramas sur le Mont Viso.

★ **Château-Queyras.** — *Page 70.*

> *Quitter Château-Queyras par la D 947, route d'Abriès.*

La route remonte la vallée du Guil, dont le versant « ubac » se revêt de splendides forêts de pins et de mélèzes. La **vue** se dégage, en avant, sur la crête frontière, dominée par la pyramide du Bric Bouchet (alt. 3 216 m).

★ **Aiguilles.** — 310 h. (les Aiguillons). Dans un site extrêmement plaisant, Aiguilles, la villégiature la plus animée du Queyras, bénéficie largement du climat privilégié de cette haute vallée. Les fidèles de la station apprécient particulièrement les charmes des sous-bois de mélèzes environnants. En hiver Aiguilles offre aux skieurs des pistes bien ensoleillées.

On aperçoit quelques riches demeures construites au 19e s., et au début du 20e s. par des Aiguillons qui avaient fait fortune en Amérique du Sud et que l'on surnommait les « Américains ».

Ⓥ La **Maison du Queyras** présente des expositions sur la région ainsi que les meubles en bois réalisés par les artisans queyrassins *(voir p. 35)*.

Au-delà d'Aiguilles le versant adret de la vallée, complètement découvert, forme avec le versant ubac boisé (forêt de Marassan) un contraste frappant.

Abriès. — 322 h (les Abriessois). Au confluent du Guil et du torrent du Boucher, cette localité détruite pendant la guerre et reconstruite depuis, est, selon les saisons, une base d'alpinisme et d'excursions aussi bien que de ski de fond et de randonnée. En hiver, le télésiège du Jilly et les téléskis qui le prolongent (alt. 2 400 m), attirent de nombreux skieurs.

L'**église**, surmontée d'un clocher à flèche octogonale encadrée de pyramidions, a été endommagée par la crue de 1728 qui emporta le cimetière et le porche. Les lions furent retrouvés dans le torrent. Sur le cadran solaire on peut lire « Il est plus tard que vous ne croyez ».

Le village est dominé par un calvaire composé de 14 stations.

D'Abriès on peut se rendre à **Valpreveyre** en suivant le torrent du Bouchet et en tournant à droite au Roux (6 km). Ce parcours offre de belles vues sur les sommets environnants.

> *Après Abriès continuer par la D 947.*

La vallée du Guil change d'orientation et le paysage devient plus sévère. La route longe **Ristolas** et le hameau de **la Monta.** Tous deux furent détruits pendant la dernière guerre et reconstruits depuis.

Après la Monta se détachent en avant la Grande Aiguillette avec ses glaciers, puis à droite et plus proche, la crête de la Taillante, au tranchant effilé.

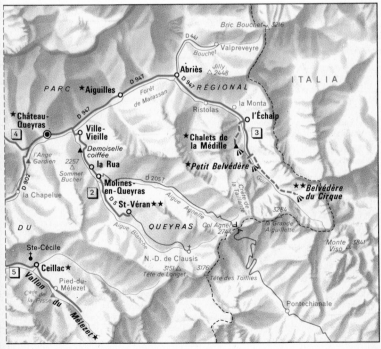

Mont Viso.

L'Echalp. — Dernier hameau de la vallée, qui fut détruit par une avalanche en 1948, il est aujourd'hui le point de départ des excursions aux belvédères du Mont Viso.

La promenade aux **chalets de la Médille★** *(1 h 1/2 à pied AR)* permet d'avoir une belle vue sur le Viso. Traverser le Guil sur le premier pont en amont de l'Echalp et suivre le chemin muletier qui s'élève bientôt dans un ravin affluent pour déboucher, en vue du Viso, sur le plateau de la Médille, ravissante prairie encadrée de mélèzes.

La route remonte la vallée de plus en plus étroite et passe près d'un gros rocher « la roche écroulée » qui sert d'école d'escalade. Laisser la voiture juste après pour prendre le sentier du petit belvédère.

★**Petit Belvédère du Mont Viso.** — *1/2 h à pied AR.* Le mont Viso (alt. 3 841 m) pyramide rocheuse bien dégagée aux lignes pures et élégantes, est situé en territoire italien, mais sa face Nord ferme de façon admirable la vallée supérieure du Guil.

★★**Belvédère du Cirque.** — *Au franchissement du Guil, la route est coupée, il faut donc continuer à pied jusqu'au belvédère (4 h AR.). De là on a une vue magnifique sur l'ensemble du Haut-Guil et le Viso. Le refuge Ballif-Viso est à 1 h de marche.*

VALLÉE D'ARVIEUX
④ De Château-Queyras à Brunissard
10 km — Environ 1 h — Schéma p. 108 et 109

Cette vallée fait aussi partie de l'itinéraire du col d'Izoard *(p. 95)* où elle est décrite en sens inverse.

★**Château-Queyras.** — *Page 70.*

2 km après Château-Queyras prendre la D 902, route du col d'Izoard.

Arvieux. — 324 h. (les Arvidans). Ce village et les hameaux qui font partie de la commune présentent une architecture originale avec des maisons à arcades, des planchers en billons de bois et des toits en bardeaux de mélèze.

Bénéficiant des avantages climatiques du Queyras, Arvieux s'est développée comme séjour estival et surtout comme centre de sports d'hiver.

L'**église** du 16e s. a conservé un porche et une porte du 11e s. dont les chapiteaux sont sculptés de personnages naïfs.

La Chalp. — Au-dessus d'Arvieux, ce hameau abrite la coopérative « L'Alpin chez soi » qui, depuis 1920, fabrique des jouets en bois décorés à la main *(voir détails p. 35)*.

Brunissard. — Le curieux **campanile** en bois domine le four banal. Sa cloche servait à appeler la population lors de réunions.

★LA VALLÉE DE CEILLAC
⑤ De la Maison du Roy à Ceillac
9 km — Environ 1 h — Schéma p. 108 et 109

Maison du Roy. — *Page 108.*

On prend la D 60 vers Ceillac.

La route remonte la vallée du Cristillan, d'abord profondément encaissée entre les versants boisés de pins et de mélèzes, puis s'élargissant en un ample bassin encadré d'immenses pentes rases. Au milieu se dresse, isolée, l'élégante **église Ste-Cécile** (14e-15e s.), autrefois église paroissiale de Ceillac. Son tympan est orné d'une peinture représentant une Pietà.

★**Ceillac.** — 292 h. (les Ceillaquins). *Sports d'hiver.* Jusqu'à la Révolution, Ceillac était placée sous la souveraineté des archevêques d'Embrun et eut une histoire séparée de celles des autres communes du Queyras.

Aujourd'hui ce joli village s'étalant dans un beau cirque alpestre que ferme le vallon du Mélezet, se développe comme centre de sports d'hiver.

Au cœur du village, l'**église St-Sébastien** dominée par un très curieux clocher du 18e s., comprenant 5 cloches sous un abat-son, présente un intérieur intéressant. Le chœur est orné de peintures murales du 16e s. montrant au centre le Seigneur en rouge dans une mandorle et au-dessous trois tableaux qui évoquent l'empereur Dioclétien envoyant saint Sébastien en prison.

Sous cette peinture, une châsse contient un émouvant Christ en épicéa du 16e s., qui se trouvait autrefois sur la place.

Au fond de l'église remarquer les deux fonts baptismaux en pierre.

Ⓥ Attenante à l'église, la **chapelle des Pénitents** abrite un musée d'art religieux rassemblant les trésors de l'église et des chapelles des hameaux : statues, retables, vases sacrés, peintures etc.

★**Vallon du Mélezet.** — *On peut le remonter en voiture sur 5 km.* Parsemé de hameaux à demi-ruinés aux curieuses chapelles, il présente des versants revêtus de mélèzes qui dépassent l'altitude de 2 000 m. A droite apparaît la pointe neigeuse de la Font-Sancte (alt. 3 587 m).

En face du hameau de Pied-du-Mélezet, coule la **cascade de la Pisse.**

Actualisée en permanence,
*la **carte Michelin** au 200 000e bannit l'inconnu de votre route.*

Elle indique les parcours difficiles ou dangereux, les pentes notables,
les bacs passant, ou non, les autos,
les ponts à limite de charge, les passages à hauteur limitée...

*Équipez votre voiture de **cartes Michelin** à jour.*

RIEZ
1 734 h. (les Réiens)

Carte Michelin n° 🎆 pli 16 ou 🎆 pli 34.

Au confluent de l'Auvestre et du Colostre, Riez (prononcer « Riess ») est une petite ville animée dominée par le mont St-Maxime. Cité gauloise, puis colonie romaine, elle fut le siège d'un évêché du 5e s. à la Révolution et tint pendant des siècles une place importante dans la région.

Située au pied du plateau de Valensole, Riez vit essentiellement de la lavande. Parmi ses autres activités citons la faïencerie due à la proximité de Moustiers et la fabrication de santons provençaux.

CURIOSITÉS

★**Baptistère.** — C'est l'un des rares édifices mérovingiens encore debout en France. Il
Ⓥ aurait été élevé au 5e s. mais sa coupole a été refaite au 12e s. Il comprend une salle octogonale inscrite dans une construction de plan carré ; quatre absidioles, dont l'une contient l'autel, se greffent sur les pans coupés et s'enfoncent dans la maçonnerie sans faire saillie à l'extérieur. Huit colonnes antiques de granit, surmontées de chapiteaux corinthiens en marbre, disposées en cercle, entourent la cuve baptismale dont il ne reste que des débris ; une coupole couvre la salle.

Un musée lapidaire y est installé présentant les vestiges trouvés au cours des fouilles : autels, inscriptions romaines, sarcophages etc.

De l'autre côté de la route, en face du baptistère, ont été dégagées les bases d'une cathédrale paléo-chrétienne qui remonterait aussi au 5e s., date de la fondation de l'évêché.

Colonnes romaines. — Dans une prairie se dressent quatre belles colonnes aux fûts monolithes de granit, surmontées de chapiteaux corinthiens en marbre blanc, qui supportent encore une architrave. Ce sont les vestiges d'un temple élevé, vers la fin du 1er s. après J.-C., probablement à Apollon.

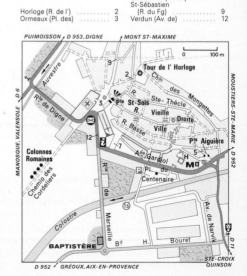

RIEZ

Horloge (R. de l')	2
Ormeaux (Pl. des)	3
Pte Aiguière (R.)	5
Quinconce (Pl. du)	7
St-Sébastien (R. du Fg)	9
Verdun (Av. de)	12

Vieille ville. — Des places du Quinconce et du Centenaire, typique cours provençal planté de platanes, on longe la ville ancienne pour pénétrer par la **porte Aiguière** (13e-14e s.) qui donne accès à la **rue Droite**. Le long de cette rue s'élèvent d'anciennes demeures : maisons en encorbellement, hôtel de Mazan, au no 12, et maisons Renaissance aux nos 27 et 29. Arrivé à la **porte St-Sols** d'où s'offre un intéressant point de vue sur la **Tour de l'Horloge,** on redescend le long de l'église jusqu'à la place du Quinconce.

Ⓥ **Musée « Nature en Provence » (M).** — Il occupe plusieurs salles au-dessous de l'hôtel de ville dont le bâtiment (15e s.) abritait le palais épiscopal. Ce musée retrace l'histoire géologique de la Provence de l'ère primaire à nos jours. Quatorze grandes vitrines, comportant des notices explicatives et des illustrations, présentent 3 000 échantillons de minéraux, roches et fossiles portant sur 600 millions d'années. On remarque tout particulièrement un **échassier fossile★**, vieux de 35 millions d'années, au squelette parfaitement conservé dans les boues marneuses de l'époque.

Une belle salle voûtée présente des plantes, insectes et vertébrés de la Provence contemporaine, ainsi que des expositions temporaires.

EXCURSIONS

Mont St-Maxime. — *2 km au Nord-Est de la ville par la rue du Faubourg St-Sébastien.* Cette colline haute de 636 m constitue un paysage familier de Riez.

Chapelle St-Maxime. — Elle a conservé son abside romane dont le déambulatoire est constitué par six belles colonnes corinthiennes, réemploi de matériaux antiques.

★**Panorama.** — La chapelle est bordée d'une terrasse ombragée de beaux pins d'où la **vue** s'étend sur une partie du Riez, le plateau de Valensole, les Préalpes de Castellane, les plans de Canjuers, les collines du Haut-Var, le Luberon et la montagne de Lure.

Ⓥ **Maison de l'abeille et du miel.** — *2 km au Nord-Est sur la route de Puimoisson.* Un producteur de miel de lavande présente une exposition sur l'activité apicole : vie d'une ruche, récolte et confection du miel etc.

ROUBION   83 h.

Carte Michelin no 🔲🔲🔲 pli 5 ou 🔲🔲 Sud du pli 10 ou 🔲🔲🔲 pli 24.

Ce village perché à 1 200 m d'altitude occupe un **site★** impressionnant sur une arête de rocher rougeâtre.

Il a conservé une partie de ses remparts du 12e s., des maisons anciennes, un beffroi taillé en plein roc et, sur la place, la fontaine du Mouton (18e s.).

CURIOSITÉS

Église. — De l'église d'origine subsiste un clocher roman crénelé. A l'intérieur de l'édifice du 18e s., la première chapelle de droite offre un amusant décor à la fois naïf et baroque ; dans la chapelle voisine, belle Vierge du 15e s. La chapelle de gauche, près du chœur, présente un beau groupe sculpté : le Christ en croix avec les saintes femmes (15e s.).

Ⓥ **Chapelle St-Sébastien.** — *En contrebas du village, à droite dans le premier virage de la D 38 vers St-Sauveur-sur-Tinée.* Ce petit édifice rural du 16e s. est orné d'un cycle de peintures murales. Douze panneaux figurent la légende de la vie de saint Sébastien commentée en vieux provençal. On y retrouve aussi le thème répandu des vices et des vertus *(voir p. 33).*

A l'extérieur : saint Michel terrassant le dragon.

★ ROURE   112 h.

Carte Michelin no 🔲🔲🔲 pli 5 ou 🔲🔲 Sud du pli 10 ou 🔲🔲🔲 pli 24.

Perché au-dessus de la Vionène et de St-Sauveur-sur-Tinée, dans un très beau cadre montagneux, ce village frappe par l'architecture des bâtiments et leur couleur grenat. La plupart des maisons construites aux 17e et 18e s. se composent d'un soubassement en schiste rouge, matériau que l'on retrouve sous forme de lauzes sur les toits. Certaines ont conservé des pans de mur en troncs de mélèzes équarris.

Roure était une ancienne possession des seigneurs de Beuil et seules quelques ruines subsistent de leur château qui se trouvait sur le rocher en face de l'église.

CURIOSITÉS

Ⓥ **Église.** — Elle contient deux belles œuvres d'art. Au maître-autel, le **retable de saint Laurent★** (16e s.), aux beaux coloris vert et rouge sur fond or, est encadré de colonnes torsadées et surmonté d'une Mise au tombeau. Dans la première chapelle de gauche, le retable de l'Assomption a été peint dans la manière de François Bréa.

Ⓥ **Chapelle St-Bernard et St-Sébastien.** — Elle abrite des fresques d'Andrea de Cella, de facture assez naïve, qui racontent la vie de saint Bernard de Menthon et de saint Sébastien, guérisseur de la peste et du choléra. Des frises Renaissance séparent les compartiments.

★ ROUTE NAPOLÉON

Carte Michelin n° **81** plis 5, 6, 16, 17 et 18 ou **245** plis 7, 20, 21, 22, 35 et 36.

La Route Napoléon, reconstitution du trajet suivi par l'Empereur à son retour de l'île d'Elbe, depuis son débarquement à Golfe-Juan jusqu'à son arrivée à Grenoble, a été inaugurée en 1932.

Sur les plaques commémoratives et les monuments du parcours figurent des aigles aux ailes déployées dont le symbole est inspiré des paroles de Napoléon : « L'Aigle volera de clocher en clocher jusqu'aux tours de Notre-Dame ».

UN PEU D'HISTOIRE

Débarqués à Golfe-Juan, le 1er mars 1815, Napoléon et sa petite troupe, précédés d'une avant-garde, gagnent Cannes où ils arrivent tard et d'où ils repartent tôt le lendemain. Voulant éviter la voie du Rhône qu'il sait hostile, Napoléon fait prendre alors la route de Grasse pour gagner, par les Alpes, la vallée de la Durance.

Au-delà de Grasse, la colonne s'engage dans de mauvais chemins muletiers : elle s'arrête à St-Vallier, Escragnolles, Séranon d'où, après une nuit de repos, elle gagne Castellane (3 mars) ; dans l'après-midi, elle atteint Barrême. Le lendemain (4 mars), déjeuner à Digne, puis Napoléon fait étape le soir au château de Malijai, attendant avec impatience des nouvelles de Sisteron dont la citadelle, commandant le passage étroit de la Durance, peut lui barrer la route.

Sisteron n'est pas gardée, Napoléon y déjeune (5 mars), puis quitte la localité dans une atmosphère de sympathie naissante. Ayant rejoint la route carrossable, il arrive le soir à Gap et y reçoit un accueil enthousiaste. Le 6 mars, il va coucher à Corps. Le 7, il gagne la Mure, puis trouve en face de lui, à Laffrey, des troupes envoyées de Grenoble. C'est ici que se situe l'épisode fameux — commémoré par un monument — qui retourne la situation en sa faveur. Le soir même, Napoléon fait son entrée à Grenoble aux cris de « Vive l'Empereur ».

Nous décrivons ci-dessous l'itinéraire suivi par l'Empereur du col de Valferrière au col Bayard. La première partie de l'itinéraire, de Golfe-Juan au col de Valferrière, est décrite dans le guide Vert Michelin Côte d'Azur et la dernière partie, entre le col Bayard et Grenoble, dans le guide Vert Michelin Alpes du Nord.

DU COL DE VALFERRIÈRE AU COL BAYARD

180 km — Compter 1 journée

Après le col de Valferrière, la route s'engage dans la **clue de Séranon.** Le village de **Séranon** niché au milieu de forêts de pins abrita l'Empereur la nuit du 2 au 3 mars.

Dans la descente du col de Luens où l'on aborde les Préalpes de Castellane, on découvre des vues sur Castellane, se lovant au pied de son rocher surmonté de la chapelle N.-D. du Roc.

★**Castellane.** — *Page 67.*

De Castellane à Châteauredon, la route suit la vallée de l'Asse qui a scié, perpendiculairement aux crêtes abruptes des « serres » de Haute-Provence, des gorges et des « clues », portes rocheuses qui présentent de belles stratifications parfois redressées à la verticale.

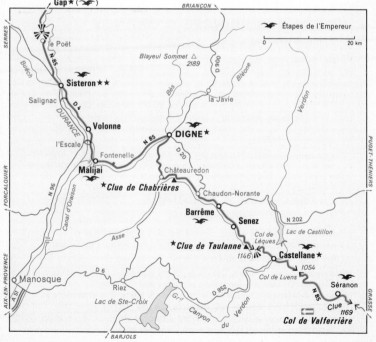

La montée au col des Lèques (alt. 1 146 m) offre de jolies **vues** sur Castellane, le lac de Castillon et une bonne partie des Préalpes de Provence.

★ **Clue de Taulanne.** — Par cette ouverture, spectaculairement taillée dans le roc, on passe du bassin du Verdon à celui de l'Asse.

6 km plus loin, traverser l'Asse pour entrer dans Senez.

Senez. — *Page 122.*

Rejoindre la N 85 et poursuivre vers Digne.

Barrême. — 421 h. Les géologues ont donné le nom de « barremien » à un étage géologique du crétacé inférieur particulièrement bien représenté dans cette région.

Près de la petite place, une inscription sur une maison au bord de la N 85 rappelle que Napoléon passa ici la nuit du 3 mars 1815.

A la sortie de Chaudon-Norante, on entre dans les Préalpes de Digne. Le chemin emprunté par l'Empereur suivait le tracé de l'actuelle D 20 jusqu'à Digne mais l'on poursuit par la N 85.

★ **Clue de Chabrières.** — Elle est resserrée entre de hautes murailles calcaires.

★ **Digne.** — *Page 77.*

Sortir de Digne par ③ du plan.

La N 85 poursuit son parcours dans la vallée de la Bléone, entre le plateau de Valensole et les Préalpes de Digne. A droite, se dresse la silhouette hardie du château de Fontenelle, avec ses quatre tourelles d'angle coiffées de toitures en éteignoir.

ⓨ **Malijai.** — 1 605 h. Le long de la Bléone s'élève l'élégant **château** du 18e s. où Napoléon fut hébergé du 4 au 5 mars. Il y passa inconfortablement la nuit dans un fauteuil. Le château est célèbre pour sa décoration intérieure de gypseries.

Après Malijai, l'horizon s'élargit sur la vallée de la Durance et la masse bleutée de la montagne de Lure. La N 85 longe le canal d'Oraison jusqu'à l'Escale où un important barrage contient les eaux de la Durance.

Laisser le pont, à gauche, et poursuivre vers le Nord par la D 4.

Volonne. — 1 309 h. Entouré de beaux vergers, ce village est pittoresquement accroché à un éperon surmonté de deux vieilles tours. Au Nord du bourg subsistent les vestiges de l'**église St-Martin**, témoin du premier art roman primitif du 11e s. avec son plan basilical. Elle est composée d'un vaisseau central de cinq travées et de collatéraux séparés de la nef par de puissantes colonnes supportant des arcs. La toiture a disparu et l'on découvre cette architecture sous le soleil et les frondaisons.

Peu après le barrage de Salignac la route offre, en s'approchant de Sisteron, une **vue**★ complète du site de la ville.

★★ **Sisteron.** — *Page 125.*

La N 85 suit tout d'abord le Buëch puis la vallée de la Durance par un tracé longeant le canal E.D.F. d'amenée à la chute de Sisteron.

Faire halte à la table d'orientation *(1/4 h)* à la sortie du village du Poët (sur l'ancien tracé de la N 85) pour détailler le **panorama** sur les sommets du Gapençais, de l'Embrunais et des Écrins. Après la déviation de la Saulce le parcours atteint le bassin de Gap.

★ **Gap.** — *Page 93.*

Après Gap, la N 85, par une dure montée, s'élève jusqu'au **col Bayard** (alt. 1 246 m - table d'orientation) en vue des fonds bocagers du bassin de Gap.

ROUTE DES PRINCES D'ORANGE

Carte Michelin n° 🎱 plis 3, 4, 5 et 12 ou 🎱🎱🎱 plis 17, 18 et 19.

Partant d'Orange et aboutissant à Eyguians dans la vallée du Buëch, la Route des Princes d'Orange, longue de 109 km, constitue un itinéraire touristique qui relie la vallée du Rhône et les Hautes-Alpes en empruntant les vallées de l'Ouvèze et du Céans. L'antique voie gallo-romaine fut probablement empruntée par Hannibal en 218 avant J.-C., lorsqu'il franchit les Alpes à la tête de 60 000 hommes. Du 14e au 18e s., cette route servit de liaison entre la principauté d'Orange et la baronnie d'Orpierre, longtemps dépendantes de la maison d'Orange-Nassau, ancêtre de la famille d'Orange encore régnante aux Pays-Bas.

Dans ce guide nous ne décrivons que la partie entre Entrechaux et Eyguians. Orange et Vaison-la-Romaine qui constituent les premières étapes de cette route des Princes d'Orange sont décrites dans le guide Vert Provence.

D'ENTRECHAUX A EYGUIANS

78 km — environ 3 h — schéma p. 54 et 55

Entrechaux. — 724 h. Ce village, dominé par les ruines perchées de son château dont un donjon de 20 m, est une ancienne possession des évêques de Vaison.

Emprunter la D 13 au Nord-Est.

Mollans-sur-Ouvèze. — 690 h. C'est la porte des Baronnies et cette petite ville bâtie sur les bords de l'Ouvèze joua longtemps le rôle de ville frontière.

Le pont qui enjambe l'Ouvèze fait le lien entre la basse ville et la haute ville. Du côté basse ville on peut admirer une élégante **fontaine** (18e s.) surmontée d'un dauphin symbole du passage entre les anciennes provinces de la Provence et du Dauphiné. Derrière, un lavoir couvert (18e s.) s'ouvre par six arcades.

Du côté haute ville, le pont est dominé par le beffroi édifié sur une ancienne tour ronde de l'enceinte. En face la petite chapelle N.-D. de la Compassion est construite en encorbellement au-dessus du lit de l'Ouvèze. De là une promenade à pied à travers les ruelles étroites du haut Mollans mène à l'église et au château dont il ne subsiste que le gros donjon carré.

Pierrelongue. — 84 h. Dominant le village sur un piton rocheux, l'**église** de Pierrelongue est une apparition totalement incongrue dans ce paysage. C'est la réalisation du rêve d'un curé qui, à la fin du 19e s. en pleine période d'anticléricalisme, s'obstina à construire une chapelle dédiée à Notre Dame de la Consolation. Les rampes d'accès qui y mènent évoquent l'architecture des viaducs de chemin de fer de l'époque.

Buis-les-Baronnies. — *Page 66.*

La D 546 franchit les pittoresques **gorges d'Ubrieux** creusées par l'Ouvèze.

St-Auban-sur-l'Ouvèze. — 213 h. Bâti sur un promontoire rocheux au confluent des vallées de l'Ouvèze et du Charuis, le vieux village de St-Auban conserve des tours, un rempart et deux portes témoins de son système défensif. De la terrasse, belle **vue** sur la montagne de la Clavelière et sur la châtaigneraie qui entoure le village.

Après St-Auban, prendre la D 65 qui passe par le col de Perty.

La route traverse le village de Ruissas aux maisons massives puis s'élève en lacet parmi un paysage sauvage en dévoilant des **vues** sur l'ensemble des Baronnies.

★★**Col de Perty.** — Alt. 1 303 m. Un sentier à droite du col, mène à la table d'orientation *(10 mn AR à pied)*. Beau **panorama** sur le bassin de la Durance et les Alpes du Sud à l'Est, la vallée de l'Ouvèze et le massif du Ventoux à l'Ouest, et au-delà par temps clair sur les Cévennes et le mont Lozère.
La descente vers Laborel suit le vallon de Céans.

Orpierre. — *Page 54.*

Après Orpierre et quelques défilés, la vallée du Céans s'élargit brusquement et Lagrand apparaît posé sur un petit plateau dominant le confluent de Buëch, du Céans et de la Blaisance.

Lagrand. — 212 h. Ce village fut au Moyen Age le siège d'un important prieuré conventuel relevant de l'ordre du Saint-Sépulcre de Jérusalem puis à partir de 1365 de l'ordre de Cluny. Du prieuré ne subsiste que l'**église,** édifice roman encore en parfait état malgré les mutilations dues aux guerres de Religion. La large nef, couverte d'un berceau brisé, se termine par une abside pentagonale prise dans un chevet rectangulaire. Le décor intérieur est limité à quelques chapiteaux à décor floral. Dans une niche latérale à droite remarquer un tabernacle en bois doré.
La façade Ouest est percée d'un portail très restauré. Sur la façade Sud une porte s'ouvrait sur le cloître et une autre mettait en communication l'étage des bâtiments conventuels et l'église. Des enfeus ont été ménagés à la base de cette façade.

Eyguians. — 191 h. La route des Comtes d'Orange y rejoint la vallée de Buëch. C'est une ancienne seigneurerie des barons de Mevouillon qui tenaient toutes les Baronnies *(v. p. 101).*

ST-DALMAS-LE-SELVAGE 151 h.

Carte Michelin n° 81 pli 9 ou 245 Nord du pli 23.

Au bout de la vallée de la Tinée, St-Dalmas est la commune la plus haute des Alpes-Maritimes. De ce village, perdu dans un site majestueux et sauvage n'apparaît d'abord que l'église et son haut clocher se détachant sur le vallon du Jalorgues.

St-Dalmas-le-Selvage.

CURIOSITÉS

ⓥ **Église.** — Construite au 17ᵉ s. mais d'allure romane elle est accolée à un clocher lombard et couverte de bardeaux de mélèzes.
Sa façade, décorée de peintures en trompe-l'œil, dont l'une représente saint Dalmas martyr du 3ᵉ s. qui évangélisa les Alpes, a été récemment restaurée par le fresquiste Guy Ceppa.
A l'intérieur : beau retable de saint Pancrace du 16ᵉ s. et quelques tableaux intéressants.

Village. — Ses ruelles étroites sont bordées de solides maisons en schiste sombre, traditionnellement couvertes de bardeaux. De nombreux cadrans solaires sont encore visibles et l'on peut lire sur celui de la place : « superbe soleil que ton humeur est altière, mais cet arc est capable de mesurer ta carrière ».
La petite **chapelle des Pénitents** possède un mobilier intéressant. Devant s'élève une croix de mission.

★ ST-ÉTIENNE-DE-TINÉE   2 030 h. (les Stéphanois)

Carte Michelin nᵒ 🔟🔟🔟 pli 4 ou 🔟🔟 pli 9 ou 🔟🔟🔟 plis 23 et 24 — Sports d'hiver.

Cette charmante petite ville alpestre, reconstruite après le terrible incendie de 1929, occupe un **site**★ agréable au bord de sa rivière écumante, parmi les pâturages et les cultures en terrasses, dans un bel amphithéâtre de montagnes.
C'est un centre d'excursions et d'ascensions à proximité de la station de sports d'hiver d'Auron *(p. 51)*.

CURIOSITÉS

Église. — Admirer le beau **clocher**★ roman lombard avec ses 4 étages de baies et ses arcatures lombardes ; il porte une haute flèche octogonale en pierre cantonnée de quatre pinacles à gargouilles ; une inscription à la base du clocher le date de 1492.
Remarquer dans le chœur le maître-autel en bois doré d'influence espagnole et, à gauche, les boiseries sculptées : scènes de la vie du Christ entourant une statue de la Vierge à l'Enfant.

ⓥ **Chapelle St-Sébastien.** — A l'intérieur, une partie des **fresques** — fruit de la collaboration de Baleison et de Canavesio — est en bon état de conservation. Sur la voûte on reconnaît la création d'Adam et celle d'Ève ; sur le mur du fond, Jésus entre les larrons et, au-dessous, saint Sébastien entre six autres saints ; le mur de droite est consacré à des scènes de la vie de saint Sébastien : le saint criblé de flèches, le saint venant au secours des pestiférés.

ⓥ **Chapelle St-Michel.** — Elle renferme un petit musée d'art religieux constitué d'objets anciens provenant des chapelles du haut-pays.

ⓥ **Chapelle des Trinitaires.** — Sanctuaire de l'ancien couvent des Trinitaires, aujourd'hui converti en collège, elle est ornée de plusieurs fresques du 17ᵉ s., l'une d'elles, amusante par la candeur qu'elle mêle à des intentions grandioses, figure la bataille de Lépante ; au-dessous, deux tableaux représentent la vie des Trinitaires : ces moines étaient spécialisés dans le rachat des chrétiens captifs des Barbaresques. Belles boiseries sculptées.

ⓥ **Chapelle St-Maur.** — *2 km, sur la route d'Auron.* Un artiste local l'a décorée, au 15ᵉ s., de fresques pittoresques illustrant les légendes de saint Maur et de saint Sébastien.

★ ST-MICHEL-L'OBSERVATOIRE   713 h.

Carte Michelin nᵒˢ 🔟🔟 pli 15 ou 🔟🔟🔟 pli 19.

Célèbre pour son observatoire dont les coupoles brillent sous le ciel le plus pur de France, St-Michel est aussi un agréable village ancien s'étageant sur une colline.

LE VILLAGE *visite : 30 mn*

Il a conservé une partie de ses remparts, ses maisons anciennes aux belles portes, des fontaines et surtout deux églises intéressantes et des chapelles.

Église haute. — Perchée sur la colline, on y accède par des ruelles étroites. Elle fut construite par les bénédictins de St-André-de-Villeneuve-lès-Avignon au 12ᵉ s. puis agrandie aux 14ᵉ et 16ᵉ s. Elle frappe par le bel équilibre de ses volumes et la qualité de son appareil de pierre blanche. La tour clocher qui la flanque est aussi de tradition romane bien qu'élevée au 16ᵉ s.
A l'intérieur la nef en plein cintre date du 12ᵉ s. ainsi que la coupole sur trompes. Les arcs du chœur retombent sur de jolies colonnes torses à chapiteaux corinthiens. Au dessus de l'arc triomphal, une fresque du 14ᵉ s., malheureusement assez effacée, représente un Christ en gloire entre les saintes femmes et les anges. Remarquer le très beau bénitier roman, vasque de marbre sculpté montrant des lions affrontés.
De la terrasse de l'église haute, on a une belle **vue** sur le pays de Forcalquier, de la montagne de Lure au Luberon.

Église basse. — Située au cœur du village, l'église St-Pierre, a été construite aux 13e et 14e s. par les comtes d'Anjou qui possédaient la Provence depuis le mariage de Charles d'Anjou, frère de Saint Louis, avec Béatrix de Provence. Dans un acte de 1302 elle est d'ailleurs mentionnée comme église royale.

Elle présente une curieuse silhouette. Son portail classique voit son fronton enchâssé dans une archivolte ogivale. Au fond de l'abside, beau Christ en bois du 15e s.

Chapelle St-Paul. — *1 km au Sud sur la D 105.* Ce modeste oratoire montre des colonnes trapues à chapiteaux corinthiens, vestiges d'un prieuré du 12e s.

★OBSERVATOIRE DE HAUTE-PROVENCE

Accès par la D 305 au Nord du village.

L'implantation de l'observatoire s'explique par la pureté de l'atmosphère de la région de Forcalquier. Il comprend 14 coupoles qui abritent les instruments astronomiques, de grands laboratoires, des ateliers et des logements. Ces installations sont exploitées par des astronomes du C.N.R.S. et des savants étrangers.

Parmi les instruments, un téléscope de 1,93 m de diamètre est doté des derniers perfectionnements de l'électronique. Les spectographes permettent d'analyser la lumière des astres, de déterminer la composition chimique des étoiles, leur température et leur vitesse radiale.

Des abords de l'observatoire on découvre, au-delà d'un moutonnement de chênes verts, une **vue**★ étendue sur le Luberon, les Préalpes de Grasse et de Digne, Forcalquier et la montagne de Lure.

Par un chemin à droite de l'entrée de l'Observatoire, on peut aller voir la chapelle **St-Jean-des-Fuzils,** modeste édifice du 11e s. dont l'abside en cul-de-four, couverte d'une toiture de lauzes, est limitée par une corniche saillante soutenue par des corbeaux curieusement décorés de spirales.

ST-PONS   401 h.

Carte Michelin n° 81 pli 8 ou 245 pli 9.

Ce village, tout proche de Barcelonnette, possède une église intéressante, vestige d'un prieuré bénédictin.

Église. — Elle présente encore quelques parties romanes (portail Ouest, chœur, chevet plat à bandes lombardes) mais a été fortement remaniée. Ses portails sont particulièrement intéressants. Bien que d'époques différentes, tous deux comportent des voussures ornées de tores retombant sur des colonnes en haut desquelles court une frise.

Le **portail Ouest,** du 12e s., est orné d'une frise de personnages très frustes, taillés à la serpe, émouvants par leur mouvement et leurs expressions.

Le **portail Sud**★ du 15e s. présente une iconographie très riche bien que les représentations soient aussi très naïves et primitives. Les thèmes qui y sont illustrés se rapportent à la mort — ce portail donnait autrefois accès au cimetière — et se déroulent sur un axe vertical et un axe horizontal. Sur le piedroit gauche les figures représentent des scènes réconfortantes pour l'âme au moment de la mort. De bas en haut : saint Michel, saint Pons, le Christ en croix entre deux étoiles, gage de salut, et la résurrection avec un personnage sortant d'un sarcophage. Sur le linteau, le Christ naïf et hiératique, apparaît seul et isolé entre deux inscriptions gothiques signifiant Jésus-Christ tandis que sur la frise, de part et d'autre, les 12 apôtres assistent avec lui au jugement Dernier. Au-dessus, le tympan s'orne d'une peinture murale représentant l'Adoration des Mages, réalisation pleine d'harmonie et montrant un art raffiné.

ST-SAUVEUR-SUR-TINÉE   496 h.

Carte Michelin n° 195 pli 5 ou 81 plis 10 et 11 ou 245 pli 24.

Lové dans une boucle de la Tinée, au confluent de la Vionène, le village est un dédale de ruelles tortueuses bordées de hautes maisons typiques à auvent. C'est une des portes du **Parc National du Mercantour** qui y a installé un centre d'information *(voir p. 16).*

Église. — L'édifice du 15e s. est flanqué d'un clocher roman à gargouilles à la base duquel est nichée une statue de saint Pierre en marbre (14e s.). A l'intérieur parmi le mobilier très riche, on remarquera dans le chœur le **retable de Notre-Dame** (1483) œuvre de Guillaume Planeta. Dans la chapelle St-Joseph, fermée par une immense grille en fer forgé portant les armoiries de St-Sauveur, un tableau anonyme daté de 1648 représente le mariage mystique de sainte Catherine *(remarquer dans le fond le village primitif de St-Sauveur).* A droite du chœur, un mobile moderne, une fois éclairé, projette sur le mur les ombres mouvantes du Christ et de la Vierge.

Vous aimez les nuits tranquilles...

*Chaque année le **guide Michelin France***
vous propose un choix révisé
d'hôtels agréables, tranquilles, bien situés.

★★ **ST-VÉRAN**   273 h. (les St-Véranais)

Carte Michelin n° **77** pli 19 et **244** pli 43 — Schéma p. 109 — Sports d'hiver.

St-Véran, la plus haute commune d'Europe, s'étage de 1 990 m à 2 040 m d'altitude. Elle tient son nom de Véran, archevêque de Cavaillon et patron des bergers, auquel est attachée une légende *(voir ci-dessous)*. C'est un village original, construit tout en bois (fustes) ce qui explique le caractère architectural de ses chalets. Ceux-ci exposés plein Sud sur une ligne de 1 km, présentent en avant de leurs greniers à fourrage, de longues galeries où s'achève la maturation des céréales.

Pour pallier le danger des incendies St-Véran est divisé en cinq quartiers, autrefois bien isolés les uns des autres, possédant chacun une fontaine en bois, une croix de la passion et un four à pain. De nombreuses maisons sont décorées de cadrans solaires. Aménagé pour le ski, le village est aussi très animé en hiver. Ses pistes sont recherchées pour leur ensoleillement.

Saint Véran et le dragon. — Autrefois un dragon (ou drac) dévastait et terrorisait le pays. L'évêque de Cavaillon, saint Véran, s'attaqua à lui et le blessa. Le dragon s'envola alors vers la Provence et laissa tomber douze gouttes de sang. Chacune symbolise l'une des étapes des transhumants qui, du Luberon, emmenaient leurs troupeaux dans le Queyras.

CURIOSITÉS

Circulation automobile interdite en été. Laisser la voiture à l'extérieur du village.

Église. — Entourée par son cimetière elle fut construite au 17e s. Le porche est soutenu par deux colonnes reposant sur des lions provenant d'une église antérieure. Celui de gauche tient un enfant entre ses pattes et repose sur une abaque formée de têtes juxtaposées.

A l'intérieur remarquer le bénitier en pierre, la chaire du 18e s. et le retable du 17e s. sculpté par des artistes italiens.

Sur le mur de chevet, un cadran solaire a été restauré portant un texte en occitan qui signifie « la plus haute commune où l'on mange le pain de Dieu ».

⊙**Musée de l'habitat ancien.** — L'intérieur d'une maison a été conservé tel qu'il se présentait au début du siècle avec sa grande pièce où logeaient à la fois les vaches et les habitants. Sa visite permet d'évoquer la vie des St-Véranais il y a quelques décennies.

EXCURSION

Chapelle N.-D.-de-Clausis. — *3 h à pied AR.* On suit une route *(interdite à la circulation automobile)* passant près d'anciennes carrières de marbre et de mines de cuivre. La chapelle (alt. 2 390 m), dédiée à N.-D. du Mont Carmel, est le but d'un pèlerinage franco-italien le 16 juillet. Elle se trouve au centre d'un vaste cirque d'où l'on voit la montagne Beauregard, le pic Traversier, le Queyron (2 930 m), la tête de Toillies (3 176 m) et dans l'axe de la vallée les sommets dominant Château-Queyras et Arvieux.

St-Véran.

★★ STE-CROIX (Lac de)

Cartes Michelin n⁰ˢ 81 pli 17 et 84 pli 6 ou 245 pli 34.

La cuvette de Ste-Croix-du-Verdon, où s'épanouissaient champs et vergers, a été noyée par un plan d'eau de 2 200 ha à la suite de la construction du barrage en 1975. Ce vaste lac au beau coloris turquoise, dans lequel se jettent les eaux vertes du Verdon à leur sortie du Canyon, est cerné par les hauteurs désolées du plateau de Valensole et du plan de Canjuers. Ses rives sont aménagées en agréables plages et son étendue d'eau se prête à merveille aux sports nautiques.

TOUR DU LAC à partir de Moustiers *70 km — environ 3 h*

★★ **Moustiers-Ste-Marie.** — *Page 103.*

Quitter Moustiers par la D 952 vers Riez puis tourner à gauche vers Ste-Croix.

La route s'élève en lacet offrant des points de vue intéressants sur Moustiers et son site puis se poursuit sur le plateau. On découvre bientôt le plan d'eau.

Ste-Croix. — 77 h. Cet ancien village perché, qui a donné son nom au lac, se retrouve aujourd'hui presque au bord de l'eau. Une plage est aménagée sur le lac.

La route descend au niveau du lac.

Barrage de Ste-Croix. — Retenant 767 millions de m³ d'eau, ce barrage a permis l'installation d'une usine de 142 000 kW de puissance, produisant 162 millions de kWh par an.

Après le barrage, prendre à droite la D 71.

Cette route s'élève dans les gorges de Baudinard.

Après Baudinard, prendre à gauche le chemin qui mène à la chapelle. Le prendre de préférence à pied (compter 1 h AR).

★ **Vue de N.-D. de Baudinard.** — Sur le toit de la chapelle a été aménagé un petit belvédère d'où s'offre une **vue** étendue sur le lac Ste-Croix, les plateaux de Valensole et de Canjuers et au-delà les Alpes.

Revenir au lac de Ste-Croix et poursuivre le tour.

Bauduen. — 184 h. *Lieu de séjour.* Ce village provençal, autrefois perché au-dessus de la cuvette, est aujourd'hui au niveau du lac. Construit sur une pointe, il présente un **site★** remarquable. Ses rues pittoresques, bordées de maisons anciennes aux jolies portes arrondies et fleuries de roses trémières, montent vers l'église qui se détache sur les gros rochers qui dominent le village. Les rives ont été aménagées : plage, club nautique. Cette commune était naguère connue pour la Fontaine-l'Évêque, l'une des plus belles résurgences en France, qui a disparu sous le lac.

En attendant que la route touristique prévue entre Bauduen et les Salles soit réalisée, il faut prendre la direction d'Aups, puis tourner à gauche dans la D 957.

Les Salles-sur-Verdon. — 131 h. *Lieu de séjour.* L'ancien village des Salles repose aujourd'hui à 40 m au fond du lac. Quelques éléments architecturaux (tuiles, portes), le clocher de l'église et la fontaine ont été sauvegardés et réutilisés dans le nouveau village qui s'est développé sur les bords du lac.

Continuer la D 957 vers Moustiers. Elle passe le long du centre de loisirs.

STE-JALLE   251 h.

Carte Michelin n⁰ 81 pli 3 ou 245 plis 17 et 18 (13 km au Nord de Buis-les-Baronnies) — Schéma p. 54.

Chef-lieu du bassin de l'Ennuye au cœur des Baronnies. Ste-Jalle fut une petite ville commerçante, dynamique, connue pour sa foire de la St-Barthélémy.

La vieille ville. — Elle a conservé une partie de ses remparts et deux portes fortifiées. Au-dessus de l'une d'elles a été construite la chapelle des Pénitents (17e s.). Le **château** a une allure massive avec son gros donjon carré (12-13e s.) auquel a été accolée une tour ronde percée ultérieurement de fenêtres Renaissance et un corps de logis (17-18e s.) qui ressemble plus à une maison bourgeoise. Une partie des maisons qui lui font face sont restaurées pour être aménagées en un village de vacances.

N.-D.-de-Beauver. — Dédiée à sainte Galle, jeune vierge qui aurait délivré son village des Barbares aux 5e ou 6e s., cette belle église romane, construite au 12e s., était le siège d'un prieuré clunisien.

L'équilibre des volumes, surtout en ce qui concerne le chevet et ses absidioles, est malheureusement rompu par un clocher trop important, qui remplaça celui d'origine, et les contreforts qu'il fallut ajouter.

Le beau **portail** sculpté est insolite : sous une archivolte en plein cintre orné de billettes et au-dessus d'un haut linteau décoré de feuillages et de rinceaux, le tympan est sculpté d'une curieuse scène ; un coq fait face à trois personnages qui d'après l'interprétation la plus réaliste représenteraient les classes sociales. Le premier tenant un coq et un bâton évoquerait l'agriculteur et le pâtre, le second portant un faucon serait le seigneur et le troisième, jouant de la viole, le troubadour.

Les murs de la nef voûtée en plein cintre sont allégés par de grands arcs de décharge. Le chœur est formé de trois absides semi-circulaires donnant sur un large transept. L'abside centrale voûtée en cul-de-four est décorée par une arcature reposant sur des colonnes et des piliers aux chapiteaux très simples. La polychromie des matériaux montre l'influence lombarde.

★ SALAGON (Prieuré)

Carte Michelin nº 81 pli 15 ou 245 pli 19 (4 km au Sud de Forcalquier)

Situé sur la commune de Mane *(p. 97)*, le prieuré de Salagon est mentionné dès 1105 comme une dépendance de l'abbaye bénédictine de St-André-de-Villeneuve-lès-Avignon. L'église date pour l'essentiel du 12e s. A la fin du 15e s., un élégant logis prieural a pris la place des bâtiments monastiques.

Siège de l'association « Les Alpes de Lumière », connue pour ses publications, le prieuré est transformé depuis 1981 en un musée et conservatoire ethnologique de la Haute-Provence. Des expositions, des stages y sont organisés et un jardin de plantes médicinales a été aménagé. Cette transformation s'accompagne d'un important programme de restauration.

Prieuré de Salagon. — Colonnes du portail.

★**Église.** — Le portail composé de voussures emboîtées (dans la veine du portail de Ganagobie) et la profonde rosace s'inscrivent dans une grande façade nue. A l'intérieur, la nef et son collatéral, malgré les remaniements successifs, gardent une belle ampleur romane où l'on reconnaît l'influence de la Provence rhodanienne dans le décor inspiré de l'antiquité (chapiteaux) et les caractéristiques propres à la vallée de la Durance avec les colonnes engagées.

Des blocs de pierre sculptés comme de petits tableaux (bélier, chasse au cerf, ange menant un troupeau de moutons, rinceaux) et les traces de fresques du 14e s. ajoutent au charme de cette église rurale.

Dans le chœur, des fouilles ont mis au jour des vestiges antiques de l'époque romaine et d'une première église du 6e s.

Logis prieural. — On remarquera les fenêtres à meneaux, dont une étonnante fenêtre d'angle, et la tour de l'escalier à vis.

LA-SALLE-LES-ALPES

Carte Michelin nº 77 Nord du pli 18 ou 244 pli 42 — Schéma p. 62.

Au centre du vaste complexe de Serre-Chevalier dans la vallée de la Guisane *(voir p. 61)*, le village ancien de la Salle possède l'une des plus belles églises du Briançonnais.

★**Église St-Marcellin.** — Elle est dominée par un clocher roman (13e-14e s.), surmonté d'une flèche et de quatre pyramidions, datant d'un édifice antérieur. Sur la face Sud le porche élégant, abrité par un auvent de quatre travées sur croisée d'ogives, est soutenu par trois colonnes reposant l'une sur un lion, les deux autres sur des bénitiers. Construit au 16e s. il est contemporain de ceux de Villar-St-Pancrace et l'Argentière. Le reste de l'édifice fut reconstruit à la fin du 13e s. et présente les caractéristiques du gothique tardif avec sa nef sur croisée d'ogives dont les arcs en pierre dure et sombre retombent sur des chapiteaux sculptés de motifs naïfs : masques rieurs, petits cœurs. Le mobilier est particulièrement riche. On remarquera un ensemble sculpté de la crucifixion reposant sur une poutre latérale. Dans le chœur le retable en bois doré du 17e s. décoré d'une Vierge à l'Enfant est encadré par un ensemble baroque orné de colonnes torses et de niches abritant des statues de saintes finement sculptées. Le lutrin et la chaire sont l'œuvre d'artistes régionaux. Dans une chapelle latérale a été rassemblé un petit trésor comprenant un coffre roman.

Chapelle St-Barthélemy. — De l'église descendre jusqu'à une place ornée d'une fontaine et d'un cadran solaire et de là prendre un sentier à gauche.

De la plateforme où s'élève la chapelle, la **vue** embrasse la vallée de la Guisane et le versant occupé par Serre-Chevalier.

Cette chapelle sert de cadre à la messe des guides de la vallée ; à cette occasion l'évêque des Hautes-Alpes vient bénir les cordes et les piolets.

A l'intérieur, les peintures murales représentent sur le côté Sud : la capture de la Tarasque par sainte Marthe, le départ de saint Maxime et des saintes Marthe et Marie sur une barque, leur arrivée à St-Tropez ou aux Stes-Maries-de-la-Mer. On y voit aussi sainte Catherine d'Alexandrie, sainte Marguerite d'Antioche et une belle Annonciation. Sur le côté Nord est illustré la vie et le martyr de saint Barthélemy.

Aimer la nature,
c'est respecter la pureté des sources,
la propreté des rivières,
des forêts, des montagnes...
c'est laisser les emplacements nets de toute trace de passage.

SAULT

1 231 h. (les Saltésiens)

Carte Michelin n° 81 pli 14 ou 245 pli 18 — Schémas p. 48 et 141 — Lieu de séjour.

Sault est bâti en hémicycle, à 765 m d'altitude, sur une avancée rocheuse qui termine le plateau de Vaucluse à l'Ouest et domine la vallée de la Nesque. Sa situation en fait une bonne base d'excursions entre le Mont Ventoux, les Baronnies et la montagne de Lure.

C'est un important centre de culture de la lavande, connu également pour son miel et son nougat.

CURIOSITÉS

Église. — Cet édifice, construit au 12e et au 14e s., présente une très belle nef romane à voûte en berceau brisé dont les arcs doubleaux reposent sur de longues colonnes engagées. Remarquer la belle élévation ; un mur pignon ferme le transept. Dans le chœur gothique se trouvent des boiseries du 17e s.

Terrasse. — *Au Nord du bourg.* Une belle **vue** se dégage sur le plateau de Vaucluse, l'entrée des gorges de la Nesque et le Mont Ventoux.

Musée. — Installé au premier étage de la bibliothèque, il abrite des témoignages sur la préhistoire et l'époque gallo-romaine. On peut y voir des monnaies, des armes, des roches du pays, des documents anciens ainsi qu'une momie et des objets égyptiens.

*Actualisée en permanence,
la carte Michelin au 200 000e
bannit l'inconnu de votre route.*

Équipez votre voiture de cartes Michelin à jour.

★ SAUVAN (Château de)

Carte Michelin n° 81 pli 15 ou 245 pli 19 (6 km au Sud de Forcalquier).

Surnommé le « Petit Trianon provençal », ce château élève ses belles façades classiques du 18e s. au milieu d'arbres séculaires.

De la terrasse qui fait face au piton de Mane et à Forcalquier se découvre un paysage évoquant la Toscane par sa lumière et sa végétation. Les travaux de construction furent entrepris en 1719 par Michel-François de Forbin-Janson, brigadier des Armées du Roi, qui fit appel à l'architecte avignonnais Jean-Baptiste Franque. Ils furent interrompus l'année suivante par une épidémie de peste qui dévasta la Provence et reprirent plus tard mais malheureusement la décoration resta inachevée.

En 1793, la châtelaine de Sauvan, princesse de Galléan, aurait tenté en jouant d'une ressemblance frappante de se substituer à la reine Marie-Antoinette, prisonnière à la Conciergerie, pour la faire évader. La reine refusa et lui écrivit sur un billet piqué à l'aiguille « Je ne dois, ni ne veux accepter le sacrifice de votre vie, adieu ». La comtesse dénoncée dut s'enfuir et gagner la frontière.

Visite. — L'intérieur récemment restauré est particulièrement remarquable pour son hall et le majestueux escalier de pierre ainsi que par les pièces de réception.

Un important et riche mobilier des 17e, 18e et 19e s. fait ressortir la beauté des pièces dont certaines ont retrouvé leurs papiers peints d'origine.

Château de Sauvan.

SENEZ
153 h.

Carte Michelin n° 81 pli 17 ou 245 Sud du pli 22 — Schéma p. 113.

La ville gallo-romaine de Sanitium aurait été le siège d'un évêché dès le 4e s. bien que les premiers documents conservés ne mentionnent un évêque qu'à partir de 451. C'est donc l'un des plus anciens évêchés de France et ce fut aussi l'un des plus pauvres. Au 17e s., il comptait au nombre de ces « évêchés crottés » aux revenus bien médiocres.

Il fut illustré par l'un de ses évêques, **Jean Soanen** *(voir p. 84),* prélat d'une piété unanimement reconnue, qui refusa d'accepter la bulle Unigenitus qui condamnait le jansénisme. Révoqué en 1727, Jean Soanen mourut en exil à la Chaise-Dieu. L'évêché même fut supprimé en 1790.

Ancienne cathédrale. — Édifiée au début du 13e s. dans un bel appareil d'un ton brun chaud, elle présente un chevet décoré d'arcatures lombardes qui retombent sur de fines colonnettes engagées. Le décor est inspiré du premier art roman influencé par l'art lombard. Un sobre portail gothique donne accès au beau vaisseau de style roman provençal. A l'intérieur : stalles, retables et lutrin du 17e s., antiphonaire du 18e s.

★★ SERRE-PONÇON (Barrage et lac de)

Cartes Michelin n°s 77 plis 17, 18 et 81 pli 7 ou 245 plis 8 et 9.

La capricieuse Durance, qui prend sa source au Montgenèvre, et dont le Briançonnais forme la haute vallée *(voir p. 65),* reçoit en outre les eaux du Queyras et de l'Ubaye. Le fleuve se caractérise par son régime alpin, torrentiel, avec des maigres débits en hiver. Pour prévenir ces irrégularités de débit, la construction du barrage fut décidée en janvier 1955.

★★**Le barrage.** — C'est une digue en terre à noyau central d'argile étanche, premier exemple en France, à cette échelle tout au moins, d'une technique très répandue aux U.S.A. Le barrage, réalisé en matériaux alluvionnaires extraits du lit de la Durance à proximité de l'ouvrage, a un développement en crête de 600 m, un volume d'environ 14 millions de m^3 pour une hauteur de 123 m et une épaisseur à la base de 650 m. Le volume du noyau central en argile compactée est de 2 millions de m^3. L'étanchéité des alluvions en place sous-jacentes est réalisée par l'injection d'un coulis d'argile et de ciment de laitier formant un écran vertical.

Centrale électrique. — Souterraine, car aménagée dans le rocher de la rive gauche, le Serre de Monge, elle peut produire annuellement 700 millions de kWh.

Pour régulariser le débit de la Durance en aval du barrage, un bassin de compensation a été créé à l'emplacement où les alluvions ont été prélevées. Ce bassin d'une surface de 100 ha retient 6 millions de m^3 d'eau.

Les derniers aménagements, terminant l'équipement de la Durance de Serre-Ponçon à la Méditerranée, permettent de porter sa productibilité totale à 6 milliards de kWh par an.

★★**Le lac.** — Mis en eau en 1960 et couvrant 3 000 ha, plus que le lac d'Annecy, c'est un des plus grands lacs de retenue d'Europe. Il mesure 3 km dans sa plus grande largeur, atteint 20 km d'Embrun à Espinasses, pour une capacité de 1 270 millions de m^3 d'eau.

Avec sa forme allongée en croissant — l'éperon du Sauze marquant le confluent de la Durance et de l'Ubaye — le lac de Serre-Ponçon s'est diversement intégré au paysage. Il offre le spectacle de ses rives changeantes à l'automobiliste empruntant les itinéraires Briançon-Gap ou Embrun-Digne et son vaste plan d'eau aux amateurs de sports nautiques (écoles de voile - ski nautique) dans le décor rude des terres noires ravinées des Alpes du Sud.

1 DU PIED DU BARRAGE A EMBRUN
39 km — environ 1 h 1/2

La D 3 *(vers Chorges)* longe d'abord le bassin de compensation, dans un cadre de roches rougeâtres à vif, puis s'élève rudement en vue du gigantesque talus d'enrochements.

★★**Belvédère.** — Élevé (alt. 847 m) dans l'axe de la crête du barrage, il offre une vue d'ensemble de la digue et des travaux annexes.

Après un tunnel, la route s'éloigne du lac, dont elle laisse en arrière le bassin central. Au Nord se dégagent les monts du Gapençais et, au Sud-Est, les Séolanes aux silhouettes plus vigoureuses.

Col Lebraut. — Alt. 1 110 m. Du col même, vue, en avant, sur le bassin de Gap, puis, aussitôt, sur la retenue en direction d'Embrun.

1 200 m plus loin, dans un virage à gauche, le **panorama**★★ s'étend à toute la branche Nord-Est du lac ; presque aussitôt apparaît en contrebas l'étroite baie des Moulettes dont la situation abritée est favorable au ski nautique.

A l'Est de Chorges, la route de Savines ramène à peu près au niveau du lac. On découvre à droite la **baie St-Michel,** avec sa chapelle sur un îlot émergeant à peine à l'époque des hautes eaux.

La N 94, s'engageant sur le **pont de Savines,** file au ras de l'eau sur plus de 900 m.

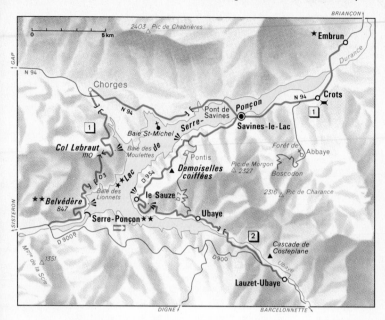

Savines-le-Lac. — 736 h. (les Savinois) — *Lieu de séjour.* Le village immergé par la retenue de Serre-Ponçon a été reconstruit. Il est dominé par la silhouette moderne du clocher de son église.

Des excursions en bateau y sont proposées.

Après Savines s'embranche sur la droite la route qui mène à l'abbaye et à la forêt de Boscodon *(p. 57).*

Crots. — 563 h. Situé en bordure du lac de Serre-Ponçon, ce village ancien conserve une église du 14e s. Il est dominé par le **château de Picomtal,** quadrilatère flanqué de quatre tours, construit au 13e s. et agrandi au 16e s.

En arrivant à Embrun, la route franchit la Durance à proximité du plan d'eau à niveau constant établi pour la navigation et les sports nautiques.

★Embrun. — *Page 84.*

② DE SAVINES-LE-LAC AU LAUZET-UBAYE

25 km — environ 1 h

Savines-le-Lac. — *Voir ci-dessus.*

Au départ de Savines, la D 954 épouse une rive escarpée du lac, procurant une **vue★** sur le bassin de Gap et les montagnes du Dévoluy.

L'horizon s'élargit : d'un virage panoramique à gauche (alt. 980 m - *possibilité de stationnement),* le lac se découvre vers le Sud-Ouest, dans un cadre plus sauvage.

Demoiselles coiffées de Pontis. — *Sur la formation des colonnes coiffées, voir à Théus p. 129.* Elles sont au nombre d'une douzaine. Un sentier caillouteux et mal tracé permet de monter, sous bois, jusqu'à proximité des Demoiselles *(1/2 h à pied AR).*
Les premiers plans, agrestes ou forestiers, gagnent en fraîcheur alpestre.

Le Sauze. — 55 h. Très bien situé sur une terrasse, ce village forme belvédère sur le plan d'eau central du lac, au confluent des vallées noyées de la Durance et de l'Ubaye. De la route, aussitôt en descente rapide, beau coup d'œil en arrière sur le **site★** du Sauze.

Dans un lacet à droite (calvaire) le **panorama** se dégage à nouveau sur le lac et sa branche de l'Ubaye. En face, dans un paysage farouche, les ravinements plongent à pic dans les eaux, découpant des sortes de calanques.

Ubaye. — Le cimetière et l'église sont les seuls témoins du village submergé. La D 954 franchit deux tunnels *(voie unique)* puis un pont jeté sur la baie extrême du lac. Lorsque la gorge se desserre, apparaissent les Séolanes.

A l'intersection de la D 954 et de la D 900 se découvre à gauche la **cascade de Costeplane** qui coule dans une gorge encaissée.

Poursuivre par la D 900 vers Barcelonnette.

Le Lauzet-Ubaye. — 241 h. (les Lauzétans). Ce village tire son nom du petit lac (lauzet, en patois) dans lequel elle se mire. Un pont romain franchit la rivière, à côté d'un ouvrage moderne, seul accessible *(1/4 h à pied AR).*

Du Lauzet-Ubaye, on peut prendre l'itinéraire de l'Ubaye vers Barcelonnette (voir description p. 132).

Les églises ne se visitent pas pendant les offices.

SERRES

1 213 h. (les Serrois)

Carte Michelin n° 81 pli 5 ou 245 pli 6 — Lieu de séjour.

Adossée au rocher de la Pignolette, dominée à l'Est par la belle montagne d'Arambre, Serres étage pittoresquement au-dessus de Buëch ses maisons anciennes.

Une ville de Lesdiguières. — En 1576, François de Bonne, duc de Lesdiguières, achète la seigneurie de Serres qui devient une place de sûreté pour les protestants. Lesdiguières y installe son quartier général, son arsenal, sa fonderie et fait construire de belles demeures. Après la mort de Henri IV, les luttes religieuses reprennent et en 1633 Richelieu ordonne la destruction de la citadelle et des remparts de Serres. Les protestants, subissant les dragonnades, se convertissent ou s'exilent.

VISITE *20 mn*

Dédale de rues étroites et de passages couverts, le quartier ancien de Serres ne manque pas de pittoresque.

De la Placette (en face hôtel Fifi Moulin), aux belles arcades, on monte tout droit et l'on croise rapidement l'ancienne Grande rue. Juste à gauche se trouve la mairie.

Mairie. — Cette ancienne maison de Lesdiguières présente une façade intéressante au parement de galets roulés du Buëch. Son porche du 17e s. s'orne d'une élégante porte en bois. A l'intérieur dans le hall, belles voûtes du 16e s.

Revenir sur ses pas et poursuivre l'ancienne grand rue (rue Henri Peuzin) vers l'Est.

Rue Henri Peuzin. — Sur la droite le beffroi carré surmonté d'un campanile est appelé le Portalet. Le long de la rue s'ouvrent des portes ouvragées du 15e au 18e s. Remarquer tout particulièrement celle du **n° 56** surmonté d'un balcon de pierre.

Église. — D'origine romane elle a été transformée au 14e s. Sur son flanc Sud se succèdent six **enfeus** ogivaux et deux belles portes en bois sculptées.
Face à l'église, prendre un passage qui s'enfonce sous les maisons et se ramifie. C'était l'ancien quartier juif et l'on notera la hauteur des maisons dont certaines comptent six niveaux. En suivant ce passage, on revient à la Placette.

SEYNE

Carte Michelin n° 81 pli 7 ou 245 Sud du pli 8.

Appelée aussi Seyne-les-Alpes, cette petite ville occupe une position dominante dans la vallée de la Blanche, surveillant les passages vers l'Ubaye et la Durance d'un côté, le Bès et la Bléone de l'autre. D'importantes fortifications témoignent de l'intérêt que prit Vauban à la défense de cette place forte au seuil de la Durance.
S'étendant dans un beau site alpestre très ensoleillé, non loin du lac de Serre-Ponçon, c'est un centre estival et de sports d'hiver avec son annexe du Grand Puy.
Seyne pratique toujours le traditionnel élevage des mulets et des chevaux, et chaque année se déroule le concours mulassier et la foire aux chevaux *(voir chapitre des Renseignements pratiques en fin de guide).*

CURIOSITÉS

Église. — Vigoureux spécimen d'art roman montagnard, elle s'apparente à l'église N.- D. du Bourg à Digne *(p. 77).* Élevée à la fin du 13e s., elle est faite d'un bel appareil rose et bleu. Son clocher latéral à flèche de pierre a été reconstruit. Elle s'ouvre par deux élégants portails gothiques et une grande rose à colonnettes rayonnantes.
La nef en berceau brisé abrite un beau mobilier (stalles, chaire, retable) du 17e s. et une grande cuve baptismale monolithe.

⊙ **Citadelle.** — *En cours de restauration.* Construite en 1693 à la demande de Vauban par les ingénieurs Niquet et Creuzet de Richerand, la citadelle englobe la grande tour de guet du 12e s. En été expositions sur l'histoire de la citadelle et l'activité mulassière.

★ SIMIANE-LA-ROTONDE

Carte Michelin n° 81 pli 14 ou 245 pli 19 — Schéma p. 90.

Simiane, l'un des plus beaux villages perchés de Haute-Provence, s'étage sur le rebord du plateau d'Albion au dessus des vastes étendues mauves des champs de lavande. Ses hautes maisons dessinent une pyramide dont le sommet est la rotonde, qui lui donna la seconde partie de son nom, vestige du château des comtes de Simiane.

★ **La rotonde.** — Ancien donjon du château datant de la fin du 12e s., ce bâtiment ⊙ frappe par son originalité. De l'extérieur n'apparaît qu'un glacis de maçonnerie mais à l'intérieur se découvre une architecture remarquable sur deux niveaux séparés par un plancher. L'étage supérieur présente douze niches rayonnantes isolées par des pilastres à chapiteaux ornés de feuillages et de têtes grimaçantes et au-dessus douze nervures soutenant une voûte en coupole dotée d'un oculus central.

Le village. — Ses rues en pente sont bordées de maisons qui ont conservé de très belles portes sculptées des 17e et 18e s.
L'**église** construite au 16e s. faisait partie d'un ancien prieuré qui dépendait de l'abbaye de Villeneuve-lès-Avignon.
De la **halle** couverte s'offre une **vue** étendue sur le pays de Forcalquier.

Carte Michelin n° 🎱 pli 6 ou 🎱🎱🎱 pli 20 — Schémas p. 83, 113 et 127 — Lieu de séjour.

Sisteron est située au passage d'une cluse impressionnante de la Durance « Grandiose portail de séparation entre le Dauphiné et la Provence ». Une vue remarquable de ce **site★★** s'offre de la D 4 en arrivant du Sud : la ville s'étage sur les flancs d'une butte escarpée, couronnée d'une citadelle face au formidable rocher de la Baume dont les strates, presque verticales, semblent surgir de la rivière. Derrière les restes des remparts du 14e s., les maisons dressent leurs hautes façades étroites coiffées de tuiles. Un tunnel percé sous la butte portant la citadelle, tout en facilitant la traversée de cette ville de passage, a permis de préserver son cachet ancien.
Le charmant conteur **Paul Arène** (1843-1896), ami de Mistral, auteur de « Jean des Figues » et de « La chèvre d'or », a chanté les charmes de sa ville natale.

Un peu d'histoire. — Au temps des Romains, Sisteron (Segusturo) était une étape sur la **voie Domitienne** qui reliait l'Italie au delta du Rhône. Dès la fin du 4e s. elle est le siège d'un évêché. Au 11e s. elle fait partie du domaine des comtes de Forcalquier et devient une place forte. Propriété ensuite des comtes de Provence, elle joue le rôle de ville frontière au Nord de leur région. En 1483, le dernier comte de Provence la lègue au roi de France Louis XI. Pendant les guerres de Religion (1560 à 1600), protestants et catholiques, se disputent la forteresse. C'est à cette époque que l'ont fait appel à l'ingénieur Jean Errard pour établir les plans de la citadelle actuelle. L'un de ses premiers pensionnaires est le prince Jean Casimir de Pologne qui s'y trouve enfermé en 1639 sur l'ordre de Richelieu.
En 1815 lors de son retour de l'île d'Elbe *(voir p. 113)* Napoléon s'arrête pour déjeuner à Sisteron. Il redoute un mauvais accueil de la part de cette ville de tradition royaliste, mais à son arrivée la ville n'est pas gardée.
Lors de la dernière guerre mondiale Sisteron souffrit terriblement d'un bombardement américain qui détruisit une partie de la ville et fit plus de 300 victimes.

Sisteron aujourd'hui. — Sur le plan économique, Sisteron est pourvue de nouveaux équipements. L'aménagement hydroélectrique de la Durance s'est terminé en 1977 et comprend l'usine souterraine de Sisteron, qui bénéficie d'une chute de 116 m, le barrage de Salignac, sa retenue de 118 ha et son usine hydroélectrique.
Célèbre pour ses agneaux, Sisteron possède depuis 1984 l'un des plus importants abattoirs ovins de France et a vu se développer autour de nombreuses activités agro-alimentaires ainsi qu'une foire-exposition qui se tient chaque été.
Sisteron est en été le cadre d'un **festival** de théâtre et de danse, « les nuits de la citadelle », qui se déroule dans le théâtre en plein air au pied de la citadelle. Des concerts de musique de chambre sont organisés dans l'église St-Dominique.

★**LA CITADELLE** *visite 1 h*

Ⓨ **Accès.** — *On accède à la porte charretière (entrée de la citadelle) en voiture et à pied. Un petit train touristique relie aussi la Mairie à la citadelle pendant l'été.*
Il ne reste rien du château du 11e s. Les parties les plus anciennes de l'édifice (donjon et chemin de ronde) remontent à la fin du 12e s. Les puissantes fortifications du 16e s. qui enserrent le rocher sont l'œuvre du précurseur de Vauban, Jean Errard, ingénieur de Henri IV. De la ville, on peut admirer les hautes arcades de soutènement. En 1692, à la suite de la pénétration des troupes d'Amédée de Savoie, Vauban vint inspecter la citadelle de Sisteron et fit alors le plan de nouvelles défenses qui ne furent jamais réalisées.
Enfin en août 1944, lors du bombardement américain, une partie de la citadelle, dont la chapelle, fut fortement endommagée.

Sisteron. — La ville et la citadelle.

SISTERON

*Pour un bon usage
des plans de villes,
consultez
la légende p. 46.*

Suivre le parcours fléché.

Par une série d'escaliers et de terrasses, d'où la vue découvre la ville et la vallée de la Durance, on parvient à la crête du chemin de ronde. Passant sous le donjon qui servit de prison à Jean Casimir de Pologne, on gagne la terrasse (table d'orientation) d'où s'offre une **vue**★ plongeante sur la ville basse et le lac du barrage et, au Nord, jusqu'aux montagnes de Laup et d'Aujour qui ferment le bassin de Laragne.

On parvient à la **chapelle** de la citadelle (15ᵉ s.) en grande partie reconstruite, éclairée par des vitraux modernes du maître verrier Claude Courageux ; elle sert de lieu d'exposition.

Gagner ensuite la face Nord de la citadelle pour atteindre la « Guérite du Diable » d'où la **vue**★ sur le rocher de Baume, ce « cauchemar pétrifié », est vraiment impressionnante. On pourra alors descendre les premières marches d'un grand escalier souterrain creusé dans le roc en 1841 pour relier la forteresse à l'ancienne porte du Dauphiné (détruite en 1944).

On traverse, sur le chemin de la sortie, le théâtre de plein air où a lieu le festival d'été.

AUTRES CURIOSITÉS

★**Église Notre-Dame.** — L'ancienne cathédrale N.-D. des Pommiers, construite entre 1160 et 1220, se rattache à l'école romane provençale. Son élégant portail d'inspiration lombarde présente des claveaux alternativement noirs et blancs qui se prolongent de chaque côté par un demi-arc qui vient prendre appui sur de robustes contreforts ; il en va de même du fronton qui le surmonte, accosté à deux demi-frontons ; piédroits et colonnettes sont ornés de reliefs et de chapiteaux qui forment la frise continue d'un bestiaire fabuleux.

Au clocher carré, à flèche pyramidale, est accolé un tambour octogonal ajouré d'une galerie à courtes colonnes.

L'intérieur, de plan basilical, offre un beau vaisseau malheureusement sombre, couvert d'un berceau légèrement brisé, et des collatéraux étroits. De puissantes piles carrées supportent les voûtes, flanquées de demi-colonnes et couronnées de chapiteaux sculptés. Le sol est pavé de terre cuite quadrillée de bandes de pierre.

Au maître-autel un grand retable encadre un tableau de Mignard : Concert donné par les Anges à la Sainte Famille. Les chapelles de droite renferment des toiles attribuées à Van Loo, Parrocel, Coypel ; dans la 4ᵉ, belle Vierge à l'Enfant, statue du 18ᵉ s.

Les tours. — Restes de l'ancienne enceinte qui ceinturait la ville, cinq tours ont été conservées dont trois visibles Allée de Verdun, la quatrième est accolée à la poste et la cinquième se trouve au pied de la citadelle.

Elles furent construites en 1370 pour protéger la ville contre les Grandes Compagnies qui envahissaient la Provence. Leurs noms sont évocateurs « Porte Sauve » (en souvenir des protestants qui s'enfuirent par cette porte pendant les guerres de Religion), « des gens d'Armes », « Notre-Dame du Fort » et « de la Médisance » car les femmes aimaient à s'y retrouver pour « bavarder ».

Le vieux Sisteron. — *Suivre le parcours fléché qui s'amorce à gauche de l'église Notre-Dame ; des visites guidées de la vieille ville sont organisées en saison par le Syndicat d'Initiative.*

Entre la rue Droite et les bords de la Durance se ramasse la ville ancienne aux ruelles étroites qui dégringolent vers la rivière, bordées de hautes maisons parfois reliées entre elles par des rampes abruptes, souvent voûtées, les **androne**s (du mot grec andron qui signifie passage entre deux maisons). De nombreuses maisons ont conservé leurs élégantes portes sculptées.

L'itinéraire suit la **rue Deleuze (9)** (belles portes aux nos 11, 41 et 154) et parvient au pied de la **tour de l'Horloge (D)**. Cette tour du Moyen Age à laquelle ont été ajoutés l'horloge et un magnifique campanile de fer forgé à volutes, porte la devise de Sisteron « Tuta montibus et fluviis » (Sûre entre ses montagnes et ses fleuves).

Entre la rue Mercerie et la rue du Glissoir s'embranche la **Longue androne (18)**, passage très étroit sous des arcades.

On continue par la **rue du Glissoir (14)** (rendue glissante par le gel en hiver) qui conserve au nº 5 une façade romane du 13e s., comportant quatre arceaux brisés aux baies géminées.

On traverse ensuite une place pour suivre la rue basse des remparts qui aboutit à la **rue Font-Chaude (12)** où un double couvert laisse passer deux rues. Celle qui monte, la rue **Saunerie,** a conservé le titre d'un métier comme la rue de la Mercerie. Au nº 64 de la rue Saunerie se trouve l'ancienne hostellerie du Bras d'Or où Napoléon déjeuna le 15 mars 1815.

Au nº 2 de la rue Mercerie s'ouvre la belle **porte d'Ornano** sculptée au 16e s. et portant les armes de la famille d'Ornano. En face s'allonge la rue Droite et ses commerces.

Église St-Dominique. — Sur l'autre rive de la Durance, au pied du rocher de la Baume, cette église d'un ancien couvent fondé par Béatrix de Savoie, épouse de Raimond-Beranger V, comte de Provence (voir p. 88), a gardé son clocher lombard élancé à pierres blanches et noires. En été, des concerts et soirées littéraires y sont organisés.

EXCURSIONS

1 **Prieuré de Vilhosc.** — 10 km à l'Est par la D 4 direction Volonne. Après 5 km, tourner à gauche dans la D 217 et 4 km plus loin, après avoir franchi le Riou de Jabron, prendre à droite le chemin signalé par les Monuments historiques.

Tout près de la rivière, sous les bâtiments d'une ferme, subsiste une curieuse **crypte** à trois nefs, reste d'un ancien prieuré.

C'est l'un des témoins du tout premier art roman du 11e s.

En poursuivant la D 217 pendant 5 km on parvient au **pont de la Reine Jeanne** qui dans un beau cadre boisé de pins lance son arche unique au-dessus du Vançon.

★ 2 **Haute vallée du Vançon.** — Circuit de 92 km — Environ 3 h. Quitter Sisteron par le pont sur la Durance, la D 951 au Nord-Est puis la D 3. Dans la montée du premier col, la route offre des **vues**★ intéressantes sur le site de Sisteron.

Au Sud-Ouest s'allongent les longues croupes de la montagne de Lure, tandis que se creuse, au premier plan, le bassin de Laragne où se réunissent le Buëch et la Durance. Après le col, la vue plonge sur la vallée du Riou de Jabron qui, sorti du défilé de Pierre Écrite, s'échappe par une clue et va rejoindre la Durance.

Défilé de Pierre Écrite. — Une paroi de cette profonde rainure, à gauche de la route, à hauteur d'un petit pont, porte une longue inscription romaine en l'honneur de C.P. Dardanus, préfet des Gaules, converti au christianisme, qui ouvrit ce passage au début du 5e s. L'inscription parle d'une « cité de Dieu » dont les vestiges ont été relevés entre Chardavon et St-Geniez.

Dépassant St-Geniez, on aperçoit, à droite, la curieuse bosse du Rocher de Dromon, au pied duquel s'élève la chapelle N.-D. du Dromon.

⊙ **N.-D. du Dromon.** — *Laisser la voiture près d'une ferme et continuer à pied (1/4 h AR).* Ce modeste édifice construit au 11e s., dont le voûtement a été refait au 17e s., fut un lieu de pèlerinage jusqu'au 18e s. Au-dessous, une **crypte** minuscule semi-souterraine comportant des colonnettes et chapiteaux en albâtre local est un bel exemple du premier art roman dans la région.

Poursuivre par la D 3.

On découvre le fond boisé et désert de la haute vallée du Vançon que la route domine à grande hauteur. Par la trouée aval de la Durance la **vue** se porte sur le Luberon et la montagne Ste-Victoire.

Au-delà d'Authon, la route est dans un état médiocre pendant quelques kilomètres. Elle passe par le **col de Fontbelle** (alt. 1 304 m) dans la forêt domaniale de Mélan. Au-delà du col, belle vue sur l'impressionnante crête de calcaire blanc de Geruen au pied de laquelle les robines (marnes noires) dessinent des formes torturées.

Au Planas, prendre la petite route vers Thoard.

Thoard. — 487 h. Ce village ancien et pittoresque a conservé les restes d'une enceinte avec un donjon roman devenu le clocher de l'église.

De Thoard, rejoindre par la D 17 la N 85 et suivre la route Napoléon (p. 113) pour revenir à Sisteron.

▣ **Pays de la Motte-Turriers.** — *Circuit de 85 km — Environ 3 h. Quitter Sisteron par la D 951 au Nord.*

Au Nord-Est de Sisteron, la **vallée de la Sasse,** encore sauvage, présente un relief façonné par l'érosion, suite de vallons ravinés, de montagnes creusées par l'eau et le vent, de clues étroites.

Valernes. — 178 h. Ce village perché qui a conservé des vestiges de ses remparts, possédait autrefois trois châteaux. Du village **vue** sur la vallée de la Sasse.

Après Valernes, la D 951 suit la Sasse et traverse des gorges avant de passer au pied des villages de Châteaufort et de Nibles.

Prendre ensuite la D 1 à droite.

Clamensane. — 110 h. Village perché sur un éperon rocheux.

Le paysage devient de plus en plus sauvage et austère. Après la **clue de Bayons,** la route pénètre dans un bassin évasé.

Bayons. — 138 h. Une grande et belle **église,** seul vestige du prieuré de l'Ile-Barbe, domine la place du village. Élevée aux 12e et 13e s. elle représente un savant mélange d'art roman et gothique avec sa vaste nef couverte d'un berceau brisé et son chœur voûté d'ogives dont la clef est un remarquable agnus dei.

Le portail ajouté au 14e s. présente une archivolte encadrée par des arcades en lancettes : les consoles sont ornées de petits sujets dont un atlante soutenant le linteau.

Après Bayons, prendre à gauche la route vers Turriers.

Par une série de lacets très raides surnommés « les tourniquets », la route parvient au col de Sagnes dans un décor de montagnes ravinées. On redescend ensuite sur Turriers et Bellafaire qui conserve un château du 18e s.

Après Bellafaire, tourner à gauche dans la D 951.

Cette route suit la vallée du **Grand Vallon** réputée pour ses cultures fruitières (pommes, poires et pêches). C'est une suite de beaux paysages minéraux et de vastes vergers.

Après la Motte, prendre la D 104 vers Melve puis tourner à gauche dans la D 304.

Sigoyer. — 83 h. Le château du 15e s. a été en partie restauré. De ses terrasses s'offre une **vue★** étendue sur la Durance, les Baronnies et la montagne de Lure.

La route descend vers Valernes à travers les champs de lavande et rejoint la D 951 qui ramène à Sisteron.

TALLARD   1 155 h.

Carte Michelin n° 🔟 pli 6 ou 🔢 pli 7.

Cette localité de la moyenne vallée de la Durance est entourée de cultures fruitières et de vignobles produisant un « blanc de pays » estimé.

CURIOSITÉS

Église. — Élevée au 12e s et partiellement reconstruite au 17e s., elle s'ouvre par trois portes aux beaux vantaux. La porte principale, la plus intéressante, est datée de 1549 sur son linteau aux entrelacs gothiques. Elle a reçu tout autour une décoration Renaissance composée de médaillons figurant des femmes, des enfants et des hommes d'armes.

A l'intérieur, on remarque notamment une chaire du 17e s. et une cuve baptismale supportée par des lions.

Chaque année, cette église est le cadre d'un pèlerinage arménien l'avant dernier dimanche de septembre.

Ⓥ **Château.** — Il dresse ses tours démantelées sur un éperon à pic du côté de la Durance. Construit aux 14ᵉ et 16ᵉ s., il fut la propriété de la Maison de Sassenage, puis des Clermont-Tonnerre qui y firent de nombreux travaux, des Bonne d'Auriac et des Hostun. Au 16ᵉ s. il fut pris et repris par les protestants puis en 1692 il subit d'importants dommages quand les troupes de Savoie s'emparèrent de la région. Actuellement il fait l'objet d'importantes restaurations sous l'égide de l'Ordre de Malte.

Chapelle. — De style flamboyant, elle s'ouvre par une élégante porte à deux baies surmontée d'un pinacle à fleuron entre deux fenêtres dessinant des flammes. A l'intérieur : belles clefs de voûte, chapiteaux sculptés et cheminées de la même époque.

Corps de logis. — Datant de la Renaissance, il présente un portail en plein cintre surmonté des armes des Clermont-Tonnerre martelées et de belles fenêtres à meneaux torsadés.

EXCURSIONS

★**Circuit d'Urtis.** — *22 km — Environ 1 h. Quitter Tallard par le pont sur la Durance, à l'Est et, presque aussitôt, tourner à gauche.*
La route monte en corniche au-dessus de la Durance.

A 4 km, tourner à droite pour rejoindre la D 854 vers Venterol.

Dans un virage à gauche (croix) belle **vue**★ à droite sur la Durance. A la sortie des hameaux de Venterol, **vue**★ d'enfilade sur une large portion de la vallée. Aux Marmets, commence la descente très rapide vers la rivière. 2,5 km après l'ancienne commune d'Urtis, jolie vue sur une petite retenue de la Durance.

A un palier, tourner à droite, laissant à gauche la route de Curbans. On retrouve la route de Tallard à hauteur d'une usine de l'EDF, en vue du château.

Ventavon. — 362 h. *18 km au Sud-Ouest. Quitter Tallard par la route de Sisteron (D 942).*
A hauteur de la Saulce commence, entre la Durance et le canal de Ventavon, le nouveau tracé de la N 85, route de liaison entre les vallées de la Durance et du Buëch, engendré par la construction, en aval, du complexe hydro-électrique du Poët. Après Valenty, prendre à droite la D 21 (vers Laragne-Montéglin).
Bâti sur les vestiges d'une ancienne forteresse du 11ᵉ s., ce paisible village perché présente un style provençal homogène, malgré le « beffroi » moderne accolé à l'église, avec ses vieilles maisons et son petit château du 15ᵉ s. cantonné de tours rondes.
Du sommet du beffroi (58 marches, table d'orientation), beau **panorama**★ sur les toits de tuiles roses du village et du château, sur la trouée de la Durance que ferment au Nord-Est les monts de l'Embrunais, et sur les sommets environnants, tels que le pic d'Aujour et la Crête des Selles au Nord-Ouest, les montagnes de Gache et de Lure au Sud.

★ THÉUS (Demoiselles coiffées de)

Carte Michelin nº 🎑 Nord-Est du pli 6 et 🎑 pli 8.

Dans le vallon supérieur du torrent de Valauria, affluent de la Durance, cette curiosité géologique offre l'un des spectacles les plus étranges des Alpes du Sud.

Accès. — *De la sortie Est de Remollon (sur la route de Tallard au barrage de Serre-Ponçon), 8 km par la route de Théus et du Mont Colombis.*

Les Demoiselles. — La route traverse **Théus** (132 h.), qui accroche ses maisons sur une croupe dans un pittoresque désordre, puis monte rudement *(rampes atteignant 18 % ; lacets difficiles)*. Laisser la voiture près de la **« Salle de bal »** des Demoiselles, remarquable par la grande concentration des colonnes.
Les **« Demoiselles coiffées »**, appelées ailleurs « cheminées des Fées », se présentent comme des colonnes de matériaux peu résistants — ici des conglomérats glaciaires — préservés de l'érosion par leur chapiteau formé d'un bloc rocheux.
On peut en voir d'autres spécimens sur la rive Est du lac de Serre-Ponçon (p. 123) ainsi que sur les routes de St-Véran (p. 108) et du col de Vars (p. 140).
On peut poursuivre *(4,5 km)* jusqu'au relais de télévision du **mont Colombis** (alt. 1 733 m) d'où la **vue** embrasse tout le lac de Serre-Ponçon.

Afin de donner à nos lecteurs l'information la plus récente possible, les Conditions de Visite des curiosités décrites dans ce guide ont été groupées en fin de volume.

Les curiosités soumises à des conditions de visite y sont énumérées soit sous le nom de la localité soit sous leur nom propre si elles sont isolées.

Dans la partie descriptive du guide, p. 47 à 150, le signe Ⓥ placé en regard de la curiosité les signale au visiteur.

★★ TINÉE (Vallée de la)

Carte Michelin n° 195 plis 4, 5, 15 et 16 ou 81 plis 9, 10 et 20 ou 245 plis 23 et 24.

La Tinée prend sa source au col de la Bonette qui donne accès au bassin de l'Ubaye ; c'est un affluent du Var dont elle prolonge le cours inférieur dans la même direction Nord-Sud. La vallée, tantôt resserrée en gorges, tantôt élargie en bassins, est tapissée de forêts de châtaigniers, de sapins et de mélèzes en altitude.
La plupart des villages sont perchés au bout de routes en lacets.

DU PONT DE LA MESCLA A AURON

143 km — compter 1 journée

Cet itinéraire est très long du fait des ramifications vers les villages qui obligent à des aller-retour.

Au pont de la Mescla, prendre la D 2205.

★**Gorges de la Mescla.** — La route se glisse au fond des gorges, sous des rochers surplombant la Mescla, « mélange » des eaux de la Tinée et du Var.
Les villages perchés se révèlent ensuite de chaque côté de la vallée.

Au Pont de la Lune, prendre à droite la D 32.

La Tour. — *Page 131.*

Revenir à la 2205 que l'on poursuit vers le Nord puis tourner à droite dans la D 55 vers Clans.

Clans. — *Page 72.*

De nouveau sur la D 2205, tourner ensuite, à gauche, vers Ilonse.

La route s'élève rapidement, offrant de belles vues sur le village perché de Marie de l'autre côté de la vallée.

Ilonse. — Isolé à 1 210 m d'altitude dans un très beau cadre de montagne. En haut du village, une **table d'orientation** permet de reconnaître quelques villages perchés de la Tinée parmi les croupes boisées qui encadrent la vallée.

Revenir à la D 2205 et poursuivre vers St-Sauveur.

Sur la vallée débouchent des gorges profondes. A droite s'amorce la route de Valdeblore qui met en communication les vallées de la Tinée et de la Vésubie. Les parois calcaires font place aux schistes rouges.

St-Sauveur-sur-Tinée. — *Page 117.*

A la sortie de St-Sauveur, la route de Vionène *(p. 150)* fait communiquer la vallée de la Tinée avec celle du Cians par le col de la Couillole.
Entre le mont Gravières d'un côté, la cime des Lauses et le mont St-Sauveur de l'autre, la route parcourt les **gorges de Valabres★**, creusées dans des roches sombres, ravinées et dénudées.

Isola. — 539 h. On remarque avant l'entrée du village à droite le beau clocher roman d'une ancienne église qui fut détruite par une crue de la Guerche. De style lombard il est percé de baies en plein cintre et de fenêtres jumelées aux chapiteaux historiés.

En prenant la route de gauche, on passe au pied de la **cascade de Louch★** qui tombe d'un vallon suspendu à 100 m au-dessus de la Tinée.

Tourner à droite pour prendre la D 97 vers Isola 2000.

★**Vallon de Chastillon.** — Par une montée raide le long de la Guerche puis du Vallon de Chastillon, la route, bien élargie, s'élève jusqu'à la zone des mélèzes et des alpages. Entre les parois rocheuses bondissent d'innombrables cascades.

★**Isola 2000.** — Sports d'hiver. Située dans un beau cirque montagneux des Alpes franco-italiennes, entre 1 800 et 2 600 m, cette station récente d'hiver et d'été est l'une des mieux équipées des Alpes du Sud.

Faire demi-tour et reprendre la D 2205.

La route serre de près la frontière italienne et les hautes cimes enneigées qui la marquent. Une multitude de torrents en descendent ainsi que du mont Mounier qui culmine à l'Ouest. La vallée s'élargit en vue de St-Étienne-de-Tinée.

★**St-Étienne-de-Tinée.** — *Page 116.*

Quitter St-Étienne au Sud en direction d'Auron.

La route s'élève en corniche au-dessus de la Tinée, face aux plus hauts sommets de la frontière d'Italie.

★**Auron.** — *Page 51.*

La route entre St-Étienne-de-Tinée et la cime de la Bonette est décrite p. 57.

*Participez à notre effort permanent
de mise à jour. Adressez-nous vos remarques
et vos suggestions.*

***Cartes et Guides Michelin
46, avenue de Breteuil
75341 Paris Cedex 07***

LA TOUR

Carte Michelin n° ▨▨▨ pli 16 ou ▨▨ pli 20 ou ▨▨▨ plis 24 et 25.

Ce village isolé dans la montagne, au-dessus de la vallée de la Tinée, possède une place charmante agrémentée d'arcades, d'une fontaine ombragée et de façades peintes en trompe-l'œil.

CURIOSITÉS

ⓥ **Église.** — L'intérieur composite roman-gothique est décoré de trois beaux retables de style Renaissance dans l'abside et les absidioles et de deux bénitiers du 15ᵉ s.

ⓥ **Chapelle des Pénitents Blancs.** — *A la sortie Nord-Est du village au bord de la D 32.* Des **fresques** datées de 1491, signées Brevesi et Nadale, ornent les murs latéraux, figurant 20 scènes de la Passion ainsi que les vertus et les vices *(voir p. 33)* ; les panneaux sont traités avec beaucoup de verve et fort bien composés. Sur le mur du chevet d'autres fresques anonymes et qui paraissent antérieures, présentent le jugement Dernier dont les scènes sont intéressantes à observer. Des croix et des lanternes de procession sont exposées dans la chapelle.

★ TOURNEFORT (Route de)

Carte Michelin n° ▨▨▨ pli 15 ou ▨▨ pli 20 ou ▨▨▨ pli 24.

Entre le Var moyen et la Tinée, une route pittoresque escalade les premiers contreforts de la pointe des Quatre-Cantons et constitue un raccourci faisant communiquer les deux vallées. Elle permet d'admirer au passage le trésor artistique de Villars.

DU VAR A LA TINÉE *15 km — environ 1 h*

A 11 km à l'Ouest du Pont de la Mescla (carte ▨▨▨ pli 16) s'embranche à droite la D 26. Elle s'élève au-dessus de la vallée du Var pour atteindre le site riant de Villars.

Villars-sur-Var. — *Page 149.*

La D 26 serpente au flanc du mont Falourde, dans un paysage forestier ; de temps à autre apparaît, au-delà de la Tinée, la chapelle de la Madone d'Utelle.

Massoins. — 110 h. De cette petite oasis au milieu des montagnes on a une belle **vue** sur la vallée du Var.

A un coude de la route, on voit se dresser le petit village perché de Tournefort.

2 km plus loin, prendre une petite route à droite.

Tournefort. — 46 h. Village accroché à un roc escarpé. Près de la chapelle, on découvre une **vue**★ très belle sur les vallées du Var et de la Tinée et leur cadre de montagnes ; on aperçoit la Madone d'Utelle et le village perché de la Tour *(voir ci-dessus)*.

Revenir à la D 26 qui amorce une descente vers la vallée de la Tinée.

Parcours en forêt avec de magnifiques murailles rocheuses à l'horizon. La route atteint la Tinée à Pont-de-Clans *(voir p. 130)*.

★ TOUTES AURES (Route de)

Carte Michelin n° ▨▨ pli 18 ou ▨▨▨ plis 22 et 23.

Le col de Toutes Aures donne passage à cette section de la Route d'hiver des Alpes (N 202) qui met en relation les hautes vallées du Verdon et du Var.

DE ST-JULIEN-DU-VERDON A ENTREVAUX

30 km — environ 1 h

St-Julien-du-Verdon. — 67 h. — *Lieu de séjour.* Ce village ancien a vu une grande partie de son territoire disparaître sous les eaux du lac de Castillon *(p. 68)*. Une base nautique y est installée.

De St-Julien, suivre la N 202.

Les torrents, aux crues redoutables ont taillé, transversalement aux crêtes montagneuses, à ces « serres » crayeuses, abruptes et décharnées, caractéristiques de la Haute-Provence, des gorges et des « clues » sauvages.

★ **Clue de Vergons.** — La route s'engage dans ce défilé en s'élevant : belles vues à l'arrière sur le lac et le joli site de St-Julien-du-Verdon.

Peu après Vergeons s'élève, à gauche, la chapelle romane de **N.-D.-de-Valvert.**

Col de Toutes Aures. — Alt. 1 124 m. Des bancs de roches, très nets — les strates — apparaissent fortement inclinés ou même redressés verticalement et contrastent avec des versants la plupart du temps boisés.

★ **Clue de Rouaine.** — La route passe entre des abrupts impressionnants.

A partir des Scaffarels, où l'on découvre les fameux grès d'Annot *(voir p. 50)*, la vallée du Coulomp est encaissée, sauf à son confluent avec le Var, marqué par l'épanouissement pierreux du pont de Gueydan. La route suit désormais la vallée du Var. Le pays prend un caractère aride que met en valeur, à sa manière, le soleil du Midi.

★ **Entrevaux.** — *Page 86.*

★ L'UBAYE

Carte Michelin n° 77 plis 18 et 19 ou 81 plis 8 et 9 ou 245 plis 9 et 10.

La vallée de l'Ubaye, affluent de la Durance, forme la lisière Nord des Alpes de Provence. Cette région laissera le souvenir de versants marneux ravagés — les ravinements que le Riou Bourdoux a creusés dans les « terres noires », en aval de Barcelonnette, sont célèbres depuis plus d'un siècle dans les annales de la lutte pour la protection des sols —, d'énormes cônes de déjections piquetés d'une maigre végétation de brousse, mais aussi de belles forêts de résineux et de sommets rocheux aux lignes franches, à la silhouette parfois étrange.

L'ensemble procure une surprenante impression d'ampleur au touriste habitué à l'encaissement des hautes vallées des Alpes du Nord.

L'Ubaye est restée longtemps l'une des régions les plus isolées de France : la route reliant Barcelonnette à la vallée de la Durance par la basse Ubaye (D 900) ne fut terminée qu'en 1883. Jusqu'alors les relations avec l'extérieur se faisaient par les cols de Vars, de Larche et d'Allos, longuement enneigés chaque année. Ceci explique l'orientation politique de la vallée qui, communiquant facilement avec le Piémont, resta du 14e au 18e s. entre les mains des comtes de Savoie *(détails p. 51)*.

Le bassin de Barcelonnette, au point de confluence du trajet international Gap-Cuneo (D 900 - S 21) et de la Route des Alpes (D 902), entre le col de Vars et le col de la Cayolle, constitue le cœur du pays.

LA BASSE UBAYE

① Du Lauzet-Ubaye à Barcelonnette *21 km — environ 1/2 h*

La route (D 900), qui longe le cours de l'Ubaye jusqu'à Barcelonnette, ne fut ouverte qu'en 1883. Auparavant il fallait remonter depuis la Durance une gorge de 23 km où ne passait qu'un sentier présentant des passages très difficiles comme le célèbre « Tourniquet » du Pas de la Tour.

Le Lauzet-Ubaye. — *Page 123.*

La remontée de la vallée à partir du Lauzet-Ubaye s'effectue d'abord sur la rive gauche du torrent encore encaissé entre deux versants boisés. Durant plusieurs kilomètres, les sommets neigeux de la Petite et de la Grande Séolane demeurent visibles.

Peu avant l'arrivée au Martinet, remarquer, à gauche, l'étrange sommet rocheux, bien nommé, de la tête de Louis XVI.

Le Martinet. — En traversant le village, on entrevoit à droite, derrière le pont sur le Grand Riou, l'enfilade du vallon que ferme, à l'horizon la montagne de la Blanche.

En quittant le Martinet, la D 900 franchit l'Ubaye dont elle suit désormais la rive droite. Sur un promontoire de la rive gauche apparaît, solitaire, l'ancien clocher du hameau de Méolans. A partir de la Fresquière, la vallée que semble barrer en amont la Montagne de l'Alpe, s'épanouit largement.

A la sortie des Thuiles, se découvre à droite, perchée sur les pentes abruptes du Péguieu, la station-balcon de **Pra-Loup** *(p. 52)* derrière laquelle pointe le cône du Pain de Sucre. La route passe entre les vallées affluentes du Riou Bourdoux, à gauche, et du Bachelard *(p. 69)*, à droite, avant d'atteindre Barcelonnette.

★**Barcelonnette.** — *Page 51.*

LE BASSIN DE BARCELONNETTE

② De Barcelonnette à Gleizolles *15 km — environ 1/2 h*

★**Barcelonnette.** — *Page 51.*

La D 900 traverse le bassin de Barcelonnette à travers les cultures et les cônes de déjection aux cailloutis épars.

2 km après Barcelonnette, sur la gauche, se profile le hameau de **Faucon,** le plus ancien village de la vallée, dominé par un élégant **clocher** roman du 12e s.

L'horizon montagneux offre quelques silhouettes remarquables : au Sud-Ouest, les Séolanes, au Sud, le Pain de Sucre et le Chapeau de Gendarme, sommets fort justement nommés.

Jausiers. — 1 049 h. C'est de Jausiers que partirent les frères Arnaud pionniers de l'émigration vers le Mexique en 1821 *(voir p. 52)*. Le **château des Magnans** sur une hauteur de la ville, intéressant exemple d'architecture mauresque, du début du siècle, fut construit par un « Mexicain ».

L'**église** du 18e s. qui s'ouvre par un beau portail en bois sculpté, manifeste une forte influence italienne dans sa décoration intérieure. La nef unique présente une voûte en berceau construite avec des blocs de tuf taillés. Riche retable derrière l'autel.

Après Jausiers, les bassins boisés de pins et les défilés se succèdent. On passe dans l'étroit **Pas de Grégoire** qui avec le Pas de la Reyssole *(p. 133)* formaient un passage jadis d'un grand intérêt stratégique ce qui explique la présence du Fort de Tournoux.

Fort de Tournoux. — Se confondant presque avec les escarpements sur lesquels il est construit, ce fort bâti en 1847, selon un modèle à la Vauban, comprend un escalier casematé (souterrain) de 808 marches reliant les casemates et batteries supérieures jusqu'à l'altitude de 2 000 m. C'était la pièce maîtresse de l'ancien dispositif fortifié qui défendait l'accès du bassin de Barcelonnette.

Après le fort de Tournoux, la D 900 se poursuit vers le col de Larche dans la vallée de l'Ubayette et la D 902 vers la Haute Ubaye.

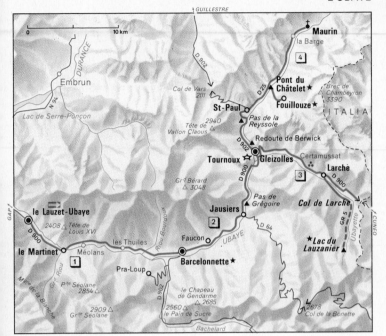

③ **De Gleizolles au col de Larche** (frontière italienne)

11 km — environ 1/2 h

La D 900 remonte la vallée de l'Ubayette dont les villages presque totalement détruits lors de combats de juin 1940 et de 1944-1945 ont été reconstruits. Seul Certamussat est abandonné définitivement.

Larche. — 91 h. Situé au confluent du torrent de Louchouse et de l'Ubayette c'est le dernier village français avant la frontière italienne.

De Larche on peut suivre la D 900, passer la frontière au col de Larche, pour aller jusqu'au joli lac italien de la Madeleine *(Pour le passage de la frontière, voir p. 10).*

★**Lac de Lauzanier.** — *De Larche, 6 km jusqu'au parking du Pont Rouge en prenant à droite après le poste frontière, puis 2 h à pied AR par le GR 5.* Le vallon du Lauzanier, réserve naturelle pour la flore et les insectes, fait partie du parc national du Mercantour. Le long du sentier se dispersent des cabanes d'alpages. On suit le vallon boisé jusqu'aux premières cascades puis l'on parvient au lac occupant l'une des plus belles auges glaciaires de cette partie des Alpes. La petite chapelle faisait autrefois l'objet d'un pèlerinage le 2 juillet. Tous les habitants de Larche venaient y prier pour la protection de leurs récoltes et de leur bétail.

★★**LA HAUTE UBAYE**

④ **De Gleizolles à Maurin** *28 km — environ 3 h*

La D 902, route de Briançon, s'enfonce dans le défilé du **Pas de la Reyssole.** Peu après l'embranchement avec la D 900, s'élève à droite la **redoute de Berwick,** récemment restaurée. Elle porte le nom du maréchal de Berwick qui fut l'initiateur du rattachement de l'Ubaye à la France *(voir p. 51).*

St-Paul. — 200 h. Cet agréable village est le point de départ de nombreuses excursions. Son **église** remonte au haut Moyen Age mais son chœur a été reconstruit au 15ᵉ s. et la voûte refaite à la fin du 16ᵉ s. après le passage de Lesdiguières et de ses troupes. Sa porte est surmontée d'une rosace trilobée. Le clocher, en partie roman, est intéressant par sa forme octogonale.

De St-Paul on s'engage par la D 25 dans la vallée du Maurin, où se succèdent des hameaux bien groupés dominés par leurs hauts clochers élancés.

★★**Pont du Châtelet.** — Son site est fameux dans tout l'Ubaye ; l'ouvrage d'art fut audacieusement lancé à 100 m au-dessus de la gorge. Son arche unique, qui livre passage à la route de Fouillouze, semble maintenir écartées les parois verticales.

Tourner à droite dans la route de Fouillouze.

Cette route se replie en impressionnants lacets serrés au-dessus du bassin de St-Paul que domine la Tête de Vallon Claous.

★**Fouillouze.** — Ce hameau de haute montagne est situé à l'entrée d'un cirque désolé dominé par la pyramide tronquée du Brec de Chambeyron (alt. 3 390 m).

Revenir à la vallée de l'Ubaye.

La route s'élève, passe un défilé et, parvenue au sommet de la montée, découvre soudain une magnifique perspective sur la vallée encadrée de pentes rocheuses où poussent çà et là quelques touffes de lavande sauvage.

La route de Maurin parcourt des solitudes alpines dont la lumière du Midi avive encore l'extraordinaire désolation. Elle traverse plusieurs hameaux dont les maisons se distinguent par leurs hautes cheminées et leurs couvertures en lauzes, pierres plates et grises en schiste reposant sur de fortes charpentes en mélèze. Après les hameaux de La Barge et Maljasset apparaît l'église de Maurin.

Église de Maurin. — Dans un site silencieux et solitaire, se dresse l'église St-Antoine entourée par son vieux cimetière. Une inscription rappelle qu'une avalanche emporta en 1531 l'église du 12e s. Bien que reconstruite au 16e s., cette église a conservé une allure romane très homogène.

Église de Maurin.

★ VALBERG

Carte Michelin n° 195 pli 4 ou 245 plis 23 et 24 — Sports d'hiver.

Forêts de mélèzes et vertes prairies constituent le **site** ensoleillé de Valberg, station d'été et d'hiver créée en 1935 à 1 669 m d'altitude, sur un seuil en vue des flancs pelés des Alpes méditerranéennes.

Ses pistes de ski font suite à celles de Beuil *(p. 55)* et les parcours s'effectuent entre 1 500 m et 2 066 m (à la cime du Raton).

Chapelle N.-D.-des-Neiges. — Église de haute montagne, elle est extérieurement très simple. A l'**intérieur★**, le plafond à poutres apparentes est soutenu par des arcs partant directement du sol. Sa décoration en caissons a pour thème les litanies de la Vierge présentées sous forme d'allégories. L'ensemble est une heureuse réussite de l'art sacré moderne.

Croix de Valberg. — *3/4 h à pied AR.* Partir de la route du col du Sapet et terminer la montée par un sentier. Du pied de la croix (alt. 1 829 m), on découvre un **panorama★★** immense, du Grand Coyer au Mont Pelat, du mont Mounier au Mercantour.

EXCURSION

★**Route de Guillaumes par Péone.** — *14,5 km par la D 29.* La route descend en lacets ves Péone, livrant des vues sur les crêtes joignant le Grand Coyer au col de la Cayolle.

Péone. — 535 h. Remarquable par son **site★**, ce village apparaît massant ses hautes maisons montagnardes au pied d'aiguilles dolomitiques qui sont l'une des curiosités naturelles de la région.

De création ancienne, il fut repeuplé au 13e s. par Raimond Béranger, comte de Provence et de Barcelone, qui fit venir des familles catalanes de sa province d'origine. Les habitants de Péone sont toujours appelés les catalans.

Il faut se promener à l'intérieur du village dans son enchevêtrement de ruelles et d'escaliers pour découvrir de beaux encadrements de portes et de fenêtres, la chapelle des Pénitents Blancs et l'église.

Après Péone la route épouse le cours du Tuebi, d'abord creusé en gorges et qui va s'élargissant vers le Var. Le parcours est encore semé de curieuses roches ruiniformes.

Guillaumes. — *Page 139.*

VALENSOLE (Plateau de)

Carte Michelin n° 🎗️ plis 15 et 16 ou 🎗️ plis 21, 33 et 34.

Cette région, qui s'intercale entre la vallée de la moyenne Durance et le bord escarpé des Préalpes de Digne et de Castellane, s'étend de la Bléone au bas Verdon. Elle correspond à une ancienne fosse comblée à la fin de l'ère tertiaire par des couches épaisses de poudingues (conglomérats de gros galets liés par un ciment naturel). Elle forme aujourd'hui un vaste plan incliné qui s'abaisse d'Est en Ouest et domine la Durance de 200 à 300 m. La vallée de l'Asse le partage en deux. Le Nord présente un relief assez tourmenté, pays de petits bois arides et pauvres où la vie se réfugie dans quelques vallons.

Le Sud a, dans l'ensemble, un aspect plus tabulaire : c'est cette partie qui est la plus connue, celle où Giono a localisé une part de son œuvre. Son accès, quelle que soit la direction d'où l'on vient, se présente de la même façon : par une gorge boisée, la route monte sur le plateau où s'étendent à perte de vue d'immenses champs de céréales et de lavandin *(voir p. 23)* ; de noirs amandiers ont subsisté çà et là, vestiges de l'ancienne économie provençale. La traversée du plateau en mars (amandiers en fleur) et en juillet (floraison du lavandin) est un enchantement.

CIRCUIT A PARTIR DE VALENSOLE *89 km — environ 5 h*

Valensole. — 1 944 h. *Lieu de séjour.* Ce gros bourg étalé sur une colline aux pentes douces est la patrie de l'amiral de Villeneuve (1763-1806), adversaire malheureux de Nelson à Trafalgar. Il vit aussi naître **saint Mayeul,** qui fut abbé général de l'Ordre de Cluny en 965.

L'**église** domine le village de sa robuste silhouette à la tour massive flanquée d'un clocheton. L'intérieur est terminé par un chevet plat, gothique comme la façade, éclairé par six fenêtres en arcs à lancettes formant verrière. Les ₊stalles du chœur datent du 16ᵉ s.

Quitter Valensole au Nord-Ouest par la D 8.

Cette route longe le rebord du plateau de Valensole donnant sur la vallée de l'Asse. Elle traverse les vastes étendues des champs de céréales ou de lavandin.

A Poteau-de-Telle se dégage une **vue** intéressante sur la vallée de l'Asse, ses villages et les ruines de Bras-d'Asse accrochées sur l'autre versant du plateau.

Prendre à droite la D 953 vers Puimoisson puis tourner à gauche vers St-Jurs.

Amandiers et lavande à Puimoisson.

St-Jurs. — 115 h. Situé sur une hauteur du plateau de Valensole, à l'extrémité de celui-ci, ce village perché, d'origine très ancienne, est dominé par une église d'où s'offre une **vue★** très étendue sur le plateau de Valensole à l'Ouest et les Alpes du Sud.

Revenir à la D 953.

Puimoisson. — 511 h. Au 12ᵉ s. Puimoisson était une seigneurie des hospitaliers de St-Jean-de-Jérusalem.

Au cœur du village, qui s'étale parmi les champs de lavandin, l'église du 15ᵉ s. donne sur une très vaste place plantée de micocouliers.

Poursuivre la D 958.

Riez. — *Page 111.*

Prendre la D 952.

La route suit la vallée du Colostre où se succèdent les distilleries de lavande.

Allemagne-en-Provence. — *Page 49.*

Poursuivant la D 952 on traverse une riante campagne où alternent la vigne, le lavandin et les champs de tulipe.

St-Martin-de-Brômes. — 244 h. Le long des rues, de vieilles maisons romanes ou classiques ont des porches aux curieuses inscriptions et des linteaux millésimés.

ⓥ L'**église** romane du 11e s. présente un beau chevet rustique et un clocher à 3 baies se terminant par une pyramide de pierre. A l'intérieur, les doubleaux retombent sur des culs-de-lampe sculptés ; derrière l'autel, curieux petit tabernacle en stuc polychrome.

ⓥ Au bout de l'esplanade qui constituait la base du château, la **tour templière** (14e s.) abrite une tombe romaine avec cercueil de plomb et squelette, trouvés en 1972 ; les monnaies exposées, à l'effigie des empereurs Maxence, Licinius et Constantin, permettent de dater la tombe de la première moitié du 4e s. Borne milliaire romaine.

Emprunter, au Sud du village, la D 82 vers Esparron.

Esparron-de-Verdon. — 206 h. Le vieux village bâti de part et d'autre d'un ravin est dominé par le **château** des Castellane : une façade du 18e s. est flanquée d'un haut donjon crénelé dont certaines parties datent du 10e s. La création de **lac** de barrage de Gréoux a fait d'Esparron une petite station pour les amateurs de voile et de pêche.

Revenir sur ses pas et tourner à gauche au bout de 6 km vers Gréoux-les-Bains.

La route se rapproche du lac de barrage, offrant de belles **vues**★ sur celui-ci.

Barrage de Gréoux. — C'est un barrage en terre de 260 m d'épaisseur à la base ; sa hauteur sur fondations est de 67 m et sa longueur de crête de 220 m. Il retient 85 millions de m³ d'eau du Verdon qui alimentent la centrale de Vinon (productibilité 130 millions de kWh) ainsi que le canal de Provence.

On rejoint le lit verdoyant du bas Verdon tandis qu'on s'approche de Gréoux.

★**Gréoux-les-Bains.** — *Page 94.*

La D 8 qui longe le ravin de Laval ramène à Valensole.

★ VALLOUISE
451 h. (les Vallouisiens)

Carte Michelin nº 77 pli 17 ou 244 pli 42 — Schéma p. 137 — Lieu de séjour.

Ce bourg pittoresque, au cœur de la vallée du même nom, a conservé ses vastes maisons à galeries, dont les arcades reposent sur des colonnes, agrémentées parfois d'un cadran solaire.

Il faut flâner dans ses rues étroites pour découvrir ses richesses architecturales.

★**Église.** — Construite au 15e s. et remaniée au 16e s., elle témoigne de l'influence lombarde dans les régions alpines. L'élégant porche à croisée d'ogive ou « real » repose sur des colonnes de marbre rouge. Dessous s'ouvre un portail du 16e s. dont le tympan s'orne d'une peinture murale représentant l'Adoration des Mages. La porte, aux vantaux de bois sculptés d'entrelacs gothiques et de draperies, se ferme par un magnifique **verrou**★ de fer forgé à tête de chimère.

A l'intérieur on retrouve le type embrunais dans la nef, couverte de croisées d'ogives et les collatéraux voûtés en berceau brisé.

La chapelle « des âmes du Purgatoire » à droite de l'entrée est recouverte de fresques (la Pentecôte, martyre de saint Sébastien...) et abrite une pietà en bois polychrome du 15e s. Le retable du chœur du 17e s. entoure un tabernacle, œuvre d'une extrême finesse.

Le bénitier de pierre est recouvert d'un couvercle en bois sculpté du 16e s. de forme conique dont un des panneaux porte les armoiries de la France et du Dauphiné.

Le trésor aménagé à la base du clocher réunit des œuvres d'art religieux de la région. A l'extérieur au pied du clocher on remarquera les mesures à grains.

Chapelle des Pénitents. — Située à côté de l'église, cette chapelle du 16e s. présente une façade décorée de peintures murales.

★★ La VALLOUISE

Carte Michelin nº 77 plis 17 et 18 ou 244 pli 42.

La Vallouise, baptisée ainsi au 15e s. en l'honneur de Louis XI, correspond à la vallée d'un important affluent de la Haute-Durance, voie de pénétration vers le massif des Écrins. Elle offre un séduisant compromis entre une fraîcheur de paysages presque savoyarde et une luminosité de ciel déjà méridionale.

Les gros villages de la Vallouise, aux spacieuses maisons typiques du style briançonnais *(illustration p. 37)* — concourent pour une grande part au charme de la région.

Le développement de Puy-St-Vincent comme station de sports d'hiver a contribué à son essor touristique.

Les Vaudois. — Pendant quatre siècles, la Vallouise a servi d'asile à ces religionnaires, qu'il ne faut pas confondre avec les Suisses du canton de Vaud.

La secte des Vaudois, née au 12e s., eut pour initiateur un riche marchand lyonnais, Pierre Valdo. Celui-ci voit dans le renoncement l'unique source du salut et, prêchant l'exemple, distribue tous ses biens aux déshérités. Le culte vaudois se réduit à la prière et à la lecture des livres saints. Quiconque pratique la pauvreté volontaire peut remplir les fonctions sacerdotales et prêcher l'Évangile.

La religion nouvelle, qui préfigure la Réforme, se répand dans le Lyonnais et l'Église s'émeut ; le pape condamne Pierre Valdo.

Ses disciples se dispersent en Comté, en Bourgogne, en Provence, en Dauphiné. Venus nombreux dans les vallées écartées du Pelvoux et du Briançonnais, ils s'y font oublier pendant deux siècles. En 1401, saint Vincent Ferrier, le prédicateur le plus célèbre de l'époque — le nom du village de Puy-St-Vincent rappelle encore son souvenir - tente, sans grand succès, de convertir ces irréductibles.

Les persécutions reprennent. En 1488, une véritable croisade part de Grenoble et l'on mène contre les Vaudois une guerre d'extermination. Le coup final est porté, au 17ᵉ s., après la révocation de l'Édit de Nantes. 8 000 hommes de troupes font le vide dans les vallées (Vallouise, Valgaudemar, Champsaur, etc.) : « Ce pays, écrit Catinat à la fin des opérations, est parfaitement désolé ; il n'y a plus ni peuple ni bestiaux ».

L'Église vaudoise garde une certaine vitalité dans les hautes vallées piémontaises qui débouchent à Pignerol. Elle se trouve à la tête du mouvement protestant en Italie.

DE L'ARGENTIÈRE-LA-BESSÉE
AU PRÉ DE MADAME CARLE *38 km — Environ 3 h*

L'Argentière-la- Bessée. — *Page 66.*

> *Quitter l'Argentière par la D 994ᴱ route de la Vallouise.*

La route franchit d'abord la Durance, puis la Gyronde près de leur confluent. Bientôt on aperçoit à droite une conduite en siphon qui fait franchir les gorges de la Durance aux eaux de la Gyronde captées à Vallouise et utilisées par l'usine de l'Argentière. En contrebas, on voit les restes du « Mur des Vaudois », désignation impropre, soit de fortifications élevées au 14ᵉ s. par les Briançonnais contre les bandes armées d'anciens soldats devenus pillards, les « Routiers », soit d'une clôture destinée à empêcher l'extension d'une épidémie de peste.

Au cours de la traversée de la Bâtie apparaissent les cimes jumelles du Pelvoux (pointe de Puiseux et Signal de Pelvoux). Plus à gauche, du fond de la vallée de l'Onde, se détachent le sommet des Bans et le pic des Aupillous.

> *Tourner à droite vers les Vigneaux.*

Les Vigneaux. — 244 h. L'**église** du 15ᵉ s. précédée du traditionnel réal (porche), fréquent dans la région d'Embrun, présente sur le mur extérieur à droite du portail des **peintures murales** sur le thème des vices et de leurs châtiments *(voir p. 33)*. La luxure est représentée par une élégante jeune femme blonde montée sur un bouc et se mirant tristement dans un miroir.

> *Au lieu dit Pont des Vigneaux prendre la route vers Puy-St-Vincent.*

La route de Puy-St-Vincent s'élève en corniche, à travers les mélèzes, face aux beaux escarpements colorés des Têtes d'Aval et d'Amont. Le panorama se dégage : entre les sommets du Pelvoux et la crête déchiquetée de Clouzis apparaît un moment la langue du glacier Blanc, dominée au fond par le Pic de Neige Cordier.

> *A l'entrée des Alberts, tourner à gauche.*

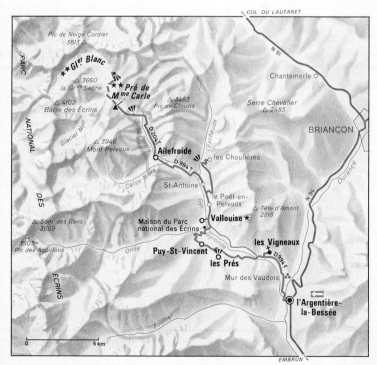

La VALLOUISE★★

Les Prés. — Les parties hautes des maisons, en madriers de mélèze, ont pris une belle patine. En faisant le tour de l'église, on a eu une **vue★** très attachante sur la Vallouise et son cadre montagneux : Pelvoux, Glacier Blanc, Pic de Clouzis au Nord, sommet des Bans, fermant le vallon de l'Onde, à l'Ouest ; pic de Peyre-Eyrautz, dominant le défilé de l'Argentière à l'Est.

Puy-St-Vincent. — 298 h. *Sports d'hiver.* Ce village a connu un développement récent avec la création d'une station de ski qui a pris rapidement de l'importance. Au-dessus du village, la station moderne dresse ses hauts immeubles face aux pistes de ski.

De Puy-St-Vincent, redescendre vers Vallouise.

Ⓥ Juste avant le croisement avec la 994ᴱ, à gauche, s'élève la **Maison du Parc National des Écrins.** Ce bâtiment moderne abrite des expositions sur la faune, la flore, la géologie, l'architecture dans le Parc ainsi qu'une maquette du massif de l'Oisans. Autour un **sentier écologique** a été aménagé.

★**Vallouise.** — *Page 136.*

Reprendre la D 994ᵀ le long du Gyr. Après le Poët-en-Pelvoux à l'entrée du Fangeas, prendre à droite la route des Choulières.

Cette route offre au cours de sa montée en lacets des **vues rapprochées★★** sur la Grande Sagne, les cimes jumelles du Pelvoux, le Pic Sans Nom, l'Ailefroide.

Faire demi-tour aux Choulières et revenir à la D 994ᵀ.

Les hameaux de Fangeas, St-Antoine (chef-lieu), les Claux se succèdent. Alignés dans le dernier épanouissement de la Vallouise, ils constituent avec Ailefroide le plus important centre d'alpinisme du massif des Écrins. Après le tunnel des Claux, de délicieux sous-bois de mélèzes, bruissants d'eaux vives, précèdent l'arrivée dans le petit bassin d'Ailefroide.

Ailefroide. — Ce hameau de la commune de **Pelvoux** *(Lieu de séjour)* écrasé par les contreforts du Pelvoux, est le centre d'alpinisme le mieux situé de la Vallouise, étant donné son altitude et sa situation au confluent des vallées de la Celse Nière et du torrent de St-Pierre.

La D 204ᵀ gagne de l'altitude au prix de multiples sinuosités dans un fond de vallée de plus en plus sauvage, où les mélèzes trouvent encore à s'accrocher. A droite se profilent, tout proches, les clochetons aigus de la crête de Clouzis.

★★**Pré de Madame Carle.** — En dépit de son nom bucolique, qui lui vient d'une ancienne propriétaire, cet ancien bassin lacustre, planté de mélèzes, n'est, aujourd'hui, qu'un champ de cailloux roulés par le torrent ou détachés des abrupts rocheux. Du premier pont sur le torrent se découvre, à l'extrême gauche, la Barre des Écrins (alt. 4 102 m), point culminant du massif, d'où se détache le chaînon de la Grande Sagne qui limite immédiatement la vue. Ce **paysage★★** est bien caractéristique de l'âpreté de la montagne dauphinoise.

Au-delà du pont, la route aboutit à l'ancien refuge Cézanne qui marque l'entrée de l'ancien Parc domanial du Pelvoux (13 000 ha environ), réserve naturelle plus remarquable par la splendeur de ses montagnes et de ses glaciers que par la richesse de sa flore et de sa faune et désormais intégrée dans le **Parc national des Écrins** *(p. 16)*.

★★**Le Glacier Blanc.** — *Du Pré de Mmᵉ Carle 3 à 4 h à pied AR jusqu'au refuge.* Cette petite « Mer de Glace » dauphinoise, qui venait autrefois se réunir au Glacier Noir au voisinage immédiat du refuge, a fortement reculé, comme tous les glaciers des Alpes, depuis le siècle dernier. Il faut grimper à 2 300 m d'altitude pour l'atteindre. Du refuge (alt. 2 550 m), **vue** sur les premiers séracs du Glacier Blanc et le flanc Nord du Pelvoux.

★★ VAR (Haute vallée du)

Carte Michelin nº 195 plis 2, 3, 13 et 14 ou 81 plis 9 et 19 ou 245 pli 23.

La D 2202 qui longe la haute vallée du Var, fait admirer des sites encaissés. C'est l'une des grandes routes d'accès à la région niçoise par la voie des Alpes.

D'Entraunes à Puget-Théniers *51 km — Environ 3 h*

Entraunes. — 121 h. Ce village est joliment situé au confluent du Var et du Bourdoux, au pied du col de la Cayolle. Son église possède un curieux clocher asymétrique.

Ⓥ A la sortie Nord du bourg, au bord de la D 2202, voir la **chapelle St-Sébastien.** Des fresques (1516) d'Andréa de Cella couvrent le mur de l'abside, constituant un faux retable à décor Renaissance : Supplice de saint Sébastien, entre sainte Brigitte et sainte Hélène ; au-dessus, Crucifixion.

La route se poursuit dans un âpre décor montagnard : barres rocheuses adoucies par quelques forêts. Après un tunnel, la vallée s'élargit dans le bassin de St-Martin, creusé dans les marnes noires.

St-Martin-d'Entraunes. — 113 h. Le village occupe un site verdoyant, sur une butte morainique, qui contraste par sa fraîcheur avec l'aridité générale de la haute vallée du Ⓥ Var. Son **église** romane de type provençal présente une façade aveugle et un portail latéral gothique orné des symboles des Templiers. Son cadran solaire porte une devise qui signifie : « Le soleil me dirige, vous c'est votre pasteur. » A l'intérieur on peut admirer le beau **retable de la Vierge de Miséricorde** par François Bréa (1555) et remarquer le charme quelque peu sensuel des personnages féminins ; sur la prédelle, les apôtres sont très individualisés.

3,5 km après Villeneuve-d'Entraunes, prendre à gauche la D 74 qui s'élève au-dessus du vallon de la Barlatte.

Châteauneuf-d'Entraunes. — 47 h. Le village s'élève dans un site assez désolé dominant la haute vallée du Var. L'église abrite un primitif dans la manière de François Bréa : retable du Christ aux cinq plaies (1524), rutilant de rouge et or.

Revenir à la D 2202 qu'on prend à gauche.

Guillaumes. — 546 h. *Lieu de séjour.* Bourg défensif situé au confluent du Var et du Tuébi. Cette petite station estivale est dominée par un château en ruine, d'où l'on a une belle vue sur le village.

Peu après Guillaumes la vallée s'encaisse en gorges.

★★**Gorges de Daluis.** — Sévères et grandioses, creusées par le Var, elles portent le nom du petit village situé à leur sortie. Entre Guillaumes et Daluis, la route sinueuse descend en corniche la rive droite du Var supérieur dont elle domine de très haut les eaux vertes et limpides.

Là où les lacets très serrés sont trop étroits, des tunnels ont été creusés dans le rocher pour permettre le passage des voitures descendantes. A ces endroits, la route, en balcon, offre les plus belles **vues**★★ sur les gorges. Taillées par le Var dans les schistes rouges tachés de fraîches verdures, celles-ci sont d'une profondeur, d'une âpreté et d'une couleur saisissantes.

A l'aval se dresse la « gardienne des gorges », curieux bloc de schiste, affectant la forme d'un buste de Marianne.

La route, de Daluis à Entrevaux, suit le fond de la vallée qui fait un coude brusque au pont de Gueydan. Après un élargissement, la vallée s'étrangle à nouveau à l'entrée d'Entrevaux.

★**Entrevaux.** — *Page 86.*

En poursuivant vers Puget-Théniers par la N 202 on a un beau coup d'œil à l'arrière sur le **site**★★ d'Entrevaux.

★**Puget-Théniers.** — *Page 105.*

VARS
897 h. (les Varsins)

Carte Michelin n° 77 pli 18 ou 245 pli 10 — Sports d'hiver.

Située entre Guillestre et Barcelonnette, près du col qui porte son nom *(p. 140)*, Vars est aujourd'hui l'une des principales stations de sports d'hiver des Alpes du Sud, réputée pour son ensoleillement et la longueur de ses pistes reliées à celles de Risoul *(p. 94)*. En été c'est un bon centre d'excursions. La station se compose de trois hameaux anciens : Ste-Marie, St-Marcellin et Ste-Catherine et d'une station de ski moderne : les Claux (alt. : 1 830 m) dont les vastes immeubles et les chalets se dispersent dans les mélèzes.

CURIOSITÉS

St-Marcellin. — Ce hameau ancien, autrefois dominé par un château qui fut démoli par les troupes du duc de Savoie, a conservé son aspect montagnard. L'**église**, reconstruite au 18ᵉ s., présente un beau portail, orné d'arcatures à tores reposant sur des colonnettes, autrefois précédé d'un porche dont il ne subsiste que les lions stylophores (porte-colonnes).

★**Val d'Escreins.** — *3 km par la D 902 vers Guillestre puis 9 km par la route qui remonte le val d'Escreins.*

La vallée de Rif Bel, inaccessible 8 mois par an, est inscrite comme réserve naturelle depuis 1964. Elle fut ensuite rattachée au Parc naturel régional du Queyras. Elle occupe 2/3 du territoire de la commune de Vars, soit 25 000 ha.

Au fond de la vallée, les versants couverts de mélèzes cèdent la place à de hauts sommets dénudés dont le pic de **Font Sancte** (alt. 3 387 m). Une légende est attachée à ce nom qui signifie fontaine sainte. Une jeune bergère des Escreins — village aujourd'hui en ruine — avait découvert une source et demanda à être enterrée à proximité. La tradition voulait que lors d'une période de sécheresse, les habitants de Vars partent vers minuit de leur village pour effectuer un pèlerinage à la Font Sancte.

La réserve, très riche en flore et en faune, est ouverte en été aux visiteurs auxquels elle offre 37 km de sentiers balisés de tous niveaux reliant cette vallée à celles de Ceillac dans le Queyras, du Maurin dans l'Ubaye et de Vars.

Pour les informations et le règlement (interdiction de cueillir les fleurs) s'adresser au chalet pastoral à l'entrée de la réserve.

*Chaque année, le **guide Michelin France***
révise sa sélection d'établissements

— servant des repas soignés à prix modérés,
— pratiquant le service compris ou prix nets,
— offrant un menu simple à prix modeste,
— accordant la gratuité du garage...

Tout compte fait, le guide de l'année, c'est une économie.

Carte Michelin n° 77 pli 18 ou 245 plis 9 et 10.

La route du col de Vars met en relation le Haut-Embrunais et le Queyras avec la région de l'Ubaye.

Parcourue dans le sens inverse de celui indiqué ci-dessous, elle permet aux touristes « remontant » du Midi de découvrir les premières neiges éternelles (massif des Écrins).

DE GUILLESTRE A ST-PAUL *27 km — Environ 1 h*

Le col de Vars risque d'être obstrué par la neige de décembre à avril.

Guillestre. — *Page 94.*

Quitter Guillestre par la D 902 au Sud.

Entre Guillestre et Peyre-Haute, on aperçoit la ville fortifiée de Mont-Dauphin *(p. 108)*, sur son promontoire, et la vallée « haut-embrunaise » de la Durance. La D 902 s'élève sur un éperon séparant les vallées du Rif Bel (Val d'Escreins) et du Chagne, cette dernière descendue du col de Vars.

Table d'orientation de Peyre-Haute. — *1/4 h à pied AR. A 100 m en amont du hameau de Peyre-Haute (panneau), grimper en contre-haut sur le talus, à gauche.* **Vue★** : de gauche à droite, l'Ailefroide, séparée du Pic sans Nom par la brèche du Coup-de-Sabre, le Pelvoux, le Pic de Neige Cordier d'où descend le glacier Blanc.

Dans les lacets qui suivent Peyre-Haute, les vues se succèdent sur les sommets neigeux du massif des Écrins que la table d'orientation a permis d'identifier.

A gauche s'embranche la route du Val d'Escreins.

★Val d'Escreins. — *Page 139.*

La route traverse ensuite les différents hameaux de Vars.

Vars. — *Page 139.*

De Vars au col, le parcours se déroule au pied des pentes rases, équipées de remontées mécaniques depuis Ste-Marie jusqu'au Refuge Napoléon.

Col de Vars. — Il s'ouvre, à 2 111 m d'altitude, dans un paysage désolé de pâturages parsemés de blocs de grès. Un monument commémore la restauration de la route par les troupes alpines.

Du col de Vars à Melezen, le versant Ubaye prend un caractère pastoral plus sévère : se dessine le sommet tronqué du Brec de Chambeyron (alt. 3 390 m), précédé d'une longue arête. Entre Melezen et St-Paul, s'élève, dans le ravin des Muratieras, en bordure de la route, côté montagne, un groupe de « colonnes coiffées » *(détails p. 129)*.

St-Paul. — *Page 133.*

★★★ VENTOUX (Mont)

Carte Michelin n° 81 plis 3, 4 et 13 et 14 ou 245 plis 17 et 18.

Le massif du Ventoux est l'accident de relief le plus marqué aux confins des Alpes du Sud et de la Provence rhodanienne. Il domine fièrement la vallée du Rhône à l'Ouest, le plateau de Vaucluse au Sud et le petit massif des Baronnies au Nord. La montée au mont Ventoux est une des plus belles excursions de Provence ; le panorama que l'on découvre du sommet est immense.

Mais le grand intérêt touristique du Ventoux réside surtout dans la variété des itinéraires d'accès : on peut monter en voiture jusqu'au sommet et en descendre par des routes différentes.

Ⓥ *La D 974 est interdite à la circulation le 15 novembre au 15 avril entre le Chalet-Reynard et le Mont Serein. D'autre part pendant les périodes d'enneigement d'autres routes peuvent être fermées.*

Avec ses 1 909 m le Ventoux ne peut rivaliser, pour l'altitude, avec les géants alpins ou pyrénéens. Mais sa situation en avant des Alpes, à l'écart de toute cime concurrente, la façon hardie dont il se dresse au-dessus de la plaine de Carpentras et du plateau de Vaucluse, lui donnent une étonnante majesté. Son orgueilleuse pyramide, soulignée en hiver par la neige, attire le regard de toute la Provence rhodanienne.

Le climat. — Le Ventoux, comme son nom l'indique, est particulièrement éventé. Le mistral y souffle avec une furie sans pareille. Au sommet, la température est, en moyenne, de 11° plus basse qu'au pied ; il y pleut deux fois plus. Les eaux pluviales s'infiltrent dans le calcaire fissuré du plateau de Vaucluse.

Durant la saison froide, le thermomètre descend, à l'observatoire, jusqu'à — 27°. De décembre à avril, la montagne est généralement encapuchonnée de neige au-dessus de 1 300 à 1 400 m d'altitude et fournit aux sports d'hiver d'excellents terrains. Les prés du Mont Serein, situés sur le versant Nord, et ceux du Chalet-Reynard, sur le versant Sud, sont particulièrement propices à la pratique du ski.

La végétation. — Après avoir rencontré, sur les pentes, les fleurs et plantes habituelles de la campagne provençale, le curieux de botanique sera ravi de trouver, au sommet, des échantillons de la flore polaire, notamment le saxifrage du Spitzberg et le petit pavot velu du Groenland. C'est durant la première quinzaine de juillet que les fleurs du Ventoux sont dans tout leur éclat.

Les flancs de la montagne, que des coupes claires avaient dénudés, à partir du 16e s. pour alimenter les constructions navales de Toulon, sont en cours de reboisement depuis 1860. Pins d'Alep, chênes verts, chênes blancs, cèdres, hêtres, pins à crochets, sapins, mélèzes forment un manteau forestier qui, vers 1 600 m d'altitude, fait place à un immense champ de cailloux d'une blancheur étonnante.

A l'automne, l'ascension, au travers des frondaisons de toutes couleurs, est un enchantement.

A la conquête du sommet. — L'un des conquérants les plus illustres du Mont Ventoux fut le poète italien Pétrarque qui entreprit son ascension en 1336 accompagné de son frère et de deux domestiques. Ils partirent de Malaucène un matin avant le lever du soleil et revinrent tard dans la nuit.

Au 20e s. c'est en voiture et à bicyclette que se conquiert le Mont Ventoux. Depuis 1902 et jusqu'en 1973 a eu lieu, sur le parcours compris entre Bédoin et le sommet du Ventoux, une course de côte pour automobiles. Avant la guerre de 1914-1918, le record fut établi, en 1913, par Boillot, sur Peugeot, en 17'38'' (73 km à l'heure). Manzon sur Simca-Gordini, le porta en juillet 1952 à 13'17''7/10 à la moyenne de 97 km à l'heure. Le trophée fut enlevé en 1973 par Jimmy Mieusset, sur March, qui a porté le record à 9'03''6/10 à la moyenne de 142 km à l'heure.

De nos jours, le Tour de France cycliste comporte parfois une arrivée d'étape au sommet après une ascension brise-jarrets pour les coureurs.

★★ MONTÉE PAR LE VERSANT NORD
1 Circuit au départ de Malaucène

54 km — Compter 1/2 journée

Ce circuit emprunte la D 974, route tracée en 1933 à l'intention des touristes ; bien que la rampe soit du même ordre que celle du versant Sud, elle est moins dure que celle-ci pendant les mois de forte chaleur car elle est plus aérée. Par temps d'orage, elle peut être encombrée sur les trois derniers kilomètres par des éboulis qui n'empêchent généralement pas la circulation mais demandent un peu plus d'attention de la part du conducteur. Les automobilistes solliciteront beaucoup moins leur moteur en la prenant à la montée, réservant la route de Bédoin pour la descente.

Malaucène. — *Page 97.*

Quitter Malaucène par la D 974.

N.-D. du Groseau. — *A droite de la D 974. Description p. 97.*

Source vauclusienne du Groseau. — Sur la gauche de la route, l'eau jaillit par plusieurs fissures au pied d'un escarpement de plus de 100 m et forme un petit lac aux eaux claires ombragé de beaux arbres.

Les Romains avaient construit un aqueduc pour amener cette eau jusqu'à Vaison-la-Romaine.

La route, en lacet sur le versant Nord, procure une belle vue sur le plateau de Vaucluse, puis s'élève sur la face Nord, la plus abrupte et ravinée du mont Ventoux ; elle traverse pâturages et petits bois de sapins, près du chalet-refuge du Mont Serein. Du belvédère aménagé après la maison forestière des Ramayettes, belle **vue★** sur les vallées de l'Ouvèze et du Groseau, le massif des Baronnies, le sommet de la Plate.

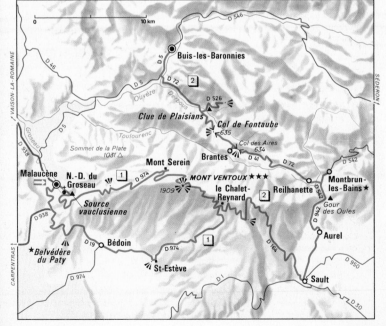

VENTOUX (Mont)★★★

Mont Serein. — Lieu de ralliement des sportifs en hiver ; ses chalets sont admirablement situés au milieu des champs de neige. De nombreuses remontées mécaniques équipent ses pentes.

Le panorama, de plus en plus vaste, découvre les Dentelles de Montmirail et les hauteurs de la rive droite du Rhône.

Après deux grands lacets, la route atteint le sommet.

★★★ **Sommet du mont Ventoux.** — Le sommet du Ventoux, altitude 1 909 m, est occupé par un observatoire, depuis 1882, une station radar de l'armée de l'Air et, au Nord, une tour hertzienne, émetteur de télévision, une station météorologique et un hôtel.

En été, aux heures chaudes, le Ventoux est souvent entouré de brumes. Les touristes auront avantage à faire l'excursion le matin de très bonne heure, ou à rester sur la montagne jusqu'au coucher du soleil.

En hiver, l'atmosphère est plus transparente, mais on ne peut gagner le sommet enneigé qu'à ski.

Du parc de stationnement, la vue s'étend sur la chaîne des Alpes, et en particulier sur le massif du Vercors (table d'orientation).

Mais c'est du terre-plein aménagé au Sud que l'on découvre le plus vaste **panorama**★★★ (table d'orientation) allant du massif du Pelvoux aux Cévennes en passant par le Luberon, la montagne Ste-Victoire, les collines de l'Estaque, Marseille et l'étang de Berre, les Alpilles et la vallée du Rhône.

Il arrive que le Canigou soit visible, par temps particulièrement clair. Un spectacle surprenant est celui que présente, la nuit, la plaine provençale : villes et villages scintillent dans l'obscurité. Il s'étend jusqu'à l'étang de Berre et la Méditerranée sur laquelle passent sans arrêt les faisceaux lumineux des phares.

La descente s'amorce sur le versant Sud ; la route tracée en corniche traverse l'immense champ de cailloux d'une blancheur étonnante. C'est la route la plus ancienne, construite vers 1885, en même temps que l'observatoire qu'elle devait desservir ; elle passe de l'altitude 1 909 m (sommet) à l'altitude 310 m (Bédoin), soit une dénivellation de 1 600 m sur 22 km.

Le Chalet-Reynard. — C'est le lieu de rendez-vous des skieurs d'Avignon, de Carpentras et de la région. Les pentes voisines, magnifiques, sont particulièrement propices aux sports d'hiver.

La route pénètre dans la forêt, aux sapins succèdent les hêtres et les chênes, puis la belle série des cèdres. La végétation provençale fait ensuite son apparition : vigne, plantations de pêchers et de cerisiers, quelques olivettes.

La **vue** se développe sur la plaine comtadine ; au-delà du plateau de Vaucluse apparaît la montagne du Luberon.

St-Estève. — Du virage fameux, maintenant redressé, qu'affrontaient les coureurs automobiles engagés dans la course du Ventoux se dégage une **vue**★ à droite, sur les Dentelles de Montmirail et le Comtat, à gauche sur le plateau de Vaucluse et sur la montagne du Luberon.

Bédoin. — 1 842 h. (les Bédoinais). Ce village perché sur une colline conserve des rues pittoresques montant à l'église, de style jésuite, construite au début du 18e s. et ornée de beaux autels.

Prendre la D 19.

★ **Belvédère du Paty.** — En haut de la côte, après la chapelle de la Madelène, ce belvédère offre une **vue**★ panoramique en contrebas sur le pittoresque village étagé de Crillon-le-Brave et des carrières d'argile ocre.

A droite se profilent les Alpilles, en face le Comtat Venaissain qui limite le plateau de Vaucluse, à gauche le mont Ventoux.

La D 19, qui se poursuit dans un paysage boisé, puis la D 938 ramènent à Malaucène.

★★MONTÉE PAR LE VERSANT EST

② De Buis-les-Baronnies au mont Ventoux

74 km — Environ 4 h — Schéma p. 141

Circulation réglementée : voir p. 140.

Buis-les-Baronnies. — Page 66.

Quitter Buis-les-Baronnies par la D 5 au Sud-Ouest puis tourner à gauche dans la D 72.

Cette route remonte la vallée du Derbous aux paysages sauvages.

Prendre la D 526 à gauche.

Clue de Plaisians. — La route s'enfonce dans ce défilé très étroit surplombé par les deux avancées rocheuses qui se touchent presque.

Au-delà du village de Plaisians, belle **vue** sur le mont Ventoux.

Revenir à la D 72 que l'on poursuit.

Col de Fontaube. — Alt. 635 m. Une vue se révèle sur la vallée de la Derbous, que l'on vient de parcourir, jalonnée de pyramides rocheuses dont les strates se dressent presque à la verticale. De l'autre côté du col les paysages sont plus doux.

Brantes. — 85 h. Ce village est pittoresquement bâti dans un **site**★ grandiose au pied du mont Ventoux. Campé sur le versant Nord, très abrupt, de la vallée du Toulourenc, il mérite une visite.

On y pénètre par la porte fortifiée du haut et l'on découvre successivement la petite chapelle des Pénitents Blancs du 18e s., qui sert de cadre à des expositions, les restes d'un manoir Renaissance, au beau portail sculpté, et l'église quasi fortifiée richement décorée.

Dans la montée du **col des Aires,** la D 41 offre de très belles **vues**★ sur le village de Brantes et son site dominé par les ruines d'un château, la vallée du Toulourenc et le flanc Nord très raviné du mont Ventoux.

Reilhanette. — 114 h. Construit sur une butte dominant la vallée du Toulourenc, ce pittoresque village est couronné par les ruines de son château.

★**Montbrun-les-Bains.** — *Page 99.*

Prendre la D 542 vers le Sud.

Cette route suit le vallon naissant du Derbous et franchit le défilé du **Gour des Oules.**

Aurel. — *Page 48.*

Sault. — *Page 121.*

Prendre la D 164.

La route parcourt la haute vallée cultivée de la Nesque, puis s'élève sur le flanc Est du Ventoux recouvert principalement de pinèdes. Un belvédère, à gauche de la route, offre une belle **vue** sur le pays de Sault et le plateau de Vaucluse.

Le Chalet-Reynard. — *Page 142.*

★★★**Sommet du Mont-Ventoux.** — *Page 142.*

On peut redescendre soit par la D 974 vers Malaucène (voir description en sens inverse p. 141), soit par la D 974 vers Bédoin (voir description p. 142).

Brantes et le Mont Ventoux enneigé.

★★★ VERDON (Grand Canyon du)

Carte Michelin n° 84 plis 6 et 7 ou 81 plis 17 et 18 ou 245 plis 34 et 35.

Le Verdon, affluent de la Durance, forme dans les plateaux calcaires de Haute-Provence, des gorges magnifiques dont la plus remarquable, le Grand Canyon, s'étend sur 21 km. Le spectacle de ce gigantesque fossé, aux parois vertigineuses, dans une nature sauvage, est sans rival en Europe.

La formidable entaille du Grand Canyon s'étend de Rougon à Aiguines. Sa formation est une véritable énigme géographique. Pourquoi le Verdon a t-il choisi de creuser des gorges dans ces rochers très durs au lieu de les contourner. La seule explication plausible est le phénomène de l'antécédence : au tertiaire, sous l'influence de la tectonique alpine, l'ensemble s'est soulevé lentement et le Verdon qui coulait à cet emplacement a vu son cours s'enfoncer au fur et à mesure en utilisant les cassures naturelles préexistantes du sol. Il les a agrandies et a formé ce couloir sinueux.

La largeur des gorges varie, au fond, de 6 à 100 m et, au sommet des falaises, de 200 à 1 500 m. Leur profondeur, du rebord même des plateaux, est de 250 à 700 m.

Exploration et aménagement. — E.-A. Martel (1859-1938), l'éminent fondateur de la spéléologie, a été le premier, en août 1905, à explorer complètement, au prix de plus de trois jours de périlleux efforts, les 21 km de gorges. Il était aidé dans cette entreprise par M. Janet et I. Blanc. En 1928, le T.C.F. entreprend l'aménagement touristique d'une partie du Grand Canyon, afin que les marcheurs entraînés puissent les visiter à pied sans danger. Des belvédères, d'où l'on peut défier le vertige, sont aménagés. Les principaux points de vue sont signalés.

En 1947, la création en plein roc de la route de la Corniche Sublime (D 71) ouvre la rive Sud au grand tourisme. Enfin, en 1973, l'achèvement de la « Route des Crêtes » (D 23) offre au tourisme automobile l'ensemble de la rive Nord.

Accès en voiture. — Deux routes permettent la visite des gorges : l'une, la D 71 ou route de la Corniche Sublime, par la rive Sud ; l'autre, la D 952 et la D 23, par la rive Nord.

Pour les voyageurs venant de Draguignan, la D 955 risque très exceptionnellement d'être interdite à l'occasion des exercices du polygone de tir de Canjuers.

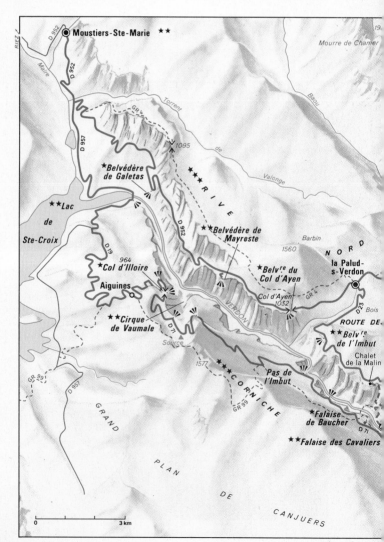

★★★ROUTE DE LA CORNICHE SUBLIME 81 km — 1/2 journée

L'itinéraire de la Corniche Sublime atteint une sorte de perfection touristique : la route va véritablement à la recherche des passages et des points de vue les plus impressionnants : les vues plongeantes sur le canyon sont extraordinaires.

Quant aux parcours d'approche, ils présentent un grand intérêt pour l'horizon immense qu'ils font découvrir.

De Castellane aux balcons de la Mescla

★**Castellane.** — *Page 67.*

> *Quitter Castellane par ② du plan et prendre la D 952.*

La route épouse la rive droite du Verdon dont les nombreux méandres sont dominés par des escarpements imposants. Bientôt apparaissent, sur la droite, les arêtes rocheuses des Cadières de Brandis.

★**Porte de St-Jean.** — C'est un beau défilé taillé verticalement dans le Verdon au travers d'un chaînon calcaire.

Après ce passage la rivière amorce une large boucle et pique vers le Sud.

★**Clue de Chasteuil.** — Cette longue clue présente des bancs de roche vigoureusement redressés.

> *A Pont-de-Soleils, prendre à gauche la D 955.*

Abandonnant le Verdon, la route traverse un petit défilé au pied du bois des Défends. Sur la droite apparaît au sommet d'une colline le village de **Trigance,** dominé par un imposant château médiéval remanié au 16e s., qui abrite aujourd'hui un hôtel.

La route continue à remonter la verte vallée du Jabron.

Comps-sur-Artuby. — 241 h. *Lieu de séjour.* Le village se ramasse au pied du rocher qui porte l'église. C'était une seigneurie des Templiers puis des hospitaliers de St-Jean-de-Jérusalem.

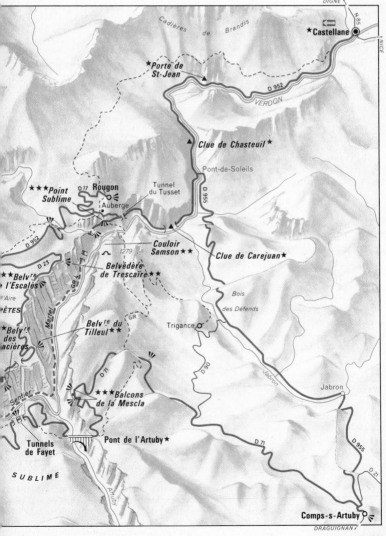

VERDON (Grand Canyon du)★★★

ⓥ L'**église St-André,** édifice gothique des débuts de 13ᵉ s., était la chapelle des hospitaliers. Sa nef de deux travées voûtée d'ogives se prolonge par une abside en cul-de-four. On remarquera la cuve baptismale.

De l'église s'offre une **vue** intéressante sur les plans de Provence et surtout sur les gorges de l'Artuby où l'on remarque l'entrée de plusieurs grottes. Au-dessous de l'église se trouve une petite chapelle romane.

Quitter Comps à l'Ouest par la D 71.

Dans une boucle de la route, on a une large **vue**★ sur un vaste horizon de montagnes arides (Préalpes de Castellane et de Digne) parfois étrangement tailladées.

★★★ **Balcons de la Mescla.** — *Sur le côté droit de la route, de part et d'autre du café-relais des Balcons.* De ces balcons, le regard plonge de 250 m sur la Mescla, « mêlée » des eaux du Verdon et de l'Artuby. Dans ce cadre sauvage et grandiose, le Verdon se replie autour d'une étroite crête en lame de couteau, roulant des eaux vertes et limpides. En amont se creuse la section des gorges orientées Nord-Sud, encaissée de 400 à 500 m.

Le belvédère supérieur, qu'on atteint par une courte marche, est le plus impressionnant. La route s'approche ensuite de l'Artuby, affluent du Verdon.

Des balcons de la Mescla à Moustiers-Ste-Marie

La route peut être obstruée par la neige de décembre à mars.

★ **Pont de l'Arbuby.** — Ce magnifique ouvrage d'art, construit en béton armé, franchit de son arche de 110 m de portée le canyon de l'Artuby, aux parois rigoureusement verticales. *Parc de stationnement à la sortie du pont.*

La route, contournant le Pilon du Fayet, débouche au-dessus du canyon du Verdon.

Tunnels de Fayet. — Entre les deux tunnels et après on peut jouir d'une **vue**★★★ extraordinaire sur la courbe que décrit le canyon à hauteur de l'Étroit des Cavaliers.

★★ **Falaise des Cavaliers.** — Après s'être écartée des gorges, la route longe l'extrême bord de la falaise où sont aménagés deux points de vue. Une bifurcation, à droite, conduit au restaurant des Cavaliers. Des terrasses, la **vue** est saisissante sur la falaise des Cavaliers haute de 300 m.

Désormais, sur plus de 3 km, la route domine le précipice de 250 à 400 m ; c'est une des sections les plus impressionnantes de tout le parcours.

★ **Falaise de Baucher.** — Très belle vue d'enfilade, vers l'amont sur le bassin du pré Baucher.

Pas de l'Imbut. — Vue plongeante sur le Verdon qui, dominé par de prodigieuses falaises parfaitement lisses, disparaît sous un chaos de blocs écroulés, à 400 m en contrebas. Plus loin, la route s'écarte de la bordure des gorges, puis décrit deux lacets face au ravin de Mainmorte qui ouvre une perspective sur les falaises de Barbin. Elle court ensuite à mi-pente d'un grand versant et traverse des taillis assez denses qui masquent la vue.

★★ **Cirque de Vaumale.** — Un coude prononcé, à gauche, marque l'entrée dans un cirque boisé ; la vue se développe alors vers l'aval des gorges et la porte de sortie du Verdon. La route, après avoir atteint son point culminant (alt. 1 204 m) offre des vues très amples de part et d'autre de la source de Vaumale — à plus de 700 m au-dessus du Verdon. La gorge même et les hauteurs de la rive droite n'en constituent pas moins un grandiose spectacle. L'altitude est assez forte pour qu'on ait l'impression de survoler le versant opposé.

A la sortie du cirque, la route s'écarte un instant du versant donnant sur les gorges et décrit quelques lacets, offrant des **vues**★ sur le Verdon, vers l'aval, et sur le lac de Ste-Croix. Les lointains commencent à se découvrir : Luberon, montagne de Lure et Ventoux, sur la rive droite de la Durance.

★ **Col d'Illoire.** — Sortie définitive des gorges. S'arrêter pour jouir de la dernière vue sur le Grand Canyon, dont l'entaille fuit en amont, sans qu'on puisse voir le fond, sauf sur un très court secteur.

La **vue**★ embrasse maintenant un monde de croupes bleutées : on distingue l'éperon de la montagne Ste-Victoire. Au premier plan, le plateau de Valensole, nivelé avec une régularité parfaite, présente un talus arasé, baignant dans le lac de Ste-Croix.

Aiguines. — *Page 47.*

Après Aiguines, la route descend en lacets, ménageant de belles vues sur le lac de Ste-Croix.

Prendre à droite la D 957.

★★ **Lac de Ste-Croix.** — *Page 119.*

La D 957 longe un moment le lac, puis elle traverse le Verdon : du pont, **vues**★ sur l'entrée de canyon. Il remonte ensuite la vallée de la Maïre et longe le centre de loisirs de Moustiers.

★★ **Moustiers-Ste-Marie.** — *Page 103.*

★★★ LA RIVE NORD 73 km — 1/2 journée — *Schéma p. 144 et 145*

Sur la rive Nord, la route directe (D 952) entre Moustiers et Castellane n'est en contact avec le Grand Canyon qu'à ses deux extrémités. Mais la « Route des Crêtes » (D 23) permet de boucler, au départ de la Palud-sur-Verdon, un circuit inoubliable pour les belvédères qu'il offre sur le Grand Canyon.

De Moustiers-Ste-Marie à la Palud-sur-Verdon

★★ Moustiers-Ste-Marie. — *Page 103.*

Au départ de Moustiers, tandis que l'on descend la vallée affluente de la Maïre, au pied des Préalpes de Castellane, le paysage garde une touche nettement provençale avec ses champs de lavande et ses oliviers. Le regard découvre ensuite le rebord rectiligne du plateau de Valensole qui plonge dans les eaux turquoises du lac de Ste-Croix. Perchés sur la hauteur apparaissent Aiguines et son château. On entre alors dans les gorges.

★ Belvédère de Galetas. — Vue sur l'imposante brèche de sortie du Grand Canyon et, en amont, sur la Rue d'eau de St-Maurin, en aval, sur le lac de Ste-Croix. Sur le versant opposé s'alignent de belles falaises ocrées.

La route pénètre dans le cirque aride de Mayreste et s'élève rapidement.

★★ Belvédère de Mayreste. — *1/4 à pied AR, par un sentier balisé sur une croupe pierreuse.* Première vue générale sur le profond sillon vers l'amont.

★ Belvédère du col d'Ayen. — *1/4 à pied AR.* Vue intéressante, vers l'amont, sur le tracé en dents de scie du canyon dont le fond reste invisible.

La route, s'éloignant du Verdon, descend vers le plateau cultivé de la Palud.

La Palud-sur-Verdon. — 152 h. *Lieu de séjour.* Le village bien placé pour les randonnées pédestres dans le canyon fait figure de petit centre touristique.
De l'église primitive subsiste un **clocher** roman du 12e s. Le château, grande bâtisse carrée du 18e s. cantonnée de quatre tours, domine le village.

Route des Crêtes — Circuit au départ de la Palud

Sur ce circuit, les belvédères aménagés se succèdent surplombant les gorges du Verdon de très haut, procurant parfois l'impression de vues aériennes. Nous ne citons que les principaux.

De la Palud, poursuivre la D 952 vers Castellane, puis tourner à droite dans la D 23.

La route s'élève à travers les champs de lavande puis le bois d'Aire.

★★ Belvédère de Trescaïre. — La **vue** tombe à pic sur les méandres encaissés de la rivière. On aperçoit à gauche l'auberge du Point Sublime et, au-dessus, le village perché de Rougon. Vers l'amont le Verdon s'écoule parmi les amas de roches éboulées et s'efface sous les voûtes de la Baume aux Pigeons dans le couloir Samson.
Le nom de Trescaïre signifie les trois côtés ; de cet endroit on découvre en effet le point de rencontre de trois vallées.

★★★ Belvédère de l'Escalès. — Du faîte des falaises verticales au pied desquelles circule le sentier Martel, se révèle une vue plongeante remarquable. En été les nombreux grimpeurs escaladant les parois à pic ajoute une attraction supplémentaire à ce site.

★★ Belvédère du Tilleul. — A cet endroit on atteint l'altitude de 1 300 m. A gauche se détachent les belles falaises dorées de la Dent d'Aire et de la Barre de l'Escalès. Devant soi le défilé des Baumes Frères est dominé par la crête d'Arme Vieille.
Le Verdon change soudain d'orientation.

★★ Belvédère des Glacières. — Vue impressionnante sur la Mescla et son énorme rocher en lame de couteau, le Verdon et le Plan de Canjuers.
Par temps clair on aperçoit la Méditerranée.

La route passe près du chalet de la Maline, point de départ du circuit pédestre dans le Grand Canyon *(p. 148)*.

★★ Belvédère de l'Imbut. — Le Verdon disparaît pendant 400 m sous un amas de blocs éboulés. **Vue** sur les formidables falaises polies des Baou Béni. Vers l'amont, après le « passage du Styx », on voit l'étroite lanière du Pré Boucher.

La route quitte le Verdon et par le ravin de Mainmorte boisé de pins rejoint la Palud.

Entrée du canyon du Verdon et village de Rougon.

VERDON (Grand Canyon du)★★★

De la Palud-sur-Verdon à Castellane

Dans un virage se révèle, en avant et à gauche, une très belle **vue** sur le village perché de Rougon ; puis, traversant le vallon du Baou, la route revient en vue des gorges.

★★★**Point Sublime.** — *1/4 h à pied AR.* Près de l'auberge du Point Sublime *(lieu de séjour)*, laisser la voiture *(parking)* et prendre à droite le sentier signalé : il aboutit à un belvédère qui domine de 180 m le lit du Verdon à son confluent avec le Baou. **Vue** splendide sur l'entrée du Grand Canyon et la brèche du couloir Samson.

> *Revenir à la voiture et prendre la D 17 vers Rougon.*

Rougon. — Alt. 960 m. 55 h. De ce nid d'aigle, au pied de ruines féodales, on a une bonne **vue**★ sur l'entrée du Grand Canyon.

> *Revenir à la D 952, direction Castellane.*

★★**Couloir Samson.** — Juste avant le tunnel du Tusset se détache une route signalée. Elle descend à flanc de rocher jusqu'au confluent du Baou et du Verdon *(parking aménagé)* où débouche le sentier venant du Chalet de la Maline. De ce point, l'étranglement aval du Grand Canyon se présente sous un aspect grandiose et sauvage, d'énormes blocs encombrant le lit des torrents.

Après le tunnel du Tusset, la route descend en corniche vers la rivière.

★**Clue de Carejuan.** — Ses assises calcaires présentent d'étonnantes colorations. Un amas de blocs éboulés provoque, dans cette vallée étroite, une violente cascade qui trouble localement la verte transparence des eaux.

De Pont-de-Soleils à Castellane la route est décrite en sens inverse p. 145.

★★★EXCURSIONS A PIED DANS LE GRAND CANYON

Entre le Chalet de la Maline et le Point Sublime, le GR 4, dit **« sentier Martel »** réserve aux touristes que n'effraie pas une journée de marche fatigante un contact plus étroit et inoubliable avec le Grand Canyon.

Recommandations et avertissements. — Les randonnées à pied dans le Grand Canyon demandent certaines précautions.

– **Équipement.** — Se munir de provisions, de lampes de poche et de vêtements supplémentaires, certains passages et les tunnels accusant une fraîcheur sensible. Chaussures de montagne recommandées.

– **Eau potable.** — Prévoir 1,5 litre d'eau par personne.

– **Taxis.** — En saison seulement un service de taxis fonctionne entre l'Auberge du Point Sublime, la Palud, et le chalet de la Maline. Il permet aux randonneurs d'aller reprendre leur voiture à l'endroit où ils l'ont laissée.

– **Cartes.** — Outre le schéma p. 144 et 145, on consultera la carte à 1/50 000 (Moustiers-Ste-Marie) de l'I.G.N., et la carte du Grand Canyon du Verdon de A. Monier.

– **Variation du niveau des eaux.** — Le turbinage des eaux des retenues de Chaudanne et de Castillon peut entraîner de brusques variations dans le niveau des eaux du Verdon ; aussi n'empruntera-t-on que le sentier Martel.

– **Exploration du fond des gorges.** — Elle peut se faire à pied (mais il faut quelquefois nager) ou en kayak. Mais il s'agit là d'un exploit sportif qui comporte des dangers ; il n'entre pas dans le cadre de ce guide. Se reporter aux ouvrages spécialisés qui fournissent tous renseignements utiles.

Respect de la nature :
La beauté de cet itinéraire dans le canyon dépend aussi de sa propreté.
N'abandonnez surtout aucun détritus (bouteilles ou sacs de plastique,
boîtes de conserve, papiers etc.), remportez-les avec vous.

Du chalet de la Maline au Point Sublime

5 h de marche difficile plus les temps de pause — Schémas p. 144 et 145 — Lampe de poche indispensable — Le GR 4 est balisé de blanc et de rouge.

Le sentier descend (escaliers), offrant de belles vues sur le Pas de l'Estellié.

> *En fin de descente, laisser à droite le chemin de la passerelle de l'Estellié qui permet de monter au restaurant des Cavaliers et à la Corniche Sublime.*

Au Pré d'Issane, on se rapproche du torrent, que l'on suit, en remontant l'Étroit des Cavaliers aux falaises abruptes, hautes de 300 m. La gorge s'élargit et on arrive au talus de Guègues, éboulis entouré de hauts versants en amphithéâtre.

Descendre le talus de Guègues et remonter les gorges. Après l'immense grotte des Baumes-aux-Bœufs, laisser à droite un premier chemin qui mène à la rivière puis prendre la branche droite d'une bifurcation et gagner la **Mescla**★★★, « mêlée » des eaux du Verdon et de l'Artuby, qui sort d'un canyon sauvage et mystérieux. De ce site grandiose, on a, vers l'amont, une très belle vue sur le défilé des Baumes-Frères.

> *Revenir sur ses pas jusqu'à la bifurcation et tourner à droite.*

Le sentier s'élève en lacet jusqu'à la Brèche Imbert (escaliers) : vue splendide sur les Baumes-Frères et la barre de l'Escalès. Les gorges s'élargissent entre des falaises hautes de 400 à 500 m, puis se resserrent brusquement. A droite, le chaos de Trescaïre est un amas fantastique de blocs éboulés. Au loin on aperçoit le village perché de Rougon.

On passe ensuite deux tunnels. Dans le dernier, un escalier métallique permet d'accéder à **la Baume-aux-Pigeons,** immense grotte creusée par les tourbillons. De la dernière fenêtre, on voit le couloir Samson, défilé très étroit aux parois verticales et polies. Après le tunnel, le sentier passe le torrent du Baou sur une passerelle et s'élève jusqu'au parking du couloir Samson *(p. 148),* terminus de la petite route qui rejoint la D 952 au tunnel du Tusset. Marcher jusqu'à l'Auberge du Point Sublime où l'on peut appeler un taxi.

Des raccourcis rejoignent la D 952 à proximité de l'auberge du Point Sublime.

Terminer l'excursion en se rendant au **Point Sublime**★★★ *(p. 148).*

Pour gagner la Palud sans passer par le Point Sublime, ne pas franchir le Baou mais prendre le sentier de gauche qui remonte la rive droite du torrent et rejoint la D 952 à 4 km de la Palud. Réduction de parcours de 3 km.

Du couloir Samson au chaos de Trescaïre

2 h de marche — Schémas p. 144 et 145 — Lampe de poche indispensable

Cet itinéraire recommandé permet de descendre sans fatigue excessive dans le canyon du Verdon et d'en avoir un aperçu important par le bas. Il suit la partie du sentier Martel *(voir ci-dessus)* entre le parking de couloir Samson et le chaos de Trescaïre.

Laisser la voiture au parking du couloir Samson.

Descendre jusqu'à la passerelle sur le Baou qu'on franchit et poursuivre tout droit. Le premier tunnel est percé de fenêtres qui offrent des vues étonnantes sur le couloir Samson. Un escalier métallique donne accès à la Baume-aux-Pigeons *(voir ci-dessus).* Après le deuxième tunnel, le sentier parvient à un promontoire d'où la vue s'étend sur le chaos de Trescaïre et la haute barre de l'Escalès. En se retournant on aperçoit au loin le village perché de Rougon dans le prolongement du couloir Samson.

Revenir par le même sentier.

VERDON (Haute vallée du)

Carte Michelin n° 🗛 plis 8 et 18 ou 🗛🗛🗛 pli 22.

En amont du lac de Castillon, la vallée du Verdon perd progressivement son aspect sauvage. La végétation de caractère alpestre réapparaît, avec les forêts de hêtres, de pins et de mélèzes qui tapissent les pentes inférieures des versants majestueux. La fraîcheur relative du climat, la luminosité du ciel font de ce sillon une région agréable.

DE COLMARS AU LAC DE CASTILLON

36 km — environ 3/4 h

Colmars. — *Page 74.*

Quitter Colmars au Sud par la D 908. A l'entrée de Beauvezer prendre à gauche la route de Villars-Heyssier jusqu'au parking.

★**Gorges de St-Pierre.** — *1 h 1/2 à pied AR.* Un sentier balisé mène aux gorges creusées par un affluent du Verdon. le sentier s'élève en corniche, offrant des vues impressionnantes au-dessus des sauvages gorges de schistes gris et de calcaires blanchâtres et ocres.

Beauvezer. — 237 h. *Lieu de séjour.* Petite station d'été dans un site très verdoyant.

La route suit le fond de la vallée, dominée à gauche par la masse imposante du Grand Coyer (2 693 m). Après le pont de Villaron, la D 955 se faufile entre les sèches montagnes à lavande parsemées de taches forestières. Par une longue clue elle atteint le petit bassin de St-André-les-Alpes.

St-André-les-Alpes. — 861 h. *Lieu de séjour.* Important carrefour touristique, le bourg s'élève au confluent de l'Issole et du Verdon, petit bassin où prospèrent arbres fruitiers et lavande. C'est un centre d'excursions bien placé.

En aval de St-André les garrigues qui prédominent dans le paysage sont noyées en partie par le lac de barrage de Castillon.

Lac de Castillon. — *Page 68.*

VILLARS-SUR-VAR   465 h. (les Villarois)

Carte Michelin n° 🗛🗛🗛 pli 15 ou 🗛 pli 20 ou 🗛🗛🗛 pli 24.

Repaire de la famille Grimaldi de Beuil, Villars eut au Moyen Age un rôle important dont témoignent les restes de son enceinte et notamment la porte St-Antoine. Bien exposé sur une terrasse alluviale cernée de hautes montagnes, le terroir fournit un vin apprécié. La place de l'église est ombragée de vieux platanes.

Église. — Une main anonyme a peint les 10 compartiments du grand **retable du maître-autel**★. D'inspiration franciscaine, il représente au registre inférieur, sur fond d'or guilloché, sainte Claire et saint François à gauche, sainte Lucie et saint Honorat à droite. Le motif central est une admirable **Mise au tombeau**★★, d'un tragique à la fois grandiose et paisible.

Au registre supérieur formant baldaquin, trois petites scènes : Adoration
des Mages, Couronnement de la
Vierge, Fuite en Égypte. Les boiseries
polychromes de ce retable, marqué
des armes des Grimaldi, sont très
belles.

Sur le mur gauche du chœur, le **retable
de l'Annonciation★** (école niçoise, vers
1520) ; présente une opposition entre
le mouvement du personnage de
l'ange messager et l'attitude hiératique de la Vierge. Au-dessus, trois
petits panneaux (Nativité, Pietà, Fuite
en Égypte) fourmillent de détails
anecdotiques. Dans le mur opposé
au retable se trouve une belle statue
en albâtre de sainte Pétronille.

Dans les chapelles du côté gauche
on peut encore admirer une statue
de saint Jean-Baptiste, par Mathieu
Danvers (1524), et une toile de l'école
de Véronèse : le Martyre de saint
Barthélemy. A droite du chœur, observer une Madone du Rosaire de la
fin du 16e s., version maniériste d'un
thème souvent traité par les primitifs
niçois.

Villars-sur-Var.
Détail du retable du maître autel : sainte Lucie

EXCURSION

Thiéry. — 71 h. *14 km par la D 226*. Ce village isolé, accroché au centre d'un cirque
au-dessus des gorges de Cians était déjà cité au 11e s. C'était un fief des seigneurs de
Beuil.

En traversant le village qui a conservé son aspect médiéval avec ses rues étroites
passant sous des passages voûtés, on arrive à un **point de vue** d'où l'on embrasse du
regard les gorges de Cians en contrebas.

★ VIONÈNE (Route de la)

Carte Michelin n° 195 plis 4 et 5 ou 81 plis 9, 10 et 20 ou 245 pli 24.

Le vallon de la Vionène amorce une percée transversale dans les Alpes méditerranéennes qui permet, en franchissant le col de la Couillole, de joindre les vallées
parallèles de la Tinée et du Cians. De là on peut soit descendre la vallée du Cians
(p. 70), soit atteindre la haute vallée du Var *(p. 138)* par Valberg. De la Tinée au Cians,
la route a une sauvage beauté avivée par le contraste des coloris des roches.

DE ST-SAUVEUR-SUR-TINÉE A BEUIL *35 km — Environ 2 h*

St-Sauveur-sur-Tinée. — *Page 117.*

A la sortie Nord de St-Sauveur, prendre à gauche la D 30.

Traversant la Tinée, la route s'élève au-dessus de sa vallée encaissée et domine
St-Sauveur. Elle trace des lacets serrés dans un décor de schistes rouges partiellement
recouverts d'une forêt clairsemée.

Au bout de 4 km, prendre à droite la D 130.

Cette petite route monte vers Roure. 1 km avant le village, **vue** plongeante sur les
gorges de la Tinée.

★**Roure.** — *Page 112.*

Revenir à la D 30.

La route se glisse dans un paysage verdoyant, au-desus de vallon de la Vionène, puis
traverse le torrent écumant et pacourt un **paysage★** de schistes rouges. Belle cascade
à droite, avant le premier tunnel.

Bientôt apparaît le village de Roubion perché sur une arête. Dans un virage, la vue
s'étend, à droite, sur le vallon de la Vionène et le village de Roure ; au loin sur la vallée
de la Tinée.

Roubion. — *Page 112.*

Poursuivre vers le col de la Couillole.

La montée livre des **vues** intéressantes sur Roubion, la Vionène et la Tinée.

Col de la Couillole. — Alt. 1 678 m. Vue étendue de part et d'autre du col. Amorçant la
descente, on aperçoit les gorges du Cians et Beuil parmi les épicéas et les mélèzes.

★**Beuil.** — *Page 55.*

Renseignements pratiques

La plupart des renseignements concernant les loisirs sportifs, la location de gîtes ruraux, l'hôtellerie, la découverte de la région, les stages chez les artisans, les stations de ski etc. peuvent être donnés par les offices de tourisme départementaux ou les services de réservation de Loisirs-accueil qui éditent des brochures détaillant leurs activités.

Ensemble de la région : Comité régional du Tourisme Provence - Alpes - Côte d'Azur, 22 A rue Louis Maurel, 13006 Marseille, ☎ 91 37 91 22.

Hautes-Alpes :

A Gap : Comité départemental de Tourisme, Immeuble le Relais, rue Capitaine de Bresson, 05000 Gap, ☎ 92 53 62 00
Loisirs-accueil, 16 rue Carnot, 05000 Gap, ☎ 92 51 73 73.

A Paris : Maison des Hautes Alpes, 4 avenue de l'Opéra, 75001 Paris, ☎ (1) 42 96 05 08.

Alpes de Haute Provence :

Comité départemental de Tourisme et de Loisirs des Alpes de Haute-Provence, 42 bd Victor Hugo, 04000 Digne, ☎ 92 31 57 29.

Alpes Maritimes :

Comité régional du Tourisme Riviera-Côte d'Azur, 55 Promenade des Anglais, 06000 Nice, ☎ 93 44 50 59.

LOISIRS

Thermalisme. — Maison du Thermalisme, 32 avenue de l'Opéra, 75002 Paris, ☎ (1) 47 42 67 91.
Etablissement thermal, avenue des Thermes, 04000 Digne, ☎ 92 31 06 68.
Société Thermale, 04800 Gréoux les Bains, ☎ 92 74 22 22.

Sports d'hiver. — Pour les stations de ski s'adresser aux offices de tourisme locaux ou aux offices départementaux et voir le tableau des principales stations des Alpes du Sud, ci-dessous, ainsi que la carte p. 8 et 9.
Toutes ces stations ont leur école de ski.

Stations	Altitude au pied de la station	Altitude au sommet	Téléphériques ou télécabines	Télésièges ou téléskis	km de pistes	ski de fond	Pistes balisées ski de fond en km	Patinoire	Piscine chauffée	Divers
Allos-le-Seignus	1400	2425	1	11	22	⛷	15			
Auron	1600	2450	2	23	120	⛷	4	⛸	▨	
Ceillac	1650	2480		8	20	⛷	60			
Foux d'Allos	1800	2600	3	28	170	⛷	4	⛸		
Isola 2000	2000	2610	1	23	120	⛷	6	⛸	▨	conduite sur glace
Montgenèvre	1860	2680	2	23	50	⛷	20	⛸	▨	
Les Orres	1550	2770		21	55	⛷	50			
Pra-Loup	1600	2500	3	29	110	⛷	8			
Puy-St-Vincent	1400	2700	1	14	40	⛷	35			
Risoul 1850	1850	2571	1	17	65	⛷	30	⛸		
St Véran	1850	2600		14	40	⛷	30			
Le Sauze	1400	2450		24	65	⛷	10		▨	
Serre Chevalier-Le Monêtier	1350	2800	7	57	200	⛷	45	3	▨	conduite sur glace
Valberg-Beuil	1400	2010		27	90	⛷	25			Tremplin
Vars	1650	2750	1	36	95	⛷	36	⛸		

Assurances. — Prendre une carte neige Fédération Française de Ski (FFS) dans la station de ski ou 34 rue Eugène Flachat 75017 PARIS. Europe Assistance propose aussi une carte blanche.

Adresses utiles. – Ski de fond : Association nationale des centres écoles de ski de fond (ANCEFSF), BP 112, 05000 Gap, ✆ 92 51 69 26.
Union départementale des foyers de ski de fond des Alpes de Haute-Provence, 42 Bd Victor Hugo, 04000 Digne.

Ski de randonnée : Association départementale de relais et itinéraires des Alpes de Haute-Provence (ADRI), 42 Bd Victor Hugo, 04000 Digne, ✆ 92 96 05 08.
Bureau des guides de Haute Montagne de l'Ubaye, Office de Tourisme, 04400 Barcelonnette, ✆ 92 81 04 71.
Pour la Grande Traversée des Alpes, « CIMES » GTA, Maison du Tourisme, 14 rue de la République, 38000 Grenoble, ✆ 76 54 34 31.

Randonnées pédestres. — Les topo-guides des sentiers de Grande Randonnée sont édités par la Fédération Française de la Randonnée pédestre — Comité National des sentiers de Grande Randonnée. Pour les acheter, s'adresser au Centre d'Information, 64 rue de Gergovie, 75014 Paris, ✆ (1) 45 45 31 02.
Pour les randonnées en Haute-Provence et dans les Hautes-Alpes, s'adresser à ADRI à Digne et à CIMES, Alpes du Sud, 16 rue Carnot, 05000 Gap, ✆ 92 51 39 49.
Pour les sentiers de petite randonnée, se renseigner auprès des syndicats d'initiative ou des offices de tourisme.

Randonnées équestres. — Dans les Hautes Alpes : Comité départemental d'équitation sportive et de loisirs des Hautes Alpes, Passage Montjoie 05000 Gap.
Dans les Alpes de Haute-Provence : Comité départemental d'équitation des Alpes de Haute-Provence, Madame Robert, Jausiers 04400 Barcelonnette.

Cyclotourisme. — Les listes des loueurs de cycles sont généralement fournies par les syndicats d'initiative ou les offices de tourisme.
Certaines gares S.N.C.F. en louent aussi : Beuil, Gap, Digne, Sisteron et Embrun.
Fédération française de cyclotourisme, 8 rue Jean-Marie Jégo, 75013 Paris, ✆ 45 80 30 21.
Dans les Hautes-Alpes : Comité départemental de cyclotourisme FFCT, Yvon Disdier, Quartier Neuf, La Bâtie Neuve 05230 Chorgues, ✆ 92 50 31 71.
Dans les Alpes de Haute-Provence : Comité départemental des Alpes de Haute-Provence, « La Cassette », 22 avenue de St-Véran, 04000 Digne, ✆ 92 31 28 23.

Plans d'eau et sports nautiques

	Page ou renvoi à la carte	Ville proche	Superficie en ha	Voile ou planche à voile	Baignade autorisée	Pêche
Castillon	68	Castellane	600	🌊	🏊	🐟
Escale	82	Château-Arnoux	118			🐟
Esparron du Verdon	136	Gréoux-les-Bains	180	🌊	🏊	🐟
La Laye	📖-15	Forcalquier	33	🌊		
Quinson	📖-16	Quinson	150	🌊	🏊	🐟
Ste Croix de Verdon	119	Moustiers-Ste-Marie	2 500	🌊	🏊	🐟
Salignac	125	Sisteron	118	🌊	🏊	
Serre Ponçon	122	Embrun	3 200	🌊	🏊	🐟

Nautisme : En Haute-Provence : voile et planche à voile, Association départementale pour la production des activités nautiques, 3 terrasse St-Pierre 04000 Digne, ✆ 92 32 13 09.

Canoë Kayak : Dans les Hautes-Alpes : Comité départemental de Canoë Kayak, BP 21, 05200 Embrun.
Fédération française de Canoë Kayak, 17 route de Vienne, 69007 Lyon, ✆ 78 61 32 74.

Spéléologie. — Dans les Hautes-Alpes : Spéléo club Alpin, ✆ 92 53 63 22.
Dans les Alpes de Haute-Provence : Comité départemental de spéléologie, quartier de Trécastel, 04220 Ste-Tulle, ✆ 92 78 20 89.

Vol libre ou deltaplane. — Union aérienne Sisteron-Durance, Vaumeil 04200 Sisteron, ✆ 92 61 27 45.
Fédération française de vol libre, 54 bis rue de la Buffa, 06000 Nice, ✆ 93 88 62 89.

Pêche. — Pour la pêche dans les lacs et les rivières, il convient d'observer la réglementation nationale et locale, de s'affilier pour l'année en cours dans le département de son choix à une association de pêche et de pisciculture agréée, d'acquitter les taxes afférentes au mode de pêche pratiquée, ou éventuellement d'acheter une carte journalière. La carte-dépliant commentée « Pêche en France » est publiée et diffusée par le Conseil Supérieur de la pêche, 134, av. Malakoff, 75016 Paris, ✆ 45 01 20 20

Artisanat. — Pour des stages d'artisanat s'adresser à Artisans des Alpes du Sud, Bureau d'accueil et d'information, 135 rue Saunerie, 04200 Sisteron.

Chemins de fer de la Provence. — S'adresser à Gare du Sud, 33 avenue Malausséna, 06000 Nice, ✆ 93 88 28 56.
Ou Gare du Sud France, 04000 Digne, ✆ 92 31 01 58.

QUELQUES ADRESSES UTILES

Hébergement. — **Guide Michelin France** (hôtels et restaurants) et **Guide Michelin Camping Caravaning France** *(voir p. 8)*.
Pour les **randonneurs** pédestres et équestres : consulter le guide « Gîtes et refuges en France » par A. et S. Mouraret, Editions CRÉER, 63340 Nonette, ☏ 73 96 14 07.

Hébergement rural. — S'adresser à la Maison des Gîtes de France, 35 rue Godot-de-Mauroy, 75009 Paris, ☏ 47 42 25 43, qui donne les adresses des comités locaux.

Tourisme et handicapés. — Un certain nombre de curiosités décrites dans ce guide sont accessibles aux personnes handicapées.
Pour les connaître, consulter l'ouvrage « Touristes quand même ! Promenades en France pour les voyageurs handicapés » édité par le Comité National Français de Liaison pour la Réadaptation des Handicapés (38 bd Raspail, 75007 Paris). Ce recueil fournit, par ailleurs pour près de 90 villes en France, de très nombreux renseignements d'ordre pratique, facilitant le séjour aux personnes à mobilité réduite, déficients visuels et entendants.
Les **guides Michelin France** et **Camping Caravaning France** indiquent respectivement les chambres accessibles aux handicapés physiques et les installations sanitaires aménagées.

Parcs naturels. — **Parc national des Ecrins,** 7 rue du Colonel Roux, 05000 Gap, ☏ 92 51 40 71.
Parc national du Mercantour, « La Sapinière » 04400 Barcelonnette, ☏ 92 81 21 31.
Parc naturel régional du Queyras, Route de la Gare, 05600 Guillestre, ☏ 92 45 06 23.
Parc naturel régional du Vercors, Maison du Parc, Chemin des Fusilliers, 38250 Lans-en-Vercors, ☏ 76 45 40 33.
Parc naturel régional du Luberon, 1 place Jean Jaurès, 84400 Apt, ☏ 90 74 08 55.

Pour mieux connaître les fleurs des Alpes, lisez la p. 21.

QUELQUES LIVRES

Ouvrages généraux - Tourisme - Histoire - Géographie.

Histoire de la Provence par F.X. Emmanuelli *(Hachette, Paris)*.
Histoire des Dauphinois par L. Comby *(Fernand Nathan, Paris)*.
L'empire des Barcelonnettes au Mexique par M. Proal et P.M. Charpenel *(Jeanne Lafitte, Marseille)*.
Pays et gens des Alpes et **Pays et gens de Provence** *(Larousse, Sélection du Reader's Digest, Paris)*.
La Provence touristique et **Les Alpes et le Rhône touristiques** *(Larousse, Beautés de la France, Paris)*.
Découverte géologique des Alpes du Sud par J. Debelmas *(BRGM, Ophrys, Paris)*.
Les Alpes Maritimes par Paul Ricolfi *(Serre, Nice)*.
Le guide du Queyras par Jean Jacques Grados *(La Manufacture, Lyon)*.
Le Queyras par Mathieu et Serge Antoine.
Les Baronnies et **Au soleil du Ventoux** par Patrick Ollivier-Elliott *(Aubanel, Avignon)*.
Lavande et lavandins par Christiane Meunier *(Edisud, Aix en Provence)*.
Gîtes d'étape et refuges A. et S. Mouraret *(Editions CRÉER)*.

Art et architecture

Provence romane, Alpes romanes, Itinéraires romans en Provence *(coll. Zodiaque, exclusivité Weber, Paris)*.
Suivez le guide, Monuments historiques de Provence, Alpes, Côte d'Azur *(édité par le Conseil Régional, Ministère de la Culture)*.
Patrimoine architectural de Haute Provence, n° 288 des Annales de Haute Provence *(Bulletin de la société scientifique et littéraire des Alpes de Haute Provence)*.
L'art du Briançonnais : tome I : la peinture au 15e s., tome II : sculpture et art populaire, par Gabrielle Sentis.
Abbayes sœurs de l'ordre de Chalais *(coll. Zodiaque, exclusivité Weber, Paris)*.
Les cadrans du soleil par Ricou et J.M. Homet *(Jeanne Lafitte, Marseille)*.
L'association **Alpes de Lumière** à Salagon publie des ouvrages sur les monuments, l'art, les traditions de Haute Provence.

Romans

Presque toute l'œuvre littéraire de **Jean Giono** a pour cadre la Haute-Provence, citons quelques-uns de ces ouvrages : La Femme du Boulanger, Le Hussard sur le Toit, Jean le Bleu, Colline *(Folio)* ; Que ma joie demeure, Regain, Un de Baumugnes *(Livre de Poche)*.
P. Arène, Nombreux ouvrages dont l'action se déroule en Haute-Provence.
P. Magnan, La maison assassinée et Les courriers de la mort *(Denoël)*.

PRINCIPALES MANIFESTATIONS

Fin janvier

Turriers . . . . Fête votive de Saint Antoine

Fin avril-début mai

Digne . . . . Rencontre cinématographique

3ème semaine de mars

Digne . . . . Festival du cinéma féminin

2ème quinzaine de juin

Digne . . . . Biennale de gravure ou symposium de
sculpture

Juillet

Seyne . . . . Festival de musique

Digne . . . . Fête du jazz

2, 3, 4 juillet

Château-Arnoux . . . . Festival de jazz

6 juillet

St-Véran . . . . Pèlerinage à la Chapelle N.-D. de Clausis

Mi-juillet à mi-août

Briançon . . . . Son et lumière « En attendant Vauban »

Tallard . . . . Festival de musique ancienne

St-André-de-Rosans . . . . Son et lumière

26 juillet

Ceillac . . . . Pèlerinage au lac St-Anne

2ème quinzaine de juillet

Digne . . . . Festival international d'art chrétien

Fin juillet, début août

Sisteron . . . . Nuits de la Citadelle

Allos . . . . Musique à N.-D. de Valvert

Forcalquier . . . . Festival de musique de Haute Provence

Début août

Digne . . . . Corso fleuri de la lavande

Seyne . . . . Concours mulassier

2ème semaine d'août

Digne . . . . Festival du Tibet

Gap . . . . Corso fleuri et « Nuits de Charance »

15 août

Guillaumes . . . . Procession des Sapeurs de l'Empire

16 août

Pont de Cervières . . . . Danse des Epées « Bacchu Ber »

1ère semaine de septembre

Moustiers-Ste-Marie . . . . Fête de la Diane

9 septembre

Lagrand . . . . Foire aux Dindes

Début octobre

Digne . . . . Festival international d'accordéon

Novembre

Isola . . . . Fête des châtaignes

1ère quinzaine de novembre

Château-Arnoux . . . . Salon des Arts Plastiques

1ère quinzaine de décembre

Champcetier . . . . Foire aux santons

Fin décembre

Château-Arnoux . . . . Crèche

Conditions de visite

En raison des variations du coût de la vie et de l'évolution incessante des horaires d'ouverture de la plupart des curiosités, nous ne pouvons donner les informations ci-dessous qu'à titre indicatif.

Ces renseignements s'appliquent à des touristes voyageant isolément et ne bénéficiant pas de réduction. Pour les groupes constitués, il est généralement possible d'obtenir des conditions particulières concernant les horaires ou les tarifs, avec un accord préalable.

Les églises ne se visitent pas pendant les offices ; elles sont ordinairement fermées de 12 h à 14 h. Les conditions de visite en sont données si l'intérieur présente un intérêt particulier. La visite de la plupart des chapelles ne peut se faire qu'accompagnée par la personne qui détient la clé. Une rétribution ou une offrande est toujours à prévoir.

Des visites-conférences sont organisées de façon régulière, en saison touristique, à Briançon, Embrun, Mont-Dauphin, Barcelonnette, Digne, Entrevaux, Manosque, Moustiers-Ste-Marie et Sisteron. S'adresser à l'office de tourisme ou au syndicat d'initiative.

Dans la partie descriptive du guide, p. 47 à 150, les curiosités soumises à des conditions de visites sont signalées au visiteur par le signe ⊘.

AIGUILLES

Maison du Queyras — Ouverte en juillet et août l'après-midi.

AIGUINES

Musée des Tourneurs — Visite en juillet et août le matin et l'après-midi. Fermé le mardi. 7 F. Le reste de l'année, pour visiter s'adresser à Mme Wallet. ☎ 94 70 21 29.

ALLEMAGNE-EN-PROVENCE

Château — Visite accompagnée (3/4 h) de mai à octobre l'après-midi. Fermé les lundis et mardis. 20 F. ☎ 92 74 41 61.

ALLOS

N.-D. de Valvert — Ouverte le dimanche matin en été. Le reste de la semaine, téléphoner au 92 83 01 21.

L'ARGENTIÈRE-LA-BESSÉE

Chapelle St-Jean — Pour visiter s'adresser à M. le Curé. ☎ 92 23 10 40.

Église — Mêmes conditions de visite que la chapelle.

AULAN

Château — Visite accompagnée en juillet et août le matin et l'après-midi. 10 F. ☎ 75 28 80 00.

Église — Pour visiter, s'adresser au château.

AURON

Chapelle St-Erige — Visite toute l'année le matin et l'après-midi. Prendre la clé à l'office de tourisme qui demande une pièce d'identité. ☎ 93 23 02 66.

Las Donnas — Le téléphérique fonctionne en juillet et août et de mi-décembre à fin avril. 26 F. ☎ 93 23 00 02.

BARCELONNETTE

La Sapinière, maison du Parc national du Mercantour — Ouverte en juillet et août le matin et l'après-midi. ✆ 92 81 21 31.

BARGÈME

Église — Ouverte de mi-juillet à fin août le matin et l'après-midi. Pour visite guidée s'adresser à la salle communale des expositions.

BEUIL

Chapelle des Pénitents Blancs — Pour visiter, s'adresser au presbytère de Beuil.

BOSCODON

Abbaye — Ouverte toute l'année. Visite accompagnée en été le matin et l'après-midi. ✆ 92 43 14 45.

BRIANÇON

L'Office de Tourisme de Briançon propose un forfait comprenant l'exposition Vauban, les expositions de la chapelle des Récollets et de l'église des Cordeliers, la citadelle et le fort des Salettes. 12 F. ✆ 92 21 08 50.

Exposition Vauban — Visite en juillet et août le matin et l'après-midi.

Église des Cordeliers — Visite en juillet et août le matin et l'après-midi.

Chapelle des Récollets — Visite en juillet et août le matin et l'après-midi.

Citadelle — Visite en juillet et août le matin et l'après-midi.

Fort des Salettes — Visite en juillet et août le matin et l'après-midi.

BUIS-LES-BARONNIES

Église — Fermée le dimanche après-midi.

Les panoramas des grands cols
sont souvent saisissants aux heures extrêmes de la journée.

CASTELLANE

Église St-Victor — Pour visiter, s'adresser au syndicat d'initiative, mairie de Castellane.

Chapelle St-Thyrse — Mêmes conditions de visite que l'église.

CEILLAC

Chapelle des Pénitents — Ouverte l'après-midi.

CHATEAU-QUEYRAS

Fort Queyras — Visite en juillet et août le matin et l'après-midi. Fermé le mardi. 8 F.

CLANS

Église — Pour visiter s'adresser à la mairie ou à Mlle Marinette Roux. ✆ 93 02 90 08.

Chapelle St-Antoine — Mêmes conditions de visite que l'église.

Chapelle St-Michel — Mêmes conditions de visite que l'église.

COLMARS

Fort de Savoie — Visite en juillet et août le matin et l'après-midi. 9 F. D'avril à juin et en septembre et octobre, sur demande au syndicat d'initiative. 7 F. ✆ 92 83 41 92.

COMPS-SUR-ARTUBY

Eglise St-André — Pour la visiter, prendre la clef à l'hôtel Bain en laissant une pièce d'identité.

CROTS

Château de Picomtal — Visite accompagnée (3/4 h) en juillet et août le mardi après-midi. 13 F. ✆ 92 43 12 03.

DIE

Hôtel de ville : chapelle St-Nicolas — Visite aux heures d'ouverture de la mairie. Fermée les samedis, dimanches et jours fériés.

Musée — Visite accompagnée (3/4 h) de mi-juin à mi-septembre en fin d'après-midi. Fermé les dimanches et jours fériés. 4 F. ℘ 75 22 00 69.

DIGNE

Musée municipal — Visite toute l'année le matin et l'après-midi. Fermé les lundis et jours fériés. 6 F. Gratuit le dimanche. ℘ 92 31 45 29.

Cathédrale N.-D. du Bourg — Pour la visiter, s'adresser aux religieuses de la Sainte-Enfance, 19 rue du Prévôt.

Fondation Alexandra David-Neel — Visites accompagnées (3/4 h) de juillet à septembre à 10 h 30, 14 h, 15 h 30 et 17 h ; d'octobre à juin à 10 h 30, 14 h et 16 h. ℘ 92 31 32 38.

Centre de géologie — Visite toute l'année le matin et l'après-midi. Fermé les samedis, dimanches et jours fériés. 5 F. ℘ 92 31 51 31.

DROMON

Notre-Dame — Pour visiter, demander la clé à M. le Curé de St-Geniez.

EMBRUN

Cathédrale N.-D. du Réal — Ouverte le matin et l'après-midi sauf le mercredi pendant l'année scolaire et durant les célébrations.

Trésor — Visite accompagnée (1/2 h) de mi-juin à mi-septembre à 10 h, 11 h, 14 h, 15 h, 16 h et 17 h sauf le samedi; le reste de l'année le dimanche à 14 h, 15 h et 16 h et les autres jours sur rendez-vous. 7 F. ℘ 92 43 27 09.

Chapelles des Cordeliers — Visite tous les jours le matin et l'après-midi.

ENTRAUNES

Chapelle St-Sébastien — Pour visiter, demander la clé à la menuiserie voisine.

ENTREVAUX

Cathédrale — Ouverte tous les jours en juillet, août, septembre. Le reste de l'année s'adresser à la personne inscrite sur le panneau de la porte ou demander à la mairie.

Citadelle — Visite de juin à septembre toute la journée. Le reste de l'année s'adresser à la mairie. 10 F. ℘ 92 05 40 04.

Musée de la moto — Visite en juillet et août.

N.-D. D'ENTREVIGNES

Chapelle — Pour visiter s'adresser à la mairie de Roquesteron. ℘ 93 05 83 52 ou à M. Garnier (bar).

f - g

FORCALQUIER

Couvent des Cordeliers — Visite accompagnée (3/4 h) de juillet à mi-septembre tous les jours le matin et l'après-midi ; en mai-juin et de mi-septembre à octobre les dimanches et jours fériés l'après-midi. 10 F. ℘ 92 75 02 38.

Musée — Visite de 15 h à 16 h en juillet et août du mardi au vendredi ; en septembre le jeudi uniquement. 8 F.

GANAGOBIE

Prieuré — Visite accompagnée le matin et l'après-midi, sauf le lundi.

GAP

Musée départemental — Fermé pour travaux.

LAGRAND

Église — Pour visiter s'adresser à la mairie ☎ 92 66 25 35 ou au V.V.F. ☎ 92 66 20 39 ou à Mme Coussy ☎ 92 66 23 10.

LIEUCHE

Église — Si l'église est fermée prendre la clé chez Mme Augusta ☎´93 05 01 65.

LURE

N.-D. de Lure — Visite de mi-juillet à mi-août, sinon s'adresser à M. le Curé de St-Étienne-les-Orgues. ☎ 92 76 03 02.

MALAUCENE

Chapelle N.-D. du Groseau — Ouverte en mai et août les samedis à l'occasion des offices de 17 h 30 à 19 h.

MALIJAI

Château — Visite possible pendant les heures d'ouverture de la mairie en semaine.

MANOSQUE

Église N.-D. de Romigier — En travaux.

MONTBRUN-LES-BAINS

Église — Pour visiter, prendre la clé chez le coiffeur, place du Beffroi. ☎ 75 28 83 99.

MONT-DAUPHIN

Visites accompagnées de la place forte comprenant les bâtiments décrits dans le guide : durée : 2 h, de juin à septembre tous les matins et après-midi, de septembre à juin l'après-midi. Se renseigner auprès du syndicat d'initiative. Prix non communiqué. ☎ 92 45 17 80.

Musée Vauban — Visite de mi-juin à mi-septembre les matins et après-midi. Prix non communiqué.

MONTFURON

Moulin à vent — Visite accompagnée (1/2 h) les mercredis et samedis après-midi toute l'année. 3 F. ☎ 92 76 41 68.

MONTMAUR

Château — Visite accompagnée (1 h) de mi-juin à mi-septembre l'après-midi. 20 F. ☎ 92 58 11 42.

MOUSTIERS-STE-MARIE

Musée de la Faïence — Visite d'avril à octobre le matin et l'après-midi. Fermé le mardi. 3 F.

n – p

NEVACHE

Église — Ouverte tous les jours de février à octobre, seulement les samedis et dimanches le reste de l'année.

PLAMPINET

Église St-Sébastien et **Chapelle N.-D. des Grâces** — Pour visiter s'adresser au restaurant « La Cleida » de 15 h à 15 h 30 de Pâques à la Toussaint. ☎ 92 21 32 48.

PRA-LOUP

Télécabine de Costebelle — Fonctionne de mi-décembre à Pâques. 22 F.

PRELLES

Chapelle St-Jacques — Pour visiter, prendre la clé au bar Bortino à côté de la chapelle. ✆ 92 21 04 06.

PUGET-THÉNIERS

Train touristique à vapeur — Fonctionne de mi-mai à mi-octobre les dimanches, le 14 juillet et le 15 août. Départ de Puget-Théniers à 11 h. Durée du trajet jusqu'à Annot : 1 h 10. Pour le retour départ d'Annot à 15 h 30, arrivée à Puget-Théniers à 16 h 30. 88 F ; enfants 66 F. ✆ 93 88 34 72.

Écomusée de la Roudoule — Visite en juillet et août toute la journée les mardis, jeudis, samedis et dimanches; d'avril à juin et en septembre-octobre l'après-midi les samedis, le matin et l'après-midi les dimanches. 20 F. ✆ 93 05 02 81.

RIEZ

Baptistère — Visite accompagnée (1/2 h) toute l'année. S'adresser a René Pontjacquet ou à la mairie de Riez. 5 F. ✆ 92 74 50 21.

Musée « Nature en Provence » — Visite d'avril à octobre le matin et l'après-midi. Le reste de l'année l'après-midi. Fermé le mardi hors saison et de janvier à mi-février. 12 F. ✆ 92 74 41 13.

Maison de l'abeille et du miel — Visite toute l'année. ✆ 92 74 57 15.

ROUBION

Chapelle St-Sébastien — Pour visiter, demander la clé à la mairie de Roubion.

ROURE

Église — Pour visiter, s'adresser à la mairie. ✆ 93 02 00 70 ou à Mme Marie Auvara, rue Centrale, Roure ✆ 93 02 00 59.

Chapelles St-Bernard et **St-Sébastien** — Pour visiter s'adresser à la mairie. ✆ 93 02 00 70.

s

ST-CHRISTOL

Église — Ouverte en été.

ST-DALMAS-LE-SELVAGE

Église — Pour visiter, s'adresser à Mme Chemin.

ST-ÉTIENNE

Église — Ouverte le matin sauf le mercredi ou s'adresser à M. le Curé. ✆ 92 76 03 07.

ST-ÉTIENNE-DE-TINÉE

Chapelles St-Sébastien, St-Michel et des Trinitaires — Visite accompagnée des trois chapelles en juillet et août tous les jours à 16 h sauf le dimanche. Le reste de l'année le matin sur demande. Départ du syndicat d'initiative. 15 F. ✆ 93 02 41 96 ou chez Mme Faure. ✆ 93 02 41 09.

Chapelle St-Maur — Visite, sur demande, après 16 h en été avec Mme Faure. ✆ 93 02 41 09. Voiture obligatoire pour s'y rendre.

ST-MARTIN-DE-BRÔMES

Église — Visite accompagnée les mardis et jeudis après-midi.

Tour templière — Visite pendant les vacances scolaires les mardis et jeudis après-midi. S'adresser à M. Joachim Royer. ✆ 92 78 02 07.

ST-MARTIN-D'ENTRAUNES

Église — Pour visiter s'adresser à la mairie ou à Mme Liautaud. ✆ 93 05 51 04.

Conditions de visite

ST-MICHEL L'OBSERVATOIRE

Observatoire de Haute-Provence — Visite accompagnée (1 h) le mercredi après-midi toute l'année et le premier dimanche du mois, d'avril à septembre, à 9 h 30. Fermé les jours fériés, 5 F. ℘ 92 76 63 68.

ST-TRINIT

Église — Ouverte en été.

ST-VÉRAN

Musée de l'habitat rural — Visite en juillet et août.

SALAGON

Prieuré — Visite toute l'année en semaine toute la journée. De mi-juin à fin septembre visite aussi les samedis, dimanches et jours fériés l'après-midi. 15 F. ℘ 92 75 19 93.

LA SALLE-LES-ALPES

Chapelle St-Barthélémy — Pour visiter s'adresser à M. le Curé au presbytère à côté de l'église. Offrande souhaitée.

SAUVAN

Château — Visite accompagnée (1/2 h) toute l'année l'après-midi. Fermé les mardis et samedis en hiver. 18 F. ℘ 92 75 05 64.

SAVINES-LE-LAC

Excursions en bateau sur le lac de Serre-Ponçon — La Société des bateaux Carline organise des excursions tous les jours en juillet et août. Durée 1 h 30. 45 F. De Pâques à juin et de septembre à novembre sur réservation. ℘ 92 44 26 88 ou 92 52 35 87.

SENEZ

Ancienne cathédrale — Pour visiter s'adresser à M. Maurice Granier. ℘ 92 34 25 46.

SERRE-CHEVALIER

Téléphérique — Fonctionne de mi-juin à mi-septembre et de décembre à fin avril. Durée du trajet 20 mn. 36 F AR en été. En hiver dépend des forfaits de ski. ℘ 92 24 00 23.

SERRE-PONÇON

Centrale électrique — Visite accompagnée (1 h) de juin à septembre l'après-midi. Fermé les samedis, dimanches et jours fériés. Pour l'organisation d'autres visites, s'adresser à E.D.F. : G.R.P.H. - Méditerranée - B.P. 540 - 13401 Marseille Cedex 09. ℘ 94 75 88 00. L'accès de l'usine est interdit aux enfants de moins de 10 ans.

SEYNE

Citadelle — Visite accompagnée (1/2 h) en juillet et août les matins et après-midi. 5 F. ℘ 92 35 00 42.

SIMIANE-LA-ROTONDE

Rotonde — Pour visiter, s'adresser à la mairie.

SISTERON

Citadelle — Visite de mi-mars à novembre toute la journée. 12 F. ℘ 92 61 27 57.

Église Notre-Dame — Fermée le dimanche après-midi.

TALLARD

Château — En travaux.

La TOUR

Église et chapelle des Pénitents Blancs — Pour visiter s'adresser à la mairie les mardis, jeudis, vendredis et le samedi après-midi. ℘ 93 02 91 32.

VALLOUISE

Maison du Parc national des Écrins — Ouverte le matin et l'après-midi. Fermée les samedis, dimanches et jours fériés en basse saison. ☎ 92 23 32 31.

VARS

Val d'Escreins — Ouvert de mi-mai à fin novembre du lever au coucher du soleil. Chiens en laisse, interdiction de cueillir les fleurs. Droit d'entrée des voitures : 6 F.

VILHOSC

Prieuré — Pour visiter la crypte, s'adresser à la ferme.

VENTOUX (Mont)

Pour toutes précisions sur l'enneigement des routes du massif du Ventoux (risques d'obstruction entre novembre et mai) téléphoner au 90 36 03 20 au Mont Serein ou au 90 67 20 88 à Carpentras.

VILLAR-ST-PANCRACE

Chapelle des Pénitents et chapelle St-Pancrace — Pour les visiter, s'adresser au presbytère. ☎ 92 21 07 05.

Roure. — Église et maisons.

Index

Abriès . . . . Villes, curiosités et régions touristiques.

Arène (Paul) . . . . Noms historiques et termes faisant l'objet d'une explication.

Les curiosités isolées (châteaux, abbayes, barrages, sources, grottes...) sont répertoriées à leur nom propre.

Photographies et dessins : CEDRI : S. Marmounier, *p. 135* - **C.N.M.H.S. :** Lonchamps Delehaye, *p. 33* - **CONSERVATOIRE D'ART ET D'HISTOIRE Annecy.** Collection Payot : D. Rigault, *p. 41* - **EXPLORER :** F. Jalain, *p. 11* / L.-Y. Loirat *p. 92* / Ph. Royer, *p. 147* / J.-P. Nacivet, *p. 45* - **FONDATION A. DAVID-NEEL,** *p. 78* - **JACANA :** d'après photos E. Dragesco, *p. 19* / C. et M. Moiton, *p. 19* / J.-P. Ferrero, *p. 18* - **P. et G. LECLERC :** *p. 71, p. 150* - **MARCO POLO :** M. Blanchard, *p. 14* / F. Bouillot, *p. 87, p. 118* - **MICHELIN :** *p. 39, p. 47, p. 60, p. 64, p. 134, p. 161* - **MUSÉE DAUPHINOIS Grenoble :** *p. 42* - **PIX :** J.-P. Adenis, *p. 95, p. 110* / V. d'Amboise, *p. 23* / Arthaud, *p 33* / Gauthier, *p. 100, p. 143* / d'Hérouville, *p. 70* / R. Perrin, *p. 65* / C. de Torquat, *p. 24* - **PIERRE RICOU :** *p. 15, p. 32, p. 36, p. 38, p. 121* - **SCOPE :** D. Faure, *p. 49, p. 104, p. 115* / J. Guillard, *p. 34, p. 51, p. 120, p. 125* / D'après photo J. Guillard, *p. 55* / D'après photo J. Sierpinski, *p. 85* - **TOP :** P. Tutelat, *p. 22* - **ROGER VIOLET :** *p. 27* - D'après photo Erté, *p. 37.*

MANUFACTURE FRANÇAISE DES PNEUMATIQUES MICHELIN

Société en commandite par actions au capital de 875 000 000 de francs

Place des Carmes-Déchaux - 63 Clermont-Ferrand (France)

R.C.S. Clermont-Fd B 855 200 507

© Michelin et Cie, Propriétaires-Éditeurs 1988

Dépôt légal : 1988 - 1er trim. - ISBN 2 06 003 021-8 - ISSN 0293-9436

Printed in France - 1-88-50

Photocomposition : S.C.I.A., La Chapelle-d'Armentières - Impression : ISTRA, Strasbourg n° 718680